エコール・ド・パリの日本人野郎

松尾邦之助交遊録

日本アウトロー烈傳 2

玉川信明セレクション

玉川信明

Tamagawa Nobuaki

社会評論社

●本書は朝日新聞社より一九八九年に刊行された『エコール・ド・パリの日本人野郎』に補章（補遺）を加えたものである。

エコール・ド・パリの日本人野郎——目次

写真提供・松尾好子

1920's

玉川信明様

わたしはかれこれ三十年も海外特派員をし、西欧と四つに組んで、実社会の体験にいくらか生きて来ましたが、それだけに厭人家ではないにしても、人間生活の愚劣さといおうか背理といおうか、全くそのバカらしさを存分に嘗め、自分のジャーナリストとしての生活さえ軽くあしらうようになりました。

しかし、わたしは最初ソシオロジーを学び学者足らんとし、コントやデカルトやルソーを読んでいるうちに、いわゆる学問がバカバカしくなり、個人主義アナーキズムにだけ心をひかれ、ついにアン・リネルを愛し、辻潤のファンの一人になってしまいました。日本の大学の諸先

Paris

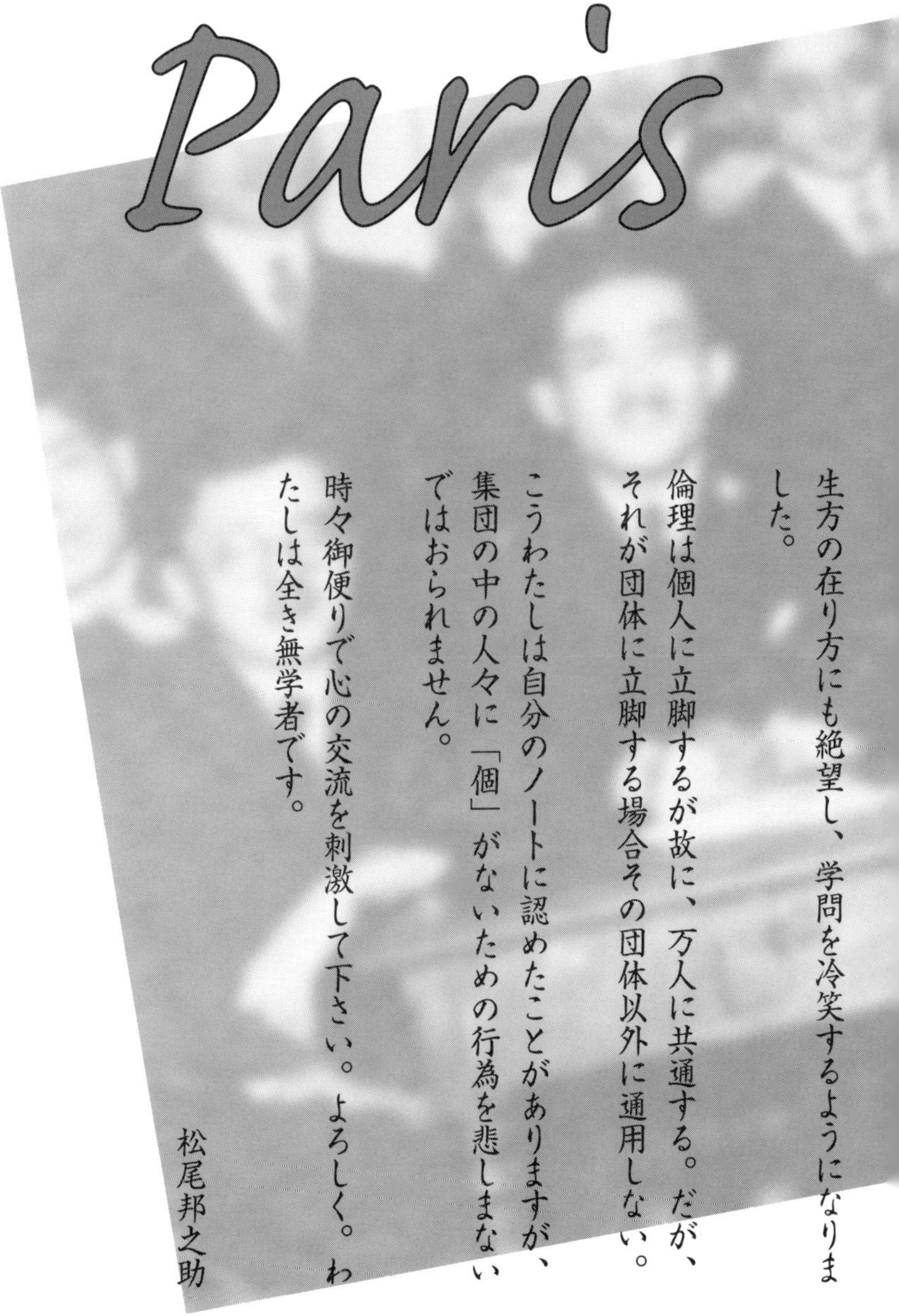

生方の在り方にも絶望し、学問を冷笑するようになりました。

倫理は個人に立脚するが故に、万人に共通する。だが、それが団体に立脚する場合その団体以外に通用しない。

こうわたしは自分のノートに認めたことがありますが、集団の中の人々に「個」がないための行為を悲しまないではおられません。

時々御便りで心の交流を刺激して下さい。よろしく。わたしは全き無学者です。

松尾邦之助

かえらざる青春と哀しみと反骨の
この人生舞台に登場する〝役者〟たち

松尾邦之助《まつおくにのすけ》　明治三二〜昭和五〇（一八九九〜一九七五）

哲人型ジャーナリスト。ドジで一本気な森の石松を愛する松尾は、静岡県引佐《いなさ》郡引佐町金指《かなさし》に生まれた。大正十一年（一九二二年）、東京外語フランス語文科卒業、同期に渡辺紳一郎、神吉晴夫、安藤更生らがいる。フランスに留学し、三年後パリ大学高等社会学院を卒業する。パリでは白い肌のフランスの女と日本の奇人スポンサーを得たのを幸いとして、日本の文化紹介を目的とした仏文雑誌『日仏評論』を刊行する。

昭和三年、父病気のため一時帰国し、翌年四月再渡仏、日仏の文化交流のための「日仏文化連絡協会」を組織し、数々の日本文化を仏文で紹介した。同時にこれ以前も以後もつぎからつぎとやってくる日本著名人のパリガイド役、文化人紹介役を務め、さながら民間文化大使の役割を果たす。昭和五年、辻潤の後を受けて読売新聞のパリ特置員となるが、その後正式に読売に入社して特派員、パリ支局長（昭和六年）となる。八年「日仏同志会」パリ幹事長。十六年にパリ支局が閉鎖されてからは、パリを去って、ベルリン、トルコ、イスタンブール、スペイン等放浪取材の旅を続けたが、日本の敗戦にともない二十六年ぶりの祖国へ引き揚げてきた。

読売新聞では、高木健夫らと日本への苦言を呈する毒舌論説委員として活躍、かの有名な読売争議の際には、組合員の前で堂々と「おれはアナーキストなんだが……」と自己の意見を陳述する演説をした。二六年七月論説副主幹。

読売を辞しては、同社社友だけの自由なる身のままに数多くの著作をものする。著作の傍らなお文化交流に情熱を燃やし、日本とフランスの間を何回も往来する。三三年一月、日仏文化交流の功労者として、フランス政府よりレジオン・ド・ヌール勲章の話があり、「くれるものならもらっておこうか」と受勲、三九年にもアール・エ・レットル（芸術文学）勲章を受ける。

松尾の著作・翻訳・編集は、現在判明しているものだけで五十余冊あるが、そのうちの主なものだけあげておこう。

『其角《きかく》の俳諧』（仏文）（パリ、ジョルジュ・クレス社、一九二七年）『日本仏教諸宗派』（仏文）（パリ、ジョルジュ・クレス社、一九三〇年）『フランス放浪記』（鱒書房、一九四七年）『ジイド会見記』（岡倉書房、一九四七年）『カロリーヌ』（翻訳）（鱒書房、一九五四年）『赤いスフィンクス』（翻訳）（長嶋書房、一九五六年）『フランスとフランス人』（翻訳）（岩波書店、一九五七年）『巷のフランス語』（大学書林、一九五九年）『巴里物語』（論争社、一九六〇年）『近代個人主義とは何か』（東京書房、一九六二年）

藤田《ふじた》嗣治《つぐはる》　明治十九～昭和四三（一八八六～一九六八）

洋画家、東京生まれ。東京美術学校西洋学科を卒業し、文展に出展したが、三年続けて落選。本場パリでの修行を志して大正二年に渡仏、モジリアーニ、スーチンなど数多くの画家を知る。貧苦のうちに絵画の研究を続け、パリ画壇において大成功、エコール・ド・パリの寵児としてもてはやされる。昭和四年、十七年ぶりに帰国、五年再びパリに戻る。

第二次大戦となって帰国後、多くの戦争記録画を描き、それまでの作風と異なる重厚な油絵のマチエールを駆使した表現をみせた。敗戦後戦争協力画家として、日本美術会などから指弾を受けて渡仏し、フランス国籍をとり、日本芸術院会員を辞任した。当地ではカトリックの洗礼を受ける。晩年はノートルダム・ド・ラ・ペ礼拝堂のフレスコ壁画の制作に没頭。著書に『パリの横顔』『腕一本』『地を泳ぐ』など。戦後日本を捨ててフランスに帰化した生涯は、日本の近代化の典型とそれへの批判を身をもって示したものとみてよい。

武林《たけばやし》無想庵《むそうあん》　明治十三～昭和三七（一八八〇～一九六二）

小説家、翻訳家。本名磐雄のち盛一。北海道札幌市に生まれたが、幼くして武林家の養子となり、麹町に育つ。一高を経て、東大英文科を中退する。精神的には極端なデカダンスに陥り、比叡山で仏教書を読みふける。大正三年アルツイバーシェフの『サニン』を訳して、世に〝サーニズム〟なる悪魔主義を広げ、ダダイスト辻潤と親交を重ねる。

中平文子と結婚して後、夫妻でフランスを漂泊する。帰国しての短編集『結婚礼讃』『文明病患者』の二著は、自由気儘《きまま》な内的記録で大正期のダダイズムを代表する。大正十三年『世界を家として』を刊行し、再び外遊、昭和九年まで主としてフランスに過ごした。この間に『飢渇信』『流転の書』などの諸著を著す。その後愛嬢イヴォンヌ自殺未遂の報せで四度目の渡欧。帰国後波多朝子を知り、間もなく両眼失明した。戦後は日本共産党に入り、口述で『むさうあん物語』（四十五巻）を限定出版した。翻訳も多い。

石黒敬七《いしぐろけいしち》　明治三〇〜昭和四九（一八九七〜一九七四）

柔道十段の随筆家、アンティーク蒐集家《しゅうしゅうか》。新潟県柏崎市に生まれる。早稲田大学政経科在学中柔道部主将、大正十三年、柔道普及のため渡仏。パリのオペラ座で在仏の松尾邦之助、藤田嗣治の三人でズーメルグ大統領らに柔道の型を披露する。

〝空気投げ〟という技を得意とし、昭和五年までルーマニア大学やエジプト警察士官学校等で柔道を指南する。

蒐集癖も猛烈を究め、古道具屋と見紛《まが》うばかりの古物を所有していた。戦後は「とんち教室」の青木先生の名物生徒で活躍、お国なまりのフワフワした新潟弁でユーモリストの本領を発揮する。著書に『蚤之市』『巴里雀』『旦那』『写された幕末』他。

辻潤《つじじゅん》　明治十七〜昭和十九（一八八四〜一九四四）

エッセイスト・哲学者、江戸時代有数の札差の子孫として、東京市浅草区柳原町に生まれる。神田の開成尋常中学校中退。同級生に斎藤茂吉、田辺元、吹田順助らがいた。明治四五年上野女学校の英語教師となるも、教え子の伊藤野枝との恋愛により学校を辞めざるを得なくなる。

大正三年『天才論』を刊行して、反響を呼ぶ。その後妻の野枝が大杉栄の許《もと》に出奔《しゅっぽん》したので、一転デカダンスに陥り、武林無想庵の紹介で比叡山に籠《こ》もる。この間スティルナーの『唯一者とその所有』を翻訳し、大きな評価を得るも、虚無と耽美の世界を愛した。

昭和三年多額の印税を得て、「文学修行」のため息子の一《まこと》（辻まこと）と渡仏したが、一年そこそこで帰国する。昭和七年精神に異常をきたし、斎藤茂吉の診察を受けて入院、その後も入退院を繰り返したが、強力な個の精神と叛骨《はんこつ》の精神をずっと維持した。戦争中も一切の協力態度を示さず、尺八を吹いて門付けをして歩いた。

著書に『浮浪漫語』『絶望の書』『孑孑《ぼうふら》以前』等がある。

金子光晴《かねこみつはる》　明治二八〜昭和五〇（一八九五〜一九七五）

詩人、愛知県海東郡生まれ。二歳で東京の金子家の養子に入り、早稲田大学、東京美術学校、慶応大学をいずれも中退する。大正五年に養父が死亡して、十万円という大金を手にしたが、数年間で使い果たした。

詩作を始めて民衆詩派の詩人と交わり、八年に第一詩集『赤土の家』を出版。この年美術商に連れられ渡欧、東西の文学美術に触れる。十三年森三千代と結婚し、貧乏暮らしをしながら国内や中国を旅行してまわった。

昭和三年、左翼文学全盛時代、自分の居場所を失い、中国、東南アジア、ヨーロッパを放浪する、通算五年に及ぶ海外流浪の旅に出た。ほとんど無銭旅行で、「パリでしないことは男娼ぐらいだった」というほどさまざまな仕事に従事した。この放浪で、彼はコスモポリタンの思想と徹底した個人主義者の目を養うことができた。

ストリップ好きの晩年の洒脱《しゃくだつ》な言動は、読書青年の間に幅広い人気を呼んだ。著書に『ねむれ巴里』等がある。

その他の登場人物

ソルボンヌ大学で知り合った美貌でニヒリストの愛人――セシル・ランジェー
松尾の終生の恩人、哲学者――アン・リネル
元内閣書記官長で東洋文化の研究家――スタイニルベル・オーベルラン
パリ随一の力持ち不良少年――モーリス・ジュールネ
真剣に松尾の子供を欲しがった純情娘――ルーイズ
藤田嗣治を売り出したフランス人妻――フェルナンド・バレー

藤田のモデルで一躍有名になった――キキ
パリ一の美女マヌカン、藤田の押しかけ女房とたった――ユキ
美術院会員の東洋豪傑彫刻家――佐藤朝山
パリのラ・サンテ監獄に収監されたアナーキスト――大杉栄
金銭的な面で応援してくれた日本の奇人大金持ち――中西顕政
武林無想庵の、妖艶にして不貞を繰り返す妻――文子（のち宮田姓）
武林夫妻の娘――イヴォンヌ（五百子）
詩人、風刺画家で辻潤の息子――辻まこと
パリで松尾との仲を噂された放浪詩人――林芙美子
魚の絵一本で売りまくった画家――戸田海笛
明治三年に渡仏して、日本人数多く世話したモンマルトルの旅館主――諏訪秀三郎
第三十八代の怪力横綱――栃木山
――等々奇っ怪にして多彩なる人物が登場して、主役、脇役にからんでさまざな事件、パフォーマンスを巻き起こす。

エコール・ド・パリの日本人野郎

1 では、陰湿でうじうじした日本よ、さようなら

「それじゃあ、お父さん、当分会えないけど、いつまでも達者でいてくれよな」

「ああ」

「乗船のアナウンスだ。じゃあ、おれいくからね。酒の方はもうほどほどにして、からだには充分気をつけてくれよ」

「うむうむ……」

学校を卒業してまだ間もない若き松尾邦之助が、欧州航路の旅客船諏訪丸で出帆したのは、関東大震災の前年一九二二年（大正十一年）の十月十二日、うららかな秋日和の日であった。

その時わざわざ横浜の港まで送ってきてくれた父嘉平の年齢は五十六歳、普通ならまだまだ元

気盛んな年だというのに、さすがわが息子の渡欧とあってか、なにかショボショボして虚ろな返事をしていた。

やがて出帆の合図のドラの音。見送りにきたあちこちの人々から、威勢よく華やかな五色のテープがつぎつぎに投げられた。船上の松尾が下を見おろすと、すぐと人混みの中の父をみつけたが、涙ぐんでいかにも淋しそうな顔をしている。なんとなく自分も泣きたい思いにとらわれた。

その日松尾を見送ってくれたのは、親族以外には大半同じ金ボタンの東京外語の学生ばかり、女性といえば、有名な美術院の彫刻家佐藤朝山の奥さんだけであった。恋人との悲しい別離もない身軽な出帆で、あまりにも色気がなさすぎて、なにか物足りないくらいであった。

ただ学生時代から恋人とも、妹とも思われる感情で結ばれていた松尾の下宿先、望月家の次女桂子が来てくれなかったのが、松尾にとってなんとなく寂しい思いがしたくらいか……。

船の出帆間際、外語卒後しばらく籍を置いていた逓信省調査課の酒井主任が駆けつけてきてくれて、妙な辞令を手渡された。それを読んでみると、

「逓信省　無給嘱託に任命す」

とある。「給料を払わぬ嘱託」というのも妙ちくりんなものであったが、父は渡欧に当たってのこの官職をひどく喜び、松尾が去った当日、鎌倉に住む逓信省の神谷課長に会いに行き、厚く礼を述べたことを後で知った。嘉平は遠州在の一介の呉服屋だが日頃野人を誇り、大酒を傾け、官僚に毒づいてばかりいる男だったが、息子の出世(?)のためには、こうした心遣いを忘れなかったのである。

高等師範学校の教授神保格と同室の、諏訪丸の部屋は二等船室で、当時の金で大枚金六百七十円也を払い込んだ。

その頃の欧州航路といえば、至極ノンキなものであった。日本からヨーロッパまでおよそ一月半かかり、横浜を出てシンガポールに着く頃には、船内の日本人は、まるで小家族のように親しくなった。それだけに世間並みの生活もあり、船員からフランスの最新ニュースを聞いたと伝言する者あり、夜、外人の男女がデッキでキスしているのを見たといって騒ぐ者あり、しまいにはガリ版の船内新聞までが発行され、みんなの仇名《あだな》が漫画入りで発表されたりした。

松尾邦之助の仇名は〝ミラボー〟だった。なぜミラボーを賜ったのかわからない。船内の誰かがつけたのであろうが、松尾は内心この仇名が気に入っていた。

（ミラボーはフランス革命に登場する人物で、フランス人の中でもおれが一番好きな男だ。彼はアバタ面で、巨大な体格の持ち主だったといわれるので、その点だけはちょっとおれと異なるが、ちぢれっ毛で口が小さく、手も女のように小さかったというから、その辺はいくらかおれに似ている）

（ただし、ミラボーは二十三歳で結婚する前には、自ら「恋のチャンピオン」と称していたほどの好色漢で、野獣のように女と関係し、女をあやつることの天才であった点で、自分とは大分距離がある。その上ミラボーは結婚後も、ガブリエル夫人と恋をしたり、ケンカで相手の男性を半殺しにして牢屋にぶち込まれたり、決闘を試みたりで、その乱行ぶりばかりは、とうてい自分のような凡人には真似のできない英雄である……）

とも思われたのである。

当のガリ版刷りの船内新聞の漫画を書いていたのは、松尾と同じくこれからパリに向かおうとする美学校出の道楽青年であった。彼は毎晩のようにデッキで酒を食らい、

「白粉の匂い恋しや、この船の中、ヨイショ……」

なんぞと大声で歌っては騒いでいたが、なかなかの辛辣漢《しんらつかん》でもあって、後でわかったことであるが、松尾にミラボーの仇名を呈したのも、この無頼美術学生であった。

彼は二等船客の少々キザで、ペダンチックな某大学教授夫人には、〝ねずみのフン〟という仇名をつけた。また薄汚れた髪の毛の女子職業学校の老教授には〝うらなりヘチマ〟なるひどいニックネームをつけ、翌日の新聞に出すといってはしゃいでいた。

十一月六日、船はコロンボに着いた。コロンボでは、佐藤朝山先生の「快適な夢の旅、パリで待ってるから早く来いよ」という親切な置き手紙を受け取った。

——やがて船は紅海に入る。

そこには見渡す限りのアラビヤの砂漠があった。夕方になると、砂漠は真紅に染まった。海はあくまでも深く紺青に澄み、昼間デッキから遙かな水面を眺めていると、時折、無数のフカが水面にピョンピョンと首を出し、船を追いかける光景がなんとも美しく印象的であった。

スエズ運河をぬけ、船がポート・サイドに着いた時にフランス語の標札を見かけ、そこから見渡される地中海には、スマートなヨットが点々と浮かんでいるのも目につき、（いよいよ西洋に近づいたな）という思いが湧いて自然と心が躍った。

1922年11月23日、諏訪丸甲板で記念撮影。後ろより2列目、左から二人目が松尾

しかしその後、船はギリシャの沖でひどく揺れだし、船客のなかに船酔いする者が続出して、その日いつも通り食堂に出てきたのは、松尾の他に三、四人しかいなかった。

それから数日たった十一月の二十三日、松尾が独り船橋に佇んでいると、遙《はる》か彼方《かなた》にイタリアの海岸が見えてくるではないか。その海岸の夕もやにかすんだ丘のあたりの、点々と明滅する人家の灯を見ていると、松尾の目頭にいつか熱いものが込みあげてきた。

（あの灯、あの数々の窓、あの辺りには、きっとイタリアの美しい娘たちが楽しげにくつろいでいるのだろう）

彼はかつて仏文で読んだことのあるダヌンチオの小説『死の勝利』に登場する、美しいイタリア女を想像して、はや、自分自身を恋のとりこにする情景に浸らせながら、二十歳を過ぎたばかりの若い胸をとどろかせていた。


私がこの松尾邦之助という人物を知ったのは、大正期のダダイストとして著名な辻潤の著作を通してのことであるが、時間的には、もうかれこれ三十年近くも前のことなので、いつどこでどのようにして出会ったのか皆目判然としない。

それで、松尾さんと早くから親交のあった女性に尋ねてみると、

「何度目かの、染井・西福寺での辻潤忌の際よ。あたしそのとき松尾さんから、今度の会に富山湾の奥底から玉川さんという人がやってくるって聞いていたわよ」

とのことで、私がそのころ住まいしていた北国富山の外海から最も入りくんだ布目《ぬのめ》という片田

舎から上京したときが、最初の出会いだったということらしい。

その後、松尾さんは「個の会」というフリー・トーキングの会をもっていて、私もその一員として時折出席していたし、また「個の会」以外にも上京した際には、辻堂の静かな林をいくつも折れ曲がった小径《こみち》の奥にあるお宅にお伺いしていろいろ話し、自身のパリ時代の話もよく聞かされたものである。そういえば、私と松尾邦之助名義で『辻潤月報』なるものを発行していた時期もある。

私はこの松尾さんを通じて、初めて神田のゾッキ本屋で買い求めたものの、いたずらに書棚の上でほこりにまみれてあくびをしていた、辻潤なる人の著書の中身を知った。その結果『評伝辻潤』（三一書房、一九七二年）『ダダイスト辻潤』（論創社、一九八四年）『辻潤選集』（五月書房、一九八一年）なる諸編を上梓《じょうし》することになり、つづいてアナーキズムの道に通じる数々の仕事のルートをもたせていただいた。（編集部注——『評伝辻潤』はのちに『放浪のダダイスト辻潤』として二〇〇五年に小社より刊行した）

私の生涯を振り返ってみれば、人間的、思想的意味あいでは、松尾さんとは対極的な位置にあるともみえる中国文学研究の竹内好《たけうちよしみ》先生から多大なことを教わった。ただし現実の仕事のあり様としては、ほとんど松尾さんと同じ道を歩いてきたともいえるので、私にとって、松尾さんの影はたいへん大きいのである。

その延長上において私は今、空気も凍える冬の二月、アラスカ・アンカレッジを経て、パリへの空にある。これから、松尾さんのフランス時代の匂いを追って、短時日《たんじじつ》なりとさまよってみたいと思う――。

むろん松尾さんの時代は、すでに遠い過去の物語である。まして、知らぬ他国の土地で、どの程度に当時の事情がつかめるか、はかり知れぬことであるが、幸いにしてパリは明晰と意志……いや石の町。通りと番地さえわかれば、どうやら昔ながらの街並だけは見られそうなので、私は急に思いたって、成田国際空港を飛び立ったのである。

松尾さんは、生涯フランスに愛着をもっていた。それはそうだろう、なにしろ二十六年ものあいだそこに滞在していて、フランスは文字通り第二の祖国ともいうべき国であり、忘れようとしても忘れられるはずがない。

自分の著作上でも、フランスについてはいろいろ書いている。時には同じエピソードが三度も出てきたりする。それでもなお書きたりないらしくて、最晩年に私に、「実は、フランス放浪時代のことを書きたいんだがねえ」

と、さも懐かしそうに述懐していた。

松尾さんが、それほどにパリに想いを寄せる理由はなにか。

それはたぶん、単に松尾邦之助個人のフランスへの愛着だけの問題ではなかったと思う。そこには個人を超える、いわば「日本の青春」「フランスの青春」が確実に存在していたからにほかならないのだ。現在のような交通の発達した国際時代にあってはむしろ〝国際〟の実態は薄れてしまっているが、当時の若者にとっては、真にインターナショナル、いやコスモポリチズムの名に値する内容と、なおかつフォークロア、郷土的な世界が、そこに生々しく混合して存在していたのである。

あるいは本人は無自覚的であったかもしれぬが、それを一身に体現していたのが、他ならぬ若き日の自分自身であればこそ、松尾さんは書いても書いてもなお表現したりない思いを心に残していたのだろうと思う……。


松尾邦之助であるが、官僚嫌いの父親嘉平に似て子供の頃から野人型の反逆児であった。中学三年のとき、ビスマルクと仇名されていた体操の教師からほほがしびれるほどひっぱたかれ、福沢諭吉を罵倒する漢文の教師からは、「不作法者！」とののしられた。そんなことから人生に対してというよりは、日本のなんとも形容できない既成社会に対して「こんちきしょう」といった気持ちを育てていったのである。

ただそれというのも生来の資質の他に、やはり生まれ故郷の環境や風土の影響もいくらか受けているように思われる。

生まれは遠州静岡の金指《かなさし》というちっぽけな田舎町であるが、掛川で乗り換える二俣線でいくと、石松の生地とされている森町からほど近いところにある。幼い頃から、俠客《きょうかく》清水の次郎長やその子分の森の石松の話をたびたび聞かされてきたが、松尾は次郎長よりもあのドジでマヌケで、喧嘩には強いがバカ正直で人情家でもある、石松の方にはるかに好意を抱いていた。

そのせいか松尾を知る一部の人々は、彼を「石松型だ」と端的に評したりもする。

学校は東京外語（現東京外大）のフランス語部の文科に入った。なぜフランス語部を選んだのか松尾自身にもはっきりわからなかったが、ただ当時からアングロサクソン風の国家主義を漫然と嫌っていて、フランスという国の開放された自由な人間像に憧れていた、という程度のことらしい。

今回のフランス行きについても同様で、さほどの理由もなかった。ただ学校を卒業するとすぐに日本を離れたいと思って、父親にそのことを話してみたが応じてくれない。親父は自分が酒飲みの道楽者でありながら、永井荷風の『ふらんす物語』を読んで、息子をパリに留学させるのを恐がったのだ。

そこで松尾青年は謀略というほどのことでもないが一計を案じ、浜松でも有数の資産家である義理の兄が上京してきた際に、一緒に宿で食事をとりながら頼んでみた。

すると彼は義弟の熱意に動かされて、

「よし、それなら俺の方でなんとかしてやろう。お前の洋行費を俺が出そうと切り出せば、親父も反対しないだろう」

と励ましてくれた。そして実際に義兄が父親にかけあうと、父親は生来詩人肌のせいもあってか、あるいは義兄の申し出に自尊心が傷つけられたのか、

「邦の洋行費ぐらいはこちらでなんとかする。お前の親切はありがたいが、金の工面ならしてもらわんでもええ」

とすんなり了解してしまったのである。こうして話はにわかにまとまり、松尾は外語を卒業した一九二二年春、一応逓信省に就職はしたものの、むろんそのまま官吏になるつもりもなく、何《いず》

れはフランス行きのつもりで待機していた。役所の方でも松尾の渡仏計画を知っていて、温厚な神谷課長がわざと松尾を自由な身分の嘱託にしてくれたのである。

〔……ところで、航海の途中コロンボで置き手紙をもらった佐藤朝山というのは、どういう方なんです？〕

某日、私は松尾さんに尋ねたことがある。

〔ああ、朝山先生はね、当時美術院会員の有名な豪傑彫刻家なんだよ〕

〔どういう縁で……〕

〔いや、知りあったのはまったく偶然のことさ。当時の先生は、おれが渡仏直前に住んでいた同じ大森上台の五軒長屋の一番奥に住んでいたんだ。それで、おれのことをどうして知ったのか、ある日、奥さんがやってきて、うちの朝山も九月頃渡航するんで、時々家の方にきて簡単なフランス語を教えてくれませんかということになった〕

朝山夫人はやせて質素な感じであるが、礼儀正しく、気品のある夫人だったので、松尾はすぐに承諾し、翌々日に家を訪ねた。朝山は丸顔で背が低く、まるで五百羅漢のような顔相の持ち主であったが、松尾が来訪すると大変に喜んでこう一言った。

「君より一足先に小林古径なんかと九月にパリへいくんですよ。だが言葉がちっともわからんので、あっちでは君におんぶしなくちゃならんと思う。それにしてもせめて挨拶ぐらいは覚えていかんとねェ……」早速松尾相手に初歩フランス語を始めたものの、小一時間もするともうレッスンに飽きたのか、パンパンと威勢よく両掌をたたいて、奥さんにビールを持ってこさせた。このとき驚いたのは、奥さんが大きな盆の上に十二、三本のビールを一度にのせて運び込んできたことである。松尾も父親似の大の酒好きときているから、後はもう二人の間につぎつぎと話に花が咲き、とうとうその日は夜半過ぎまで飲みつづけた。

大酒飲みで有名な朝山には、魚屋、酒屋に大変な借金があったが、パリ行きとあって画家仲間の横山大観に支度《したく》金として全部片をつけさせ、「これでせいせいしたよ」とばかり西行法師の歌を高唱し、ヴェルレーヌの訳詩を朗々とうたってみせた。

そうした夫を省《かえり》みながら、奥さんは松尾にさも気の毒そうにいった。

「主人はあの調子ですから、金の勘定もわからず、酒に酔うと何をやりだすか判りません。一昨日も送別会とやらで、へべれけに酔って、田圃《たんぼ》の中を歩きまわったらしく、着物をどろだらけにして、おまけにずぶぬれのネコを一匹懐に入れて帰ってきたんですよ。……パリでなにをしでかすか心配でなりませんが、よろしくお願いします」

その後も松尾は五、六度フランス語を教えに通ったが、そのたびに初日と同じ酒盛の情景が繰り返される。朝山は肝心のレッスンよりヴェルレーヌや東洋芸術の妙を語りながら、大酒を食らうのが楽しみらしく、いつも帰ろうとする松尾を引き止めては、「ああ、偉大なる感情は理性に勝る……」なんぞとしきりと興奮しては、明け方の二時、三時まで語りつづけるのであった。

そして明言通り朝山は松尾より一足先に日本を出ていき、その三カ月後の十月に、師であるはずの松尾が、逆になんとはなしに弟子の朝山を頼る気分で日本を発った。
——封建の世が明けてから明治末ぐらいまでの日本人の洋行といえば、同盟国であるイギリスのロンドンか、学術の都ドイツのベルリン、さもなければアメリカの諸都市といったところが相場であった。それはひとえに近代への歩みを踏み出した後進国日本の、やむを得ざるところの実学的な発想によるものだったろう。

したがって明治時代にフランス・パリなんぞへ行こうというものはほんの稀《まれ》にしかいない。それをあえて実行しようとするものは、よほどの腰抜けか、さもなければズバリ「女目当ての助平野郎だ」ぐらいに決めつけられていたものである。

そうした時代の雰囲気にあって、フランスに出かけた変わり者の一人に、パリでは一番古いだろうといわれ、恐らく渡仏した日本人で、彼の厄介にならなかったものはいないだろうといわれるくらい、かの土地に根づいたモンマルトルの諏訪旅館の主人諏訪老人がいる。だが諏訪老人といえども、元はといえば明治時代に飛行術の勉強にやってきた軍人さんである。

ところが明治のリアクションとしての大正時代に入るや、こうした状況とは打って変わって、一躍パリは芸術の都として脚光を浴びだし、衆人にもてはやされるようになった。日本では美術家はもとより、文芸家にとってもパリは憧れの聖地となり、そのため前途を夢みる青年たちが、ぞくぞくとフランスに出かける仕儀《しぎ》となった。

一九二二年秋にかの国に渡った松尾邦之助青年も、当然そうした時代の雰囲気の渦中にあった一人である。

〔松尾さんより以前、大戦以前の先輩格の人というと、大正二年に渡仏した画家の藤田嗣治がいますが〕

〔うん、藤田さんは偉いよね。大戦中もフランスで頑張っていたんだから。フランスでは兄貴分の彼にほんとうによくしてもらって、今でも感謝しているよ〕

〔その他に、大正時代、アルツイバーシェフの『サニン』を翻訳して、世に悪魔的な〝サーニズム〟の語を広めた作家の武林無想庵は大正九年に渡航しています〕

〔無想庵に文子か、あのクソッタレ夫婦にはさんざ翻弄《ほんろう》させられてまいったよ。東大出のインテリなるものが、いかに愚劣きわまるものかおれは身に泌《し》みて感じた〕

武林のあと、宮田姓に改めた中平文子といえば多分御存知の方も多いであろう。彼女は典型的な妖婦型才女で、世界を股にかけて生きたスーパーレディである。七十三歳の高齢で海抜三千メートルのヒマラヤの高地にある不老長寿の国、フンザ王国に出かけてマスコミに話題をまいたりした。

武林無想庵の方は当時、鎌倉の材木問屋の人妻にぞっこん惚《ほ》れ込み、当地の旅館に滞留していたのであるが、その際にこの美女記者文子の訪問を受けた。だらしのない無想庵は、学識だけは日本のアナトール・フランスと騒がれるほど大変なものであるが、一杯機嫌で仏文学についてあれこれ語りだすうち、

「ぼくの北海道の土地が売れたんでねえ。今度辻潤を連れてパリにゆくことにしたんだよ……君も行きたい？　それなら辻君の方はやめにして、君を連れていってもいいんだよ。僕は同行者は誰でもかまわないんだ。どうです、一緒に行きませんか？」

とのたもうた。この無想庵のウソとも本当ともつかない誘いに、千載一遇のチャンスとばかりに文子が乗ってしまったのである。

（なんと、憧れのパリへロハ（無料《タダ》）で行ける。到着するまでは彼と同伴ということになるが、なあに向こうへ着いたらすぐと別れればいい、男の気持ちが変わらぬうちに約束だけは取りつけて……）と、こちらもすばやく肉体の結びつきをもって証拠とし、一九二〇年（大正九年）八月には、無想庵はその後にいかなる運命の星に巡りあうとも知らず新妻文子を伴い、中国大陸を経てパリへと向かったのである。

このように日本の渡仏者の大半は文化人であるが、文化人といっても藤田を代表とする絵描きたちが大半であった。パリは画家の坩堝《るつぼ》、ちなみに当時どのくらいの美術家がパリにいたかを調べてみると、フランス人を含めてその数なんと十万人といわれる。

そのうちフランス人が三万五千人、残りの七万人前後が外国人。中でも特に多いのがロシア人、ポーランド人でこれが三万人。ついで多いのがアメリカ人とスカンジナビア人で、三千人から五千人ぐらい。そしてわが日本の美術家は景気のよかった第一次大戦直後で、約五百人いたといわれている。

五百人くらいではまるで他国と比較にならないが、それでも第一次大戦前にはパリの日本人は総数で十七、八人しかおらず、第二次大戦時にあってすら四百人前後にすぎなかったことを考えると、この時期にいかに多くの邦人画家がいたかが理解できよう。

昭和初頭になると、その数もさらに増え、在パリ日本人の数は約千人といわれるが、恐らくはそのうちの大方がやはり絵描きだったのではあるまいか？

〔かくてパリへ、パリへと草木もなびく。やがては画家、文化人はおろか政治家、実業家、武道家までも出かけていくわけですが、松尾さんに縁の濃い人で、松尾さんの後から出かけた人というと……柔道家の石黒敬七さんがいますね〕

〔うん、年代的にいえば大正十二年には、アナーキストの大杉栄が日本脱出を試みている。ただしこれはフランスでは接触がなかった。石黒はおれが出た三年後の大正十四年にやってきたんだが、あいつときたら、まるで言葉ができない。挨拶のボンジュールさえも知らないくらい。それでいて堂々とパリに乗り込んできた〕

〔そしてついには日本ダダの元祖にして、貧乏の元締とされていた辻潤すら渡航してくるわけですから偉いことです〕

〔辻さんが『読売新聞』の第一回海外文学特置員の肩書でパリへ旅立ったのは、昭和三年冬の一月のことだったな〕

それまでの辻潤は「とうてい他人の窺《うかが》い知ることの出来ぬ程」の赤貧の裡《うち》にあった。ところが辻潤訳マックス・スティルナーの『自我経』（『唯一者とその所有』）が『世界大思想全集』（春秋社）に加えられるに及んで大当たり、当時の円本ブームにのって版を重ね、その多額な印税を懐にして遅まきながらパリ留学が決定したのである。

〔当初パリへはむろん一人で行くつもりでいたが、先妻で大杉栄の許《もと》に走った伊藤野枝との子供である一（辻まこと）が、彼の地で死んでもいいとまで言い張って行きたがるので、ついでに子供も一緒に連れて行くことにした〕

辻潤といえば、彼と仲のよかった詩人の金子光晴の最初の渡航は大正八年、二回目が昭和三年に日本を出て、翌四年末にマルセイユへ漂着している。

〔それにしても大正から昭和期のパリは賑《にぎ》やかだったものですねえ〕

〔その通り、ことに第一次大戦後の一九二一年（大正十年）頃から一九二九年（昭和四年）くらいまでのおよそ十年間ぐらいが、パリの季節でいうと、ちょうど春から夏にかけての一年のうちの最高の季節のようなものだったんだねえ……、それがまた絵画上の〝エコール・ド・パリ〟と重なる。今、思い起こしても素晴らしい栄光の時代だったよ〕

エコール・ド・パリとは〝パリ派〟の意。

なぜパリ派かというと、当時スペインの血のまじったユダヤ系イタリア人のアメディオ・モジリアーニ、スペイン系のパブロ・ピカソ、リトアニア生まれでやはりユダヤ系のシャイム・スーチン、その他モイズ・キスリング、ジュリウス・パスキン、あるいはロシアからやってきたやはりユダヤ系のマルク・シャガール、そして極東の国から遙々やってきたツグハル・フジタ等々、国際放浪画家たちが大勢パリに集まって、一大絵画ムーブメントをつくり出していたからに他ならない。

彼らは放浪画家にふさわしく、抽象やシュールレアリズム、その他の前衛的な絵画運動に身を投じ、それらからの刺激や啓示をうけながらも、同時に自己の心の状況の表現に忠実であろうとした。モジリアーニにしろシャガールにしろ、無国籍者に近い国際的放浪者でありながら、それぞれに生まれた風土の伝統と精神を大事にしつつ、絵画上に表現した。

〔ことに昭和初頭の、三年あまりがよかったらしいですね〕

〔なにしろこの頃は世界中に戦争が一カ所もないという、文字通り天下泰平の時代だったから、すこぶる呑気《のんき》なものだった。フランスはつぎにやってくるアメリカの大恐慌や、狂犬ヒットラーの台頭を前にして、平和に慣れ、好況に酔い、まさに輝かしい一時的〝黄金時代〟を形成していたんだ〕

そんな時代のパリに世界の芸術家が憧《あこが》れないわけがなく、必然的に、商業的な意味あいでもパリは最高の取引地となった。パリは世界の画壇の最大マーケットとなり、誰もかれもがパリで成功したがったのだ。

いうまでもなく世界各国には、それぞれの国の大家なるものがいる。しかし彼らもいったん自国をはなれてパリにくると、その栄誉も名声も一文の役にもたたない。反対に一度パリで名声を得たとなると、自国はおろか、地球上の各国の画商が礼を厚くして注文をよこす。政府からも、丁重《ていちょう》なる招待状を送ってよこすようになるのである。

そうした状況の上に、日本人とすれば邦貨の価値がよくなったことや、フランスでの〝ジャポニスム〟の流行というような客観的な有利な実情も働いたわけであるが、フランスのそのような一時的な流行はともあれ、当時の渡仏者の気持ちには、青年松尾が感じていたと同じようなこの国のいかにも自由で開放的な雰囲気への憧れの念があった。

エコール・ド・パリにもみられるように、そこは自由なる民の集積地でもあった。武林無想庵や金子光晴のような日本からの逃避者にも、ある種のユートピア願望の気持ちを込めてのフランス行きがあったのである。

〔なにしろフランスには、日本のような〝地震・雷・火事・親父〟なんてものはないからね。フランス人というのは、日本人のような島国根性はまるでもっていないし、偏狭猜疑《へんきょうさいぎ》の念もすくない。たとえ外国人だろうと、優れた才能は積極的に押しだしこそすれ、隠してしまうなどという陰険さはもっていない〕

「そういえば、アンデパンダンがある。無審査、無償、不鑑賞を旗印としたアンデパンダン展のような、大がかりで自由なサロンが開催されていたのは、その頃ではパリだけですね。この自由な雰囲気がまたエコール・ド・パリの誕生につながった」

「なんといってもフランスは個性と創意ある人物の祖国であって、まさにリベルテ（自由）、フラッテルニテ（博愛）、エカリテ（平等）の三色旗の国だんだよ」

松尾は力をこめて私にそう語りながら、いかにも重厚なコンニャク（＝コニャック。松尾はそう発音した）のグラスを傾けていたものである。

2 歓楽街のアッフランシと接し、ノイローゼが治る

一九二二年（大正十一年）十一月二十七日の午後、四十七日というほとんど日常的な生活にも近い、長い船旅を終え、松尾邦之助はついにマルセイユに到着した。

マルセイユはフランス第一の港、〝オリエントの門〟とも称される東洋航路の起点、終点であり、リヨンと並んでパリにつぐ第二の商工業都市でもある。真珠のように鈍くはあるが、底深い光を放つ埠頭に佇《たたず》んで松尾青年はさすがに興奮に酔っていた。

夜の十一時にP・L・M線の二等車に乗った。彼はひじかけに頭をのせながら、今後起きてくると予測されるさまざまな生活についての空想に一人ふけっていた。

昼間マルセイユの町で見た、南仏の女たちの姿が目に浮かんできた。戦争で夫や父を失った喪

服の女が実に美しいなと思った。

（なんと深い色をした瞳であることか。それにいずれも均整のとれた八頭身の肉体だ。くびれた胴、白い豊かな胸、このような女性とあるいは自分も恋仲になれるかもしれない。よし、そうなったら場合によっては日本を捨ててフランスに永住してやろう。なんとか暮らしができ、環境が自由で、快適でさえあったら、そこが祖国なんだ。おれは偶然日本に生まれたからこそ、日本を愛しているだけの話だ……。

だが、果たしておれは見知らぬパリで一人で生きてゆけるだろうか……。いや、話に聞けば、今度の戦争のために男の数がうんと減っているという。いよいよ困ったらボルドーあたりの農村へ行って、肉体労働でも何でもやってゆくことにしよう）

松尾のフランスでの目的は、一応社会学の勉強であったが、考えてみると、とうてい自分は学者にはなれそうにもない。（いっそのこと社会運動の闘士になろうか）とも思った。

（日本の社会情勢は、日に日に険悪なものとなり、真剣な労働運動のリーダーを必要としている。おれと同じ外語の仏語を出たアナーキストの大杉栄は、稀代《きたい》の風雲児である。だが、おれは大杉のような真似はできない。小ブルの家に生まれたおれが今さら「プロレタリアのために」などと叫んでみたところで、だれも信用しないだろう。

大杉は「自然と戦い、権力社会と戦う。闘争は人生の花だ」と豪語している英雄だ。だがおれは英雄にはなれないし、なろうとも思わない。しかしおれにはおれにふさわしい、おれにしかできない人生があるはずだ。健康で、朗らかで、好きなことを懸命に学び、好きな仕事で体験を積

んでゆけば、かならず自分の進路が自然に開かれよう）

こんなことを考えてウトウトしているうちに、汽車が止まり、ホームから、

「リヨン！　リヨン！」

という眠たそうな声が耳に流れてきた。

松尾が目指す、乳白色の霧に包まれたパリ・リヨン駅に到着したのは、十一月二十八日早朝のことである。

2　歓楽街のアッフランシと接し――

――一方、海上の松尾とは異なり、運命を空に託した私にしてもパリへの道は遠かった。現在（一九八九年）においてさえ、アンカレッジ経由二十時間という長旅はかなり疲れる。ましてパリの二つの空港のうちの一つシャルル・ド・ゴール空港に着陸寸前、松尾のいうように冬の空港は濃霧に包まれていて着陸がかなわず、天候を見計らってフランクフルト国際空港からとんぼ帰りということになった。ド・ゴール空港に着陸したときには、ほんとうにやれやれという安堵感があった。

当夜はパリ西方ブローニュの森に近い三十三階建てのホテルで、パリが一望できるという〝コンコルド・ラファイエット〟に旅装を解いた。翌日は、空港から一緒して隣室同士になつた、もと身体障害者教育の先生で今はリタイアの身にある渡辺四郎さんと早速リヨン駅（ガルド・リヨン）を訪ねてみることにした。

パリにはロンドンやモスクワのように、パリ駅、中央駅というのはなく、ターミナル駅として

のサンラザール駅、北駅、東駅、リヨン駅、オーストリッツ駅の五つがあって各地方に向かうのであるが、そのうち市の東南部の、リヨン駅は大都市リヨンを経て、地中海沿岸のマルセイユに向かう列車の発着駅である。

したがってここには昔からアガサ・クリスティの小説で名高い青列車（トランブルー）などが世界中の観光客を待っていたが、今では世界最高速度の時速三百キロを出すフランスの誇るＴＧＶ（テー・ジェー・ベー）の発着駅として知られていて、パリ～マルセイユ間を五時間で飛ばしてしまう。

リヨン駅舎は重々しく、私には東京駅というよりは、むしろ上野駅並のいかにもお上りさんが集まりそうな古い時間が堆積した砦のように映った。駅頭に佇《たたず》み、周辺の重い空気を感じていると、かつてこの駅に、幾万人の日本人がひた押しに押し寄せてきたことかと回想され、感慨ひとしおであった。

松尾はこのリヨン駅で同行した〝うらなりヘチマ女史〟と別れ、誰の出迎えも受けず、たった一人で駅前の「テルミニュス・ホテル」という宿に泊まったと著書に書いているが、なるほど駅前にはホテルがたくさんある。

だいたいパリという土地は世界の観光地、どこにいってもやたらホテルの看板が目立つ土地柄であるが、リヨン駅前はさすがに栄光の航海時代は過ぎてホテル街も寂しげにみえる。ましてリヨン駅の前は大した広場にはなっておらず、建物を超えた道の向こう側にホテルが並んでいるので駅舎内を一巡した後、一人でホテル街の方を回ってみた。

松尾が着いたのは今から七十年以上もの前の話、彼が泊まったという「テルミニュス・ホテル」があるはずもなかろうと思いつつ、記念に近辺のホテルの写真を撮ってふと目の前をみると、〃オテル・テルミニュス〃とあるのに驚いた。これでは確かに「駅前のホテル」である。いいようのない懐かしさを感じて、下のカフェに入り、オレンジ・ジュースを注文した娘さんに、
「テルミニュス・ホテルはここですか」
と英語で問うてみた。たぶん英語はわかろうはずもないのに、彼女は〃テルミニュス〃のことばにただちに反応して左隣を指さしてくれた。
——テルミニュスで一泊した翌朝、松尾邦之助は早速、しばらく滞在するホテル探しをしている。

あれこれ選択する余裕もないまま、松尾はリュクサンブール公園に近いゲイルザック街の〃オテル・ド・ファミーユ〃に飛びこんだ。

松尾がこのゲイルザック街辺にいったのは、目的からして当然のことである。彼はその後もリュクサンブール公園の近辺を往来しているが、それは要するにソルボンヌ大学へ入ったからで、松尾はカルチェ・ラタン（ラテン地区）の学生街に落ち着いたわけである。

オテル・ド・ファミーユは、今は改名したのか結局みつからなかった。パリの道にはあらゆる道に通り名がついており、通り名と番地さえわかれば『パリ区分地図』でどこへでも容易にいけるのだが、彼はまさか私のように、自分のいた土地を訪ねてくる者がいるとは夢にも思わず、番地を明記していないので建物の位置の見当もつかない。仕方がなく私は、カルチェ・ラタンにし

ては繁華なゲイルザック通りをぶらぶら歩きしてきた。

松尾がみると、ファミーユの帳場には四十歳ぐらいの品のいいマダムがいる。

「朝めしつきで一ヵ月いくらですか?」

と尋ねると、向こうは流暢なフランス語で「一カ月二百五十フランでいいですよ」

と答えてくれた。

(よし、それなら一時この家に身を預けることにしよう)

彼の計算では、貧乏さえ覚悟すれば、だいたい月々千フランもあれば充分足りるはずと思った。

現在の円高は外国留学には極めて有利なものであるが、当時の邦貨事情も比較的よく、ことに昭和二、三年ともなると円を謳歌《おうか》することができた。

文部省の留学生は「文留」と呼ばれ、月に三百円の仕送りがあったが、これをフランに直すと三千五、六百フラン、これだけあれば相当なホテルに泊まって、食事も三度三度レストランでとり、カフェへも始終出入りし、芝居でも寄席でも見たいと思う時に見ることができたという。

テルミニュスから引っ越しの日、赤い縞《しま》のベストを着たファミーユのボーイが、トランクを背負い、五階の小さな北向きの部屋に案内してくれた。その部屋には、独身者なのに二つ枕を並べたベッドがあり、部屋の隅には、日本からやってきたばかりの松尾にはなんのことやらわからない異様な器具が置いてある。

「これは何かね?」

とボーイに聞くと、ボーイは、「ビデ」と答え、ついでにビデと称するものの上にまたがり、笑いながら手まねで女の作業の後の洗浄の仕種《しぐさ》をしてみせた。

引っ越しが終わると、松尾は居住の手続きをする必要があるので、日本の大使館を訪れた。外務省の話では、当時の日本大使館は現在のモンソー公園の方にはなく、どうやらエッフェル塔の近辺にあったらしい。

大使館では、外語学校の先輩である渡辺書記官が松尾を待っていた。そして彼を誘ってブローニュの森に近いところにある〝日本人クラブ（セルクル・ジャポン）〟に連れていってくれた。当時の日本人クラブは、ポツンとした一軒家の建物になっており、到着すると二人はすぐに食堂に入り、渡辺は松尾にうなどんを御馳走してくれた。

渡辺書記官は何となく表情が暗く、フランスに対していい感情を持っていないらしい。食事をしながら、「パリなんか長くいるところじゃないよ」といったり、「フランス人はケチで、日本人など馬鹿にしている。まったく面白くない国民だ」などと、しきりとくさしていた。しかし松尾は内心考えた。

（バカな、彼は自分の身辺の個人的な印象を、まるでフランス一般論であるかのように語っている。ようし、仮にそうであっても、おれはおれなりになにもかも一人でやり、日本人などとは一切つきあわず、パリと四つに組んで運だめしをしてみせるぞ）

松尾は渡辺先輩と別れるや、街の書店でこれから学ぶ社会学の本をどっさり買い込んでホテルの自室に並べた。松尾とすれば予定通り「政治学校」（シアンス・ポリティク）へ入る準備をしなければならないし、到着早々張り切っていたのである。

現在ソルボンヌ大学は、正確にはパリ大学の一部で、この辺一帯は十二世紀以来学問の中心として歴史を重ねてきた地区である。カルチェ・ラタンはフランスきっての秀才が集まる高等師範学校（エコール・ノルマール・シュプレール）や高等中学校（リセ）などの由緒ある学校がひしめいていて、今でも留学生が多く国際色も大変豊かである。

この学生街の中心はサン・ミッシェル大通りであるが、道の周辺にはカフェ、レストラン、書店、文房具店などがズラリと並び、若者たちで終日賑《にぎ》わいを見せている。私が歩いてみてわかったことであるが、カルチェラタンから南に五、六分も下ることで容易にリュクサンブール公園の入口にいたり、さらに西南に抜けていけば、モンパルナスの中心街に出るのである。

ここで松尾はいったいどこの学校に入ろうとしたのかであるが、本人はソルボンヌ大学の政治学校、シアンス・ポリティクだとしている。だがもと中央大学教授・西海太郎氏に尋ねると、

「シアンス・ポリティクというのは政治科学のことであって、ソルボンヌ大学の方は政治学部と呼ぶべきでしょう。シアンス・ポリティクとなると、私が一年半留学していたナポレオンの遺体のあるアンパリッド（廃兵院）の方の付属研究所で、あるいは松尾さんが入ったのも、ここの研究所のことではないだろうか」

という話である。しかしこれだと松尾の生活記録から推理される限りでの生活圏内から少し離れすぎるようであるし、私には、やはりパリ大本校ともいうべきソルボンヌの方で勉強していた

のではないかと思える。

ところで松尾はこのようにして勉学に張り切っていたものの、一日たち三日たちするうちに、だんだんこれからの生活に不安の影がさしてきた。一週間もたったころには、自分でも予想しなかったひどい神経衰弱に襲われだした。

今、こうして自分が異国にあってペンをとっていることが無性にわびしく思われ、（とてもこんな孤独な生活には耐えられない……）と感傷的な気持ちに落ち込んでしまったのである。あげくに夜もおちおち眠れない。一睡もしない夜が三日も四日もつづいた。

これは留学体験者にはよくあることで、現在パリで生計をたてている数人の日本人に聞いてみても、すぐ適応できる人もいるが、半年以上もホームシックに悩まされつづけたなどという人もいる。しかもその間に孤独にとうとう耐えきれなくなって、国に引き揚げる学生もいるとのことである。

松尾はぶどう酒をうんと飲んだら眠れるだろうと思って、白ぶどう酒を一本買ってきて飲んでみた。が、それでも一向に効き目がない。翌日ボーイに、

「全然眠れないので、ぶどう酒を飲んでみたがそれでもよく眠れないんだ。なぜなんだろう？」

と聞いてみると、

「いえ、それは反対なんですよ。ぶどう酒は逆に神経を高ぶらせるものです」

と効能を教えてくれたので、やっと納得することができた。

ただしこの松尾の当初の意に反しての神経衰弱は、むろんぶどう酒のせいばかりではない。ほかにいくつもの理由があった。

昔、それも明治三十年代のことであるが、ある日本人が自分の友人がカルノウという街に住んでいたので、馬車を呼び止め、御者に向かって、「カルノウ、カルノウ」と叫んだ。すると御者は発音通りのカルノウに連れていってくれたが、それは時の大統領カルノーの豪壮な官邸だったという滑稽話があるが、この国に定着しようとするものにとって、まず問題になるのは言葉である。松尾の場合は、まさかこれほどではなかったにしろ、それでもネイティヴなフランス語には大いに悩まされた。確かに日本の学校では、正調のフランス語を習ってきた。だから考え考え発音すれば、こちらのフランス語はいくらかは通じた。しかしホテルのボーイや女主人の話す早口のフランス語は、ほとんどわからない。ましてフランス人同士が楽しげに語り笑っている言葉となると、全然聞きとれないのである。

結局学校でやったフランス語などというものは、文法的には例え正確であっても、それは決して Le français tel qu' on le parle（巷でしゃべっているフランス語）ではなく、「生きたフランス語」というものが別にあることを初めて知らされたのである。

まったくフランス語のできない私にしても、宿泊していた土地の Porte Maillot は、どの地図にも「ポルト・マイヨー」とあるのに、現地の人は「ポフト・マイヨー」と聞こえるように発音するので不審に思った。

松尾にはこの「生きたフランス語」がよくわからず、相手の話の意味が全然とれないこともある。だが言葉の問題以上にもっと彼を脳髄まで悩ませたのは、周辺のパリ人どもの自由な社会生活風俗であった。

パリ到着当初の松尾の生活は、毎日毎日が、まるで霧で閉ざされたようなうっとうしさの連続であった。そもそも松尾の到着した時期がよくない。緯度からいえば樺太《からふと》（サハリン）辺りにあたるパリの冬は、灰色の空に煤煙《ばいえん》がまじり、午後の四時ごろになると闇の帳《とばり》が下ろされてしまうのだ。

そうした憂うつな冬の日を忘れるためでもあろうか、この学生街のカフェの内部はどこも大変な賑《にぎ》わいようである。若い男女がいたるところでキスしあい、料亭、映画館、町筋の暗がりはいたるところアベックでいっぱいになる。

現在だって、パリへ行ったものの誰しもが、フランスの若者の愛情表現の自由奔放さに驚かされ、かつ日本人と差異があることにしばし黙考させられるであろう。

松尾のいう通り、彼らは二人が向きあえる程度のスペースがありさえすれば、どこであろうと睦《むつ》みあっている。たとえ地下鉄内の乗客の目前でも、充分情感をこめた面もちでキスを交わしあい、二人の唇がまさに離れんとする間際、ときに女の方の、男にさし入れていた舌がずるりと引っ込むあり様までゆるりと拝見させられるのである。

松尾はこれはたぶん第一次大戦後の、社会のゆがんだ空気のせいでもあったろうとしているが、遠州森の石松こと松尾邦之助のような純東洋人にとっては、目をそむけずにはいられないほどの退廃的風景にみえた。

そんな生活にあったある日の午後、松尾は背広服の注文のために洋服屋にいった。

店の中は、右も左も鏡になっていてとても明るかった。ふとみると彼が番頭と話している向こうの端に、顔の薄黄色い、とてもみすぼらしい姿のショボショボした若者がいるではないか。松尾が（いやなヤツがいるわい）と思って、プイと顔をそむけると、その男も瞬間いやな顔つきをして黄色い顔をそむけた。ふと気づくと、なんと、それは鏡に映った自分の顔であった。

（おれは自分の顔に自信がない、言葉は通じない、その上ギリギリの金しかない貧乏書生でしかない……）

かくして威勢よく乗り込んできたパリ当初の松尾青年はすっかりしおれてしまい、『講談クラブ』の立身出世物語の愛読者であった義兄に、

「邦さんや、フランスへいったらな、放蕩《ほうとう》をするな、酒を飲むな。勉強以外のことはな、全部悪魔の仕業だと思って、見るな、語るな、聞くなの三猿精神で修業をしてこいよ」

といわれてきたが、今のこのあり様では義兄にいわれなくとも、外出するたびに目につく若者どもの接吻の情景や、ホテルの隣室でいちゃつく男女の卑猥《ひわい》な物音に耐え、日光のサル同様に耳を両手で押さえ、ひたすら黙して勉強に勤しむよりほかなかった。

（うむ、これではならぬ。少しでもこの国の言葉に耳を慣らそう）と勇を鼓《こ》して、ソルボンヌ大学の「自由講座」に出席してみたが、これがかえってまた彼に逆効果をもたらした。教授がどんな内容を語っているのか、ちっとも理解できない。いよいよ不眠症の病勢がつのるばかりで、しまいには天井から落ちるホコリの音まで聞こえるようになってきた。

（こんな調子じゃ、おれは永住どころか、半年、一年の留学もたんなあ……）

そんな精神状況にあったある日、食欲がないまま何となく日本人会へいってみた。彼はかつて学校の恩師の滝村竜太郎から、パリで日本料理が食べたくなるようではダメだと教えられた。だが食べたいものをいくらガマンしてみたところで仕様がない。半ば腹立ちと居直りの気分でクラブへやってきたのである。

そして刺身料理とみそ汁の定食で、久しぶりに日本の味を楽しんでいると、隣で数人の日本人を相手にしゃべっていた書記の青山がこういっている。

「とにかく大変なやつがパリにやってきましたよ。美術院の佐藤朝山です。この先生、ヴェルレーヌを気取って、毎日大酒をくらい、カフェでビール瓶を投げたり、泥酔のあげくには羽織袴姿のまま、町でぶっ倒れて詩吟をやったりする。それはまだいいとしても、昨夜などまだ宵の浅い大通り、しかも賑《にぎ》やかなモンマルトルのムーラン・ルージュ前の人道で、着物をまくってゆうゆうと大便をしたというんですから」

そこにいたみんながドッと笑った。

しかし松尾は「佐藤朝山」の名前を聞いて、忘れていたものを思い出したようにハッとし、すぐさま青山書記の傍らへいって尋ねた。

「朝山先生は、今どこにいるんです？」

「ああ、彼ですか、彼なら〝オテル・ド・グランゾンム〟にいますよ。もし朝山を訪ねたいのなら、いつも午後の五時頃までは寝ていますから、今いってもダメでしょう」

そういわれても松尾とすれば、パリに着いたら、何はさておき朝山先生に会って、奥さんから預かってきた手紙を渡さなくてはならないと思っている。それで昼飯を終えた後、カフェで時間をつぶして、午後の四時頃「偉大なるホテル」とも訳すべき、パンテオン殿堂の前にある「グランゾンム・ホテル」へ訪ねていった。

パンテオンにはパリの守護神がまつってある。地下の埋葬所にはユゴー、ヴォルテール、ミラボー、ゾラなど多くの偉人の霊が眠っている。その殿堂の前にある一流のホテル、グランゾンムを訪れると、松尾は二階の一号室に案内された。

「松尾ですが……」

ドアを押して中に入るとすぐに彼は、窓のカーテンが閉められ、煙草の煙をモウモウとけむらせた部屋の二つのベッドの上に、四人の人影を認めることができた。そのうちの一人である朝山は、松尾が来訪したことを知るや、すぐさま寝間着のままベッドの上に身を起こして叫ぶようにいった。

「やあ、松尾さんか！　いつ現れるか、いつ現れるか、と毎日待っていたんだよ。ホラ、ここにベッドが二つあるだろう。一つは君のために置いてあるんだが、君のくるのが遅いんで、こうしてマドモアゼルどもと遊んでいるんだ。君に紹介する人がいる」

そういって朝山は近くに立っていた眼鏡の日本人で、「東京日日新聞」の記者である井沢弘を紹介してくれた。松尾はこの時以来、井沢弘と親しい友人同士になり、井沢の死に至るまでずっと交友をつづけることになる。

この灰色の煙が充満した部屋の中で、朝山の相手役をしていたマドモアゼルは、ちょっと若い後家さんのような素人じみた上品な女だった。井沢にピッタリと身を寄せているのは、真っ赤な衣装を着た、いかにも玄人らしい背の高い女性である。

「松ちゃんがきたんで、これで安心した。さあ、今夜はトコトン飲んで遊ぼう。だがこの女どもが一緒じゃ面白くない。松ちゃん、なんとかもっともらしいことをいって、この二人の女を何とかしてくれないか」

松尾は朝山にいわれるまま、これらパリの高貴なご婦人方に、いかにもバカていねいな言辞を弄《ろう》して、お帰りいただいた。

やっと男三人になると、近所の料理店で夕飯をすませた。それから夜の九時頃になって改めて出かけ、学生街のダンス・ホールやキャバレーにいってさんざん飲み、十二時頃まで五、六軒ハシゴして歩いた。

それからサゾ・ドニ門付近の女郎屋を一巡し、一時頃になって、夜の穴モンマルトルの「サヴォワ」というキャバレーに入り、朝の五時頃、ようやく客が帰りはじめたので支払いをすましたものの、その後が大変であった。朝山がこの朝、白人数人に誘拐されて姿を消したのである。

愛想よく「ホテルまで送りますよ」といっていたこの白人どもは、朝山を、さも親切げにホテルに連れていくように装いながら、現実には着物姿の朝山を大金持ちとにらんで、車で、ブローニュの森よりも広く、パリ最大の動物園のある、東端のヴァンセンヌの森に連れていった。だがこの無頼漢どもは、あいにくと朝山の懐にはたかだか自動車代ぐらいしかないことを知るや、失望して、この東洋豪傑を森の中に放り出して逃げようとした。

そのうちに朝山もすっかり酔いが覚め、辺りを見廻してみるとなんか様子がおかしい。

「おいおい、君たち、おれをこんな暗い森ん中に放り出していくなんてひどいじゃないか」

無頼漢どもに必死に懇願して、やっとルーブル美術館の前まで送ってもらい、あとはとぼとぼ宿まで歩いて帰ってきた。

このとき無頼の輩どもが、朝山が金をもっていなくて失望したのも無理はない。実はこの夜のドンチャン騒ぎの朝、賢明なる井沢弘の配慮で、大金の入った朝山の紙入れは、松尾に預けられていたのである。

翌日の午後、朝山と井沢は松尾の下宿にやってきて、

「よかった、よかった。すんでのことで首をひねられて、大金を奪われるところだったよ。お祝いにまた今夜も飲みつづけよう」

そういって性懲りもなく、また三人で外に飛び出し、その日は「オランピア」を振出しに、あちらこちらのキャバレー巡りをして、残った金をみな使い果たしてしまった。

このように松尾がこの大物彫刻師佐藤朝山とパリで再会し、夜と昼とをひっくりかえして、モンマルトルの歓楽街で夜明けまでドンチャン騒ぎをしている間に、松尾の精神世界が引っくり返ってしまった。これまで彼のこころの中に頑固に巣食っていた孤独という名のシコリが、ある日、ポロッととれてしまっていることに気づいたのである。

ここで異文化との接触が問題となるのであるが、人間も植物も似たようなものである。植物は急激に気候の異なった他の土壌に移植されると、弱いものは枯れてしまうか、枯れないまでも精力が弱まり、葉は伸びても肝心の花が咲かなかったりする。松尾の神経衰弱ももしこのままなら、移植された植物のようにしなびてしまい、ついにはもとの土に戻るより法がなかったであろう。

その弱りかかった松尾という植物が、佐藤朝山とのモンマルトルでの放蕩《ほうとう》の二夜で、すっかり活気をとり戻し、パリという土壌に根を伸ばし始めたのである。とくにニヒリストの風格をもった新聞人井沢弘の友情で、救われることができた。いな、それ以上に白ブタのような裸女のいる女郎屋を三、四軒見物するうちに、若い松尾はまるでパリを征服したような錯覚をもったのである。

朝山は女郎屋の裸女の一群をみて、これを彫刻家の目で鑑賞した。

「どうだ、あのヴォリユーム、あのマッス……実に見事なものだ」

井沢はアナーキストらしく、

「あの女たちは、神に近い存在だよ。虚栄の衣をすっかりかなぐり捨てている」

などと勝手なことをいいながら、相変わらずシャンパンを飲みつづけていた。

パリの心臓部サン・ドニ門の付近で、一番有名なのは「美しいめんどり」と呼ばれる館である。この家の娼婦たちは、センチメンタルな何物をもその肉体と精神にまとっていない。彼女たちには一片の「かくれみの」の必要もなく〝表芸〟も〝裏芸〟もなかった。自分たち自身も裸形でこの世に生まれながら、他人の裸形に興奮する〝堅気の男女〟の客を相手に、逆に衣服をまとった見物人たちをあざ笑っているかのようであった。

松尾は自分の頭にある日本の女郎屋の女と比べてみて、パリの娼婦どもはなんと徹底したリアリストであろうかと感心した。

彼女らは現在を悲しみ、否定しつつ、未来を夢見るロマンチストではない。大方不幸な事情で娼婦に身を落としたのであろうが、いったん小ブル的虚栄心から脱しては、俗世界から超越した心境となってある種の解放感が生じ、自分の現状をかえって謳歌《おうか》しているかのごとくであった。

その後も松尾は朝山と井沢の通訳を勤めながら、盛り場という盛り場を毎晩、夢遊病者のようになって遊び歩いた。

そしてこの色町の本屋でモンマルトルに関した本を買っては宿で読みふけり、この腐敗の中に巣を張る〝アパッシュ（不良）〟や〝アッフランシ（世俗的なモラルからの解放者）〟の生態を初めて知った。そして彼らはなんと自分とは遠い、異なった人間環境の中に置かれた価値の持ち主（モラリスト）だろうかとしみじみ思った。


松尾がこの異国の地に開眼したサン・ドニ門の淫売街というのは、今は存在しないのではないかと思いつつも、私は出発当初からこの街に興味を抱いていた。

ガイドブックを調べてみるとサン・ドニ通りは、今はアンティクの古着屋街になっているとある。赤坂のフランス政府観光局を訪ねてみても、サン・ドニ門の辺りは二、三年前までは歓楽街になっていて、その種の女どもがあちこちに目立っていたけど今はない、とのことであった。ところが現地にいってみると、「めんどりの館」のあるなしまではいざ知らず、昔と同じような状況なのである。

現地のエスペランチスト、オーディベール・和江さんを介してガイド役をお願いした美術家の吉崎隆一君によると、この辺りは夜どころか、昼間から、いや、朝からでもクシの歯のごとく大勢お立ちになっているとのことである。事実、まだ明るい時間に出かけてみると、建物の角、建物と建物の境や細い通り、ちょっとした空き地に白いの黒いのぞろぞろいらっしゃる。

モンマルトルの丘から下ってムーラン・ルージュの通りクリッシー、ピガール辺りに出るとそこは典型的セックス・ショップ街であり、サン・ドニ門付近の比ではない。ことにポンピドー文化センターの方向にむかう、サン・ドニ門の隣の、同じような豪壮な門のサン・マルタンの通りがパリ随一の娼婦街になっている。聞くと姫君は門に近いほど若くて美しく、したがってお値段の方も張り、離れるにしたがっておばんが多く、安くなるのだそうである。

ここでちょっとしたハプニングがあった。

私が別に彼女らを撮る意識もなく、繁華な通りに狙いをつけて、全自動カメラのシャッターを切った。

その途端、五十メートルくらい離れた位置にあった、グリーンの衣装に身を包む黒人のご婦人が「うわっ」とおらび声をあげ、あたかも敵陣に突っ込むがごとく私に向かってきたのである。当然のこと「なんで私にカメラを向けたんだ」といったところであろうが、なにしろフランス語でわめくのだからわけがわからない。

周辺には、物見高い通りすがりのパリジャンたちが集まる。そこへおりよくパトロールの警官三人がやってきて、「ツーリスト」と答えるや、「それなら別の道を行け」とばかり他の方向へ促してくれたので無事解放されたものの、一時はどうなるかと不安に思った。同時にこんな界隈《かいわい》をわが庭のように徘徊《はいかい》して歩いた松尾の度胸のよさを思った。

ところで画家の藤田嗣治であるが、彼は、松尾青年が一九二二年に到着した頃には、すでに近代絵画史に重要な足跡を残したサロン・ドートンヌの審査員を務めており、「わが室内」「裸婦」「自画像」等でパリっ子の爆発的な人気と賞賛を得ていた。

この二二年には大金持ちのバロン薩摩こと薩摩治郎八が藤田のアトリエを訪ねているが、その時藤田はレジオン・ド・ヌール勲章の騎士勲章をつけていて、売出し中の流行画家だったことを回想している。

何国人であれ、優れた才能を愛するパリ市民は愛情をこめて、この一東洋人を「フジタ、フジタ」と呼んでいた。しかし藤田嗣治がこれほどの成功を収めるについては、それまで人一倍はおろか、今日のわれわれからすれば身も凍えるような貧を体験し、恐ろしいまでの努力を通過してきたのである。

一九一三年、二十七歳の青年藤田がパリに入った時、街にははや秋の気配がただよいはじめていた。早速、パリ十四区オデッサ街にある安アパートを借りうけると、もうじっとしていられない。街の通りに飛び出して商店のウインドを眺め、マロニエの並木道やその木陰に立つ広告塔や共同便所のパリの街の匂いを嗅いで興奮していた。

着いてすぐのサロン・ドートンヌ（秋の画展）の初日にも出かけ、すでに夜のカフェで知り合ったロシア人彫刻家のメッシャニーフに誘われて、バン・ドンゲンの夜会にも行っている。

当時バン・ドンゲンは、ピカソと並んで売り出し中の新進画家であった。金銭的に少し豊かであったドンゲンは、モンマルトルのおんぼろアトリエ付貸アパート「洗濯船」からピカソと一緒に足を洗い、新興の美術街モンパルナスに移っていたのである。

『藤田嗣治』（田中穣）によれば、その新アトリエでの夜会の騒ぎのひっちゃかめっちゃかさは、パリの絵描き仲間のうちでもセンセーショナルな話題になっていることを藤田も知っていた。それで（バカ騒ぎなら、おれは美校時代から誰にも負けない自信がある）とばかり、

「たのむ、ぜひ連れていってくれ」と出かけ、パリ・デビュー興奮の一夜を味わっている。

しかし、予想はしていたものの、連れてゆかれたノートルダム・デ・シャンのドンゲンの画室には、すっかり度胆《どきも》を抜かれてしまった。壁には直接裸体画が描かれている。しかも裸体画は食堂の壁にも、廊下にも、寝室にも家中いたるところに描かれているのである。

やがてみなが飲み、うたい、踊り、果てはお決まりの乱痴気騒ぎとなった。酔ってワイシャツの胸をはだけたメッシャニーフは、藤田に向かってしつこくこう迫った。

「おい、伊達《だて》男、日本の歌をうたわんか」

もはやこれまでと覚悟を決めた藤田はその場を逃げるようにして、しばらく画室の騒ぎから身

を潜ませていたが、再び現れるや、なんと首はタオルでほおかぶりし、筋肉質の細い体には毛布をまとっていた⁉

さすがにメッシャニーフも「これは一体なにごとならん」と驚いた様子であったが、やがて早口の口上で参加者たちに藤田を紹介した。一座のどよめきが徐々に静まった、その一瞬の間をとらえた藤田は突然、

「アラ、エッサッサー」

と、一声叫ぶと、まるで闘牛士のようにさっと毛布を払いのけ、タオルを縫い合わせた即製の褌《ふんどし》姿フォルムで、スパッと裸身を現した。

この姿を見て、会場には驚きと爆発的な笑いの渦がたちまち巻き起こった。それをしてやったりという顔でながめた藤田は、今度は裸のまま手にした食器洗いをふりかざし、右に左に腰をふりながらジャポン伝統的庶民芸能〝ドジョウスクイ〟を踊り出した。

観客はむろんやんやの喝采《かっさい》——。

この人を食った藤田の舞踊が縁で、藤田嗣治と主宰者のバン・ドンゲンとは一夜のうちに親密な間柄となった。それから間もなく、藤田は若き日のピカソに出あって、絵画上の大変な刺激を受けている。

3

異国で女にもてない奴は、成功できないだろう

野心家の藤田はその年の暮にはもう、画壇進出のための立地を考えて、モンパルナス、ヴォジラール街奥のシテ・ファルギエールに居を構え、交友関係をつぎつぎに広げていった。この年には、後に芸術員会員となった川島理一郎とも知りあっている。

外人画家ではブラック、マックス・ジャコブ、アンドレ・サルモン、キスリング、アルキペンコ、リプシッツ等。またモジリアーニやスーチンとも知りあい、モジリアーニの絵を見て、（将来モンパルナスを制するのは、俺とモジリアーニだな）と思ったというから、大した自信家である。

藤田はモンパルナスの、このような強烈な個性群の中にあって懸命に生きたが、ようやくパリ生活になじんだ翌年、第一次世界大戦が始まった。大戦とあっては外人は危機を逃れてぞくぞく

故郷に帰っていった。しかし藤田は退去命令を無視してあえて残り、生活の貧は覚悟の上で画業に専念していた。

藤田は渡仏の当初からスーパー貧乏人で、部屋にはガスや電気がない。灯りは石油を買ってきて、ランプをともすのである。森鷗外の後を襲った軍医総監の父親が送ってくれる毎月の学資は、一応百二十円であったが、それがいったん彼の手に渡るとたった二、三日で消えてしまい、後はスッカラカンのオケラ虫となった。

そこで藤田は金が手に入るや、部屋の真ん中に立って、あらかじめバラにした二十フランほどの銭を、目をつぶったままあちこちにバラまいておくことにした。これは浪費家の自分が金を手中にしているとたちまちなくしてしまうので、困った時の用意にと部屋の中を探して小銭がみつけられるよう工夫したものである。

毎月の送金があってさえこのようであるのに、戦争が始まって日本からの金が途絶えてはなおさらの困窮である。貧はいよいよ絶望的状況といえるまでになって、三日間なに一つ口に入れることができない日もあり、モンパルナスの藤田は必死に耐えていた。いや正確には、モンパルナスなればこそ、よく貧に耐えることができたのである。

もともとパリの盛り場としては、東北のサクレ・クール寺院を中心とした高台にあるモンマルトルが有名である。ここはかつてパリ市民革命の巣窟《そうくつ》であり、自由な享楽の巷《ちまた》でもあるが、その一方で見栄が幅をきかすようなところもある。それゆえか大戦後の盛り場は、モンマルトルから次第にモンパルナスへと移ってきた。

〝パルナス〟というのは、ギリシャのアポロンとミューズの神を想う山の名前であるが、そう名づけられた地域はセーヌ河の左岸にあたる。ただしこのラテン地区の南西に広がる画家たちの巷モンパルナス一帯は、パルナス山の名にふさわしからず、極めて平坦で平凡な地形であって、ドーム、ロトンド、クーポール、セレクト、リラ等という有名なカフェが数多くあり、付近のアトリエや多くのアカデミーとともに、世界でも有数な呑気で自由な雰囲気をかもし出していた。

モンパルナスは庶民的かつ情緒的で、国境と人種の区別もなく、貧しく傷つきやすい若い放浪画家たちを一様に抱きかかえるような暖かさを秘めていたのである。

このようにモンパルナスは栄え、藤田の成功はこの栄光の土地なしには考えられないのであるが、土地もさることながら、モンパルナスの大姐御《あねご》フェルナンド・バレーあって成功を得たということもまた、これ世間周知の事実である。バレーなくして、その後の「フジタ」があったかどうか——。

それほど彼女の力は偉大だったのであるが、ではいかにして、藤田はこのバレーと出会い、結ばれるに至ったかというと、藤田は一九一五年イギリスにあり、再びフランスに舞い戻るや、モンパルナスの貧乏くさいドランブル通りの一角に住まいしていた。

ロンドンではいくらか金を蓄えて、冬のパリに戻ってきたのであるが、配給不足と物価高の一カ月間にすっかり食いつぶしてしまい、すでに一日三食で一フランの安飯屋の払いさえ事欠くようになっていた。デッサンする静物もないので、リンゴの半分を喰い、その余の半分を鏡にベッタリたてかけて立体派風に処理してみることもあった。

そんな一日、窓外にはいつしか白いものが舞い降りていた。藤田はそれに誘われるかのように表に飛び出すと、足は自然にババンの辻にあるカフェ・ロトンドに向かっていた。久しぶりにここを訪れた藤田に、お客の目が一斉に集中した。花模様のコートを着た例のオカッパ頭の藤田が、戦時色に慣れた人々の目には何か異様なものにみえたのである。

それらの客の中に三人の若い女性がいた。三人のうちの一人だけが大柄で、若くて、新鮮な雰囲気をもっていた。しかもその荒々しい露骨なしゃべり方が、きれいに通る歯切れのよい声で、連れの女二人を押しまくっている。

藤田は彼女らが立ち上がるまで黙って話を聞いていたが、やがて三人がドアを押して出ていくと自分も店の外に出た。そして粉雪の舞う辻でさっきの女が別れていくと、またその後をつけていった。

藤田はこのときカフェ内で、彼女の態度から一瞬のうちに、(年齢に似合わぬ姐御的な気っぷのよさをもつこの女なら、食わんがためのこの無慈悲な逆境から、俺を救い出してくれるかもしれない)と直感したのである。

先をゆく女が入り込んだのは、やはりモンパルナス裏のドランブル通りであった。

その夜藤田は一睡もしなかった。ベッド下からヤール幅のブラウス地をとりだし、一晩かけてウルトラ・マリンのブラウスを丹念な手縫いで仕上げた。この布地はロンドンの洋服店をやめる時、いつかパリで女の贈り物にしようと持ってきて、今まで大切にしまい込んでおいたものである。

縫い上げると藤田はそれを日本式にキチンとたたみ、包装紙がなかったので、スタンドで買ってきた新聞にていねいに包んだ。それから昨日つきとめた女の家にいって、勇敢にもドアをノックした。当の相手は姐御肌といってもさすが女、藤田の差し出した贈り物を見るや、たちまちポッと華やいだ表情になって、

「何のおもてなしもできないけれど、お茶でもあがっていってくださいな」

と誘ってくれた。だが、迎え入れられた当の相手の小さな住まいにも火の気がない。当時石炭はどこの家庭でも手に入らず、困窮していたのである。すると女は台所にあった小さなナタを持ち出して、ただ一脚だけ置かれていた十五世紀風の椅子を惜し気もなく壊し始めた。神々しくさえみえるこの有様を藤田は終始黙って見守っていると、やがて暖炉から炎が明るく燃え上がった。

二人はその十三日後に、パリ十四区の区役所に結婚の届けを提出した。

この藤田とフェルナンド・バレーの二人が出会ったロトンドであるが、ここがまだ小さなカフェだった頃には、革命児カール・マルクスがひっそりと室内の一隅に腰かけてコーヒーを飲んでいたという。一九二二年頃には、画家のキスリング、フリエツ、ピカソ、シャガール、ロート、デフィ、ブラマンク、ザッキン等が顔をみせていた。

ロダンの弟子のブーデルも、よく弟子たちを集めては談笑していた。ブーデルのアカデミーはロトンドの近くにあり、住宅もモンパルナス大通りの横町にあった。

やはり当時のドームにはドイツ人、ロシア人、ユダヤ人が混じって屯《たむろ》しており、午後になると、

朝飯のパンをかじる付近の淫売婦やモデル女が一緒になって、まるで浮世風呂のような観を呈していたという。その後さらに〝クーポール〟という豪壮な大カフェができて、ここでも夜も昼もダンスがおこなわれ、一日中賑《にぎ》わっていた。

このロトンドとドームの両方に、散歩のかたわら入ってみた。地下鉄のババン近辺、ちょっとした空き地にある彫刻家ロダンの、寝間着を着たバルザックの像を右にみて、すぐ前のところに天幕も店自体も赤紫色に塗ったロトンドがある。ただしロトンドにしろドームにしろ、今は経営者も変わって作り直されており、すっかりきれいになった店構えに、昔の面影はない。

最初ロトンドの店内に入って、かつてエコール・ド・パリ時代の常連の絵でもかけてないものかと、周辺を眺め廻してみたがそれらしきものはなにもない（ドームの地下には何点があるらしい）。ただ今でも昔の有名さでもっているようで、飲物は普通は十五フラン程度のものがここでは二十フランと高い。

カフェの外に座ってぼんやり道行く人々を眺めているのは、よく知られたパリジャン、パリジェンヌの風景であるが、さすが冬季とあっては椅子は外に置いてなく、店内のみ。ここには当然松尾や辻潤もよくきていたわけで、胸中に彼らの在りし日のことどもを思ったりした。そういえば松尾の清少納言「枕草子」の仏訳は確か、ドームの片隅でなしとげられたはずである。

ところで女丈夫フェルナンド・バレーと結ばれてからの藤田は、まさに自分の期待通りの人生の運びとなった。バレーは、

「あなたはやぼったい日本人だわ、でも私は愛しているの……」

ババン辻の「カフェ・ドーム」（上）と「カフェ・ロトンド」（下）、著者撮影。

といって、自分も画学生でありながら絵筆を捨て、もっぱら藤田を世に出すために献身的な情熱を注ぎ始めた。

バレーは毎日のように夫の水彩画をもって、セーヌ川の画商たちをめぐり歩いた。パリは世界の画学生のメッカ、そんなのは掃いて捨てるほどあるので、どの店でも断られた。だが断られても断られてもバレーは諦めずに、根気よくツテを求めて画商の店に押しかけた。

そのうちにラ・ボイシー街の、二流ではあるが、新人を売り出すことで有名な画商シェロンに東洋風のセンスを認められた。

藤田はついに月に四百五十フランの金で、向こう七年間の契約をし、生活の保障を得ることができたのである。以後藤田は、シェロンのお抱え画家として必死に働くことになるのだが、その代わりに一九一七年六月には、シェロンの画廊ではじめての個展を開くことができた。

しかしこの時点では、まだ奇跡は生まれなかった。藤田の画壇への最初の登場は、ようやく無意味な大戦が終結した翌年、五年ぶりにサロン・ドートンヌが復活した時である。

この年、初めて藤田は六点出品したのであるが、幸運にもその全部が入選し、この年度一年のドートンヌの会員に推薦された。二一年にはサロン・ドートンヌの審査員、二三年には、バチカン宮殿にあってローマ法王と単独謁見している。

しかも一九二〇年には彼の生涯を決定づける〝幸運をもたらす女〟モンパルナスの女王キキに出会い、一躍パリ画壇の寵児としてもてはやされるようになった。

キキは十四歳の時、ある彫刻家のモデルになったのがきっかけで家を飛び出し、モンパルナスの貧乏美術家たちの仲間に加わった女である。

栗色の髪に小太りのグラマラスな肢体を持つ彼女の肌は真珠色に輝き、大きな目にはかげりがあり、歯はいつも真っ白だった。彼女は庶民的なみずみずしさにあふれ、まるでモンパルナスというドブ川の畔《あぜ》に咲く奇跡の花のような存在であり、後年パリ第一のモデルといわれるほどの美しい娘になった。

藤田はパリにきて以来七年間、一枚の裸体画も描いていなかった。それがこの年初めてキキをモデルにして四十号の制作をしたのである。クレトン更紗《さらさ》を背景に、雪のような肌をもった美しい裸体がベッドに横たわる大作である。これがパリジェンヌに絶賛されるところとなった。

カンバスには、藤田が日本画からヒントを得て創案した乳白色の地色がほどこされていた。その上に細い弾力性のある黒い輪郭線が引かれ、そこから夢幻のあやしさを秘める裸像を浮かびあがらせ、批評家の間からたちまち「Grand fond blanc（すばらしい白地）」あるいは「場中の釘（呼び物）」といった賞賛の言葉を得た。かくて風采のあがらぬ東洋のこの小男が、モンパルナスからパリ、パリから世界の流行画家へとたちまちのうちにのし上がっていってしまったのである。

その意味では異国で運がつくためには、どうやら土地の女にもてる要があるらしいのだが、藤田嗣治がこのようにモンパルナスで愛の巣を構え、懸命になって絵を描いているときに、もう一人の年下の日本人であるわが松尾青年も、念願通りフランス美女との濃密な関係が得られんとしていた。

それは結果的には藤田のように、現実の大きなサクセスをもたらすようなものではなかったといえよう。だが、その結びつきは、松尾の生涯にとっていかにしても消すことのできないほどの、大きな精神的な土壌と果実をもたらしてくれたのである。

「私はセシル・ランジェーっていうの、フランス中部の山岳地マッシフ・サントラルのポール・ハゲの生まれなの」

「パリにきてから、もうどのくらい?」

「二年目よ」

「社会学なんぞやって何になろうと思っているんですか? 男ならともかく、女性のあなたが」

「ほんとうは新聞記者か女性弁護士になりたいんだけど、わたしのように田舎者で親戚縁者に有力なひいきのない者はダメなのよ。社会党のレオン・ブルムの娘が弁護士になったのは、父親の後楯《うしろだて》があったからだわ」

パリへやってきて、はや五カ月目の冬の二月のこと、ソルボンヌ大学の女学生セシル・ランジェーと松尾は、大学の近くにあったカフェでコーヒーを飲みながら一時間ほど語りあっていた。

「お父さんは?」

「死んだわ。田舎町の小官吏だったけど、今度の戦争でなにもかも失い、母が土地のある金持ちの後妻にわたしを嫁がせようと強引に勧めるので、家を出てきたの」

学校の講義や町でのフランス人同士の会話はまだよくわからなかったが、向かい合っての会話は比較的理解でき、松尾の不器用なフランス語は相手にかえって愛嬌を与えるらしく、彼女は時々放つ彼のコッケイな表現に笑いくずれたりした。

ちょうど、セシルと話している時、なにか事件があったらしく、新聞売り子が声高に叫びながら広場で号外を売っていた。ギャルソン（給仕）に頼んで一部買ってもらうと、

「女流アナーキストジェルメーヌ・ベルトン。ラクシオン・フランセーズ紙の書記長を暗殺」

という大見出しが出ている。しかしその記事がいったい何を意味するのか、彼にはてんでわからない。するとセシル・ランジェーは号外を読みながら、こう説明してくれた。

「バカバカしいわ。卑屈なジャーナリストたちは純粋な感情で行動する人たちのことをすぐにアナーキスト呼ばわりし、暴力戦争を合法的に決行する政府の忠実な奴隷のこと〝愛国者〟の名で呼ぶのよ。反対に最後の最後まで戦い抜いたジャン・ジョレスを暗殺したのも、またジョレスとともにドイツとの平和に努力したジョセフ・カイヨーを売国奴だのと罵ったのも、このラクシオン・フランセーズという超国家主義の新聞の幹部やその一味なのよ。これをみてもわかるように今度の戦争の悲劇は、フランス人になんの教訓も与えていないんだわ」

松尾は黙って聞いていたが、

「でもフランスには普通選挙による議会制度があるし、この制度が人間のいきすぎを調整するはずでしょう」

というと彼女はあっさり、

「ダメよ。選挙投票なんて、欺瞞《ぎまん》的な民主主義にすぎないわ。投票なんて堕落よ」

といって、悲しい表情で食前酒のグラスを手にした。この時点ではまだ思想経験の浅い松尾は

貴重な投票制度を冷笑する、この女学生の言い分がよくわからなかった。

松尾がこの奇妙なフランス娘、セシル・ランジェーを知ったのは、ソルボンヌ大学でのブーグレー教授の講義の時間のことであった。松尾が二階の大講堂の片隅で、ところどころわからない講義に少々頭痛を感じていたとき、隣りの席に一人の女学生がいて、実に美しい字でブーグレー教授の社会学講義をノートしながら、紙袋の中から焼きマロン（栗）をつまみ出して食べていた。

彼女の目はなんともいえず美しかった。

（南仏の女だろうか?）髪は黒ずんだ茶色、栄養失調らしく顔は蒼白であるが、赤い唇は肉感的かつ情熱的で、それが額の知性と戦っているかのように思われた。

講義のわからなかった松尾は、授業の間中ずっとこの女学生の顔ばかりみていたが、ブーグレー教授のなにかユーモラスな表現に学生たちがドッと笑ったとき、この女学生の鉛筆が床に落ちた。松尾がそれを拾って彼女に手渡すと、

「メルシー・ムシュー（ありがとう）」

といって、彼の顔をみた。

やがて講義が終わってからみな立ち上がった。松尾はその機会を逃さず、

「私は日本の学生なんですが、正直なところまだ講義のノートがよくとれないのです。失礼で、無理なお願いですが、あなたのノートを二、三日拝借できないでしょうか」

と問うてみた。すると女学生は微笑し、「喜んでお貸しするわ」と応じた。

これがきっかけとなって松尾は彼女を誘っては、たびたび〝カフェ・ダルクール〟を訪れる幸

運に恵まれたのである。このポール・ハゲ生まれの娘セシル・ランジェーが、その後数年にわたって、松尾と〝奇っ怪な恋愛関係〟を持つ運命の女性となるのであるが、彼女については、松尾は友人としての交際中もいろいろとその生活事情について思いを走らせた。

（田舎の家庭と絶縁しているというセシルは、いったいどうやって生活しているのであろう？同宿のスペイン女に保護されているのであろうか。それにしても彼女の手提げは粗悪な安物であるし、紺無地の衣服もかなり着古したものであり、帽子も百貨店の投げ売りで買ったようなみじめなものでしかないが……）

だがセシルは身なりこそ粗末であれ、頭脳の方は並はずれて明晰であり、性格は率直で、正直、しかも涙もろく、愛情に飢えたような淋しい目は優しさそのもののようであった。

松尾は彼女の純粋な考え方や、率直なひとみの輝きに心を惹《ひ》かれた。とくになだらかな首すじのあたりから紺の衣服の中にかき消えていく彼女の真っ白いすべすべとした肌、神秘的な胸のふくらみには強烈な誘惑を感じた。

西欧人の真っ白な肌への誘惑は、数カ月前船から降りて、澄み切った青空の下を歩むマルセイユの美しい女たちを見た時からずっと続いていたが、かつて日本の学生時代にも同じような体験があった。

その日松尾は、日比谷公園でおこたわれたイタリアのローマ飛行士の歓迎会に出席したのであるが、自分のすぐ近くに着席していたイタリアの若い婦人たちの肌をチラリと見やって、（もしあのような白い女を抱けたら）と漠然と夢のような希望を抱いたことがあるのだ。

しかし当時のこうした思いは、しょせんは手の届かぬ高嶺《たかね》の花であったが、今は現実の話であり、目前に抜けるような肌をもつういういしい娘が存在し、親しく会話をかわしている自分がいる。松尾はセシルの深いひとみの色を見つめながら、どうにも静めようのない、自分の胸のときめきに耳をすましていた。

二月のある寒い日のことである。

今日も松尾は大学の講義を終わると、セシルと一緒にリュクサンブール公園に入り、それからジョルジュ・サンドの像を左に見、泉水を経て、モンパルナスの方向に向かっていった。そのときセシルがふと靴ひもがとけたのを結ぼうとして、上半身をかがめると、紺地の衣服のはだけたところから、神秘的な両脚の豊かに盛り上がった辺りがチラとのぞけた。

一瞬、松尾の心臓は逆流しそうになった。

（これが国の義兄の戒めた勉強以外の、〝悪魔〟というものだろうか）

だがこの白い、熱い、若々しい血の通った美しい悪魔は、オットマンやルノアールの美女や、ロダンの大理石の女像の冷たさを蔑《さげす》んでいるかのように思われた。

やがて黒い骸骨が手を広げているような、マロニエの冬木立に囲まれた中に入る。そこのソクラテスに似た大きなグロテスクな頭を持つヴェルレーヌの石像を見ながら、薄霧の流れるモンパルナスのカフェに入っていった。

二人は黙って暖かいカフェ・クレームをすすりながら、四方の壁の前面を埋めた油絵を眺めていた。松尾はもし自分が言葉に不自由しないのだったら、最も洗練された婉曲《えんきょく》ないい方で、自分の秘めた彼女への恋情を伝えたかった。

もちろん不器用な表現でも彼に勇気があったなら、恋のほのめかしぐらいはできたであろう。しかしそのような表現をしてアッサリ断られるのが恐ろしく、わざと現実問題で心の炎をまぎらわしていた。

松尾は、ふと小学二年生のおりに、意味もわからずにある〝ワイセツ〟な歌を近所の悪童どもと一緒に声をそろえ高唱し、父親から大喝一声叱られた日のことを想い出した。

〽浅いオメコだ、せきょすりゃぬける
　またもせきょすりゃすべりこむ、すべりこむ

これは家の裏座敷を新築する際に、大勢の男女人夫が地固めの綱を引っ張って胴突きするために、声をそろえて何度も何度もくり返しうたっていた歌である。

少年邦之助も近所のガキどもと一緒に、このわけのわからぬ〝名調子〟の歌をうたっていたのだが、父親は顔を真っ赤にして怒り狂い怒鳴りつけた。しかし白昼大人たちが大声でうたっている歌をなぜ子供が真似してうたってはいけないのか、彼はこの時から大人の世界にほのかな反逆を感じていた。

母親はこれは子供がうたってはいけない「悪魔の歌」だといってたしなめた。

だがパリにきてからの松尾は、親のいうとおりひたすら「触れるな、見るな」の暮しにはあったものの、その実は〝悪魔〟ばかりに気をとられ、あげくにいっそその〝悪魔〟とやらに四つに

取組み、〝悪魔〟を征服してやろう、と思うようになった。

ランデブーの夜一人宿に帰った松尾は、イチかバチかセシルにラブレターを書いて、運を賭けてみようと決心した。むろんつぎの瞬間には不安になり、ふたたびまた決心するといったさまざまな煩悶《はんもん》がつきまとった。

（恐らくは、この行為は九十パーセント失敗に終わることだろう。だがそれでもオレはかまわない。パリにはまだ無数の女がいるではないか。思い切ってやってみよう。何しろオレたちの人生はすべて賭けであり、偶然の出来事の連結にすぎないのだから……）

（青春時代というものは、毎日が新しい発見であり、未知の世界への突入なのだ。失敗やしくじり、それらは仕方のないことだ。経験を積んだという大人どもは、過去の経験の重荷ゆえに将来に対して臆病になり、失敗を重ねないかわりに、すでに突進力も創造力も失ってしまっている……）

（そうだ、この国のフランス革命だってみてみろ。最後の最後まで強かったのは、みな若い闘士だった。サン・ジュスト二十六歳、ロベスピエールが死んだのは三十五歳、クートン三十八歳、かのダントンは三十四歳であった。暗殺されたマラーとミラボーだけは四十代であったが、その他はみな若かった。聖者は「青春にして知あらば、老年にして力あらば」というだろうが、人間、老若の知と力を両方あわせ持つことはできない……）

何度も心がぐらつく自分に対して、歴史上のダントンやマラーまで引きあいにだして励ましながら、松尾は明け方の二時頃までかかって、仏和辞典と首っぴきでセシル・ランジェーへのつのる想いを書きつづった。

――私のセシル・ランジェー

フランスの土に身を埋める覚悟でこの手紙を書いている私は、貧しい一介の外国人留学生です。親がかりの私があなたに恋文を書くということは、泳げないものが水に入るようなものですが、私はもしあなたが私をいくらかでも愛してくだされば、鉄のように固い意志をもって勉強し、仕事をし、きっとあなたを幸福にしてみせます。

今確かに私は金に困窮していますが、私の気力と、あなたへの変わらない思慕の情と若さを信じてください。

先日、あなたは私のことを称して très sage（堅ぶつ）青年だといっていましたが、私は今日まで友人と放蕩《ほうとう》の場に出入りはしても、金で女を買うほどみじめな男にはなっていません。肉体的にはほとんど童貞ですし、精神的にも、濁りのない人間だと思っています。

私はあなたの私生活、家族のきずなをよく知りませんし、知ろうとも思っていません。私にとって重大なのは、ただあなたという個人だけです。国籍のことも考えていません。もし、あなたが望むなら私と結婚してください。

人生を、私より多角的に知っているあなたは、私を甘い小ブルの坊ちゃんだと思っているでしょうが、未経験者の方が勇敢で純粋だということもあります。私があなたを愛していることは、敏感なあなたはもうすっかりわかっていると思います。

以上は私の一方的な宣言で、もしあなたの方になんの共感もなかったらコッケイなことになります。私がもし片恋のピエロであったなら、ハッキリそういってください。もしあなたから拒否のご返事がきたら私は苦悶するでしょうが、それでも私は自然の水の流れに逆らうような愚行はいたしません。

そのような場合でも、これまで通り交際してください。


松尾とセシルの二人が通り抜けたリュクサンブール公園というのは、もとはアンリ四世の妃マリー・ド・メディシスが、故郷イタリア、トスカーナ風につくったものであるが、松尾の述懐する通り、私も同行の二人とともに、彼らが歩いたのと同じ月に、同じ道を歩いてみた。現在上院として使われている、うす霧におおわれた冬の宮殿と周辺の壮麗な美しさには、いたく感銘させられた。

庭園はカルチェ・ラタンのオプシスとして誰しもに利用され、初夏の頃になるとマロニエの並木が美しく茂って木陰をつくり、長く灰色の寒い冬の日々には、葉っぱの落ちた木立の間から太陽の光がベンチに憩っている人々を包み込む。

日本でも公園とベンチは対のものであろうが、ことにパリでは公園にベンチがよく似合う。リュクサンブールのベンチはデコラティブに飾られ、それに腰掛けている人々は一幅《いっぷく》の絵のようにみえた。

そして庭園内の偉人像の多さには驚かされる。フランス人は今でも天才崇拝のところがあって

上：舞台衣装に扮したセシル（松尾好子言）
下：セシルと歩いたリュクサンブール公園の
　　ジョルジュ・サンド像、著者近影。

各界の偉人像を建てることの好きな国民であるが、まして学問地域のカルチェ・ラタンとあればなおさらのこと、庭園内には全部で九十余の彫刻があり、人呼んでここを「詩人の庭」と尊称している。

松尾が左手の方にみたというジョルジュ・サンドの像は、最初われわれが正門の横手から入ったために、すぐには見つからなかったが、

「よし、ぼくがみつけてやる」

とばかりに、パリに九年半いて、音楽院でフルートの勉強をつづけている渡辺四郎さんの教え子、山口浩司君について、正門の方に向かうと、あったあった。山口君が直感的に「あれだろう」と指さしたかなたの像の前面までいってみると、それがやはりスカートを広げた優雅なサンドの像であり、台石にはくっきりと名前が彫り込んであった。

付近にはほかにスタンダールの像があり、フローベルの像があったりする。

こんな素敵な背景の効果をあらかじめ計算に入れていたものかどうか、公園からモンパルナスをぬけ、コンコルド広場のメトロの階段に至って、生まれて初めてラブレターを手渡した日の松尾の夜は、まさに〝妄想の白夜〟であった。ベッドに入ったものの、ほとんど眠れない一夜を過ごした。

翌日はわざわざ学校の講義を休んでゆっくり寝込み、午後からは気晴らしに映画を見にいった。そして夕方宿に帰ってみると、テーブルの上には見覚えのある美しい字体の速達が置いてあるではないか。

それはまぎれもないセシルの筆跡であった。どう考えてみても貧困で苦しんでいる戦後派のフランス娘が、外国の貧書生に惚《ほ》れることはない、といった案外気楽な気持ちで手紙の封を切った。しかしそのふるえる指で開いた、セシルの返事の概略はこうであった。

——お手紙を繰り返し読みました。

私はあなたの真面目さ、率直さをちっとも疑いません。でも、私はあなたと結婚しようなどという少女じみた夢に酔う女ではありません。といっても私が不真面目な女だからということではなく、その反対なのです。〝結婚〟とか〝永久〟などというブルジョアじみた希望はお互いに捨てましょう。

あなたが私を愛していらっしゃるように、私もあなたを愛し、好感をもっています。二人にとってただそれだけが重大なことであって、それ以外のことは大した意味はありません。ですから私たちは、いけるところまでいってみようではありませんか。未来のことまで計画を立てることはやめましょう。

戦争という悲劇を体験した私は、まだその傷に病んでいます。

これから先、私とあなたの恋の炎がもっともっと燃えていくのか、一時的な閃光《せんこう》に終わるのか、それはいずれかの日が決定してくれるでしょう。今日愛し合い、去った日を忘れ、明日をあまり考えない、ただそれだけで美しいではありませんか。私はあなたに身をまかせましょう。そしてお互いの〝若さ〟を交換しようではありませんか。

もし、こうした恋がいつか破れる日があっても、お互いに愛し合った事実はきっと美しい思い出となるでしょう。

最後の下りには「椿姫」のマルグリートが情夫アルマンにいった「いつもあなたは私に対し、ディスクレでシャルマンであるように」という言葉が書き添えてあった。ディスクレというのは「お互いの自由とその私生活に触れない慎み」のことであり、シャルマンとは「いつもニコニコとして、やきもちをやかない」という意味のようであった。

松尾はこの意外な手紙を読み終えたとき、喜びでいっぱいになった。自ら解放された自由な人間だとうぬぼれていたとはいえ、封建家庭に育ち、小ブル的センチメンタリズムのカスを多量に残していた彼は、セシルの徹底した人生哲学の述懐に驚き、背骨の髄までゆり動かされたような衝動を感じるとともに、まったく新しい人生のスタートに立ったような気がした。

しかし同時に松尾はセシルの奇っ怪で魅力のあるこの恐ろしい恋文を何度か読み返しながら、戦争というものの強烈な残香をかいだ思いがした。刹那主義の彼女の人生哲学はよくわかるが、もし二人がこのような恋愛をつづけていくとしたら、お互いがよほど信頼し合っていなければ非常に危険だとも思った。

(二人が水いらずの部屋の中でどんなに愛し合っていても、一歩外に出ればなんのつながりもない一個人に化してしまうかもしれないのだから)

しかし若かった松尾は今は、セシルのいうように、革命の英雄サン・ジュストが「愛し合っていること、もうそれだけが結婚である」といった言葉を信じようと決めた。恋の熱気に迷い、今はもう世界がどうなろうと構わない。ひたすらセシルの手紙に共鳴して、互いの内部に潜んでいる深い大きな国際的なミゾのことなんぞ考えもしなかった。

翌日になって、セシルは前の宿を引き払って移っていた松尾の下宿に訪ねてきたので、宿の盲目のメロウ婆さんには、「ぼくの語学の先生なんですよ」と紹介した。

郵便配達夫の女房であるエレーヌというまだうら若いこの家の通い女中は、意味ありげな微笑を浮かべてセシルを部屋に案内した。

セシル・ランジェーはその後もレオン・コニエ街の彼のアパート、メロウ家の一室をたびたび訪れた。盲目のメロウ婆さんはヴィクトル・ユーゴーやミュッセの詩をみな暗記している教養ある寛大な婦人である。婆さんは盲目者だけが持つ特異な記憶力で、彼の友人の名も出入り商人の電話番号も、ひき出しの中の品物の位置もすべて機械のような正確さで覚えていて、いつもユーモアのある上品で皮肉な冗談をいっていた。

この気品ある老婆は、彼を訪ねてくるセシルを松尾の「情婦」だと思い込んでいたらしいが、そのようなことはオクビにも出さなかった。むしろ松尾とセシルが一緒に部屋にいる日には、老婆はデリケートな配慮をもって、女中のエレーヌにも戸をたたかせず、訪問客に対しても「あいにくとお留守なんですよ」と応対してくれていた。

4

〃理性の美〃と〃無知の徳〃の狭間で、煩悶《はんもん》する

初めての春がやってきた。雪割草が芽を伸ばし、エッフェル塔の下の植え込みの中に黄色い名も知れぬ花が咲いた。マロニエの枝々の先に真珠の玉のように無数に吹いていた芽が、いつの間にかふくれた薄緑の若葉をのぞかせた。

毎日が新しい発見であった。

幸福な恋人同士でありながら、まだほんとうの肉の歓喜を知らない二人にとって、お互いがお互いにみせる片鱗《へんりん》にすら驚きをいだかされ、周辺の今まで見慣れてきたものすら美しく新鮮に見えるのだった。

四月の上旬、松尾とセシルは観光バスに乗って、ナポレオン一世の思い出を込めたフォンテン

ブローの森へ行くことになった。

このパリの東南約六十五キロにあるセーヌ河左岸に広がる美しい森は、現在もパリ観光の代表的なオプショナル・ツアーのコースの一つとなっている。森のはずれにある小さな村バルビゾンは芸術村として知られ、ミレーの名作「晩鐘」や「落穂拾い」の舞台であって、そのメルヘンチックな雰囲気は彼ら恋人同士の恰好の背景となったであろう。

セシルは彼に心を許してから、急に明るい女性になり、よく笑い、食欲もはずみ、学生街の安料理屋でも赤ぶどう酒を飲んで、ひんぱんに冗談やシャレをいうようになった。

森の中央には城館が建っている。ナポレオンがワーテルローの戦いに敗れ、セントヘレナ島に島流しにされる前、兵士と別れを告げたという庭の前で降りた二人は、城を一巡すると、数百年もの寿命をもった大きなコイのいるという池を見てから、他の観光客と別れ、ワラビの生えた岩のたくさんある深い森の中に入っていった。

四月とはいえまだ薄寒かったため、

「寒い、寒い」

というセシルに彼は自分の上着を着せてやり、岩の多い細路にくると、彼女に手を貸していたわった。美しい若葉の中では、小鳥が優しいのどをひびかせていた。

「ショパンとジョルジュ・サンドも、何年か前にこうしてこの森を散歩したのよ」

セシルはまるで、十五、六の娘のように愛らしい仕種《しぐさ》でそういった。

だが、二人の身が一つに融解されるためには、もうしばらくの時間を必要としたのであって、

それはフォンテンブローから一ヵ月後の五月のことである。このとき松尾は、

「今度は、ルアンからルアーブルの方面への旅行をこころみてみないか」

とセシルに提案してみた。

ルアンは北フランスの商業都市とはいえ、静かで落ち着いたたたずまいを見せる町である。ここから大西洋に面した一番近い港町へ行こうとしたのは、二人はたぶん海をみたくなったのではあるまいか？　ルアーブルは水にぬれると透き通る美しい玉砂利のビーチである。

初めて見たルアンの寺町は、フランスの京都とでもいおうか実に美しい。一二〇一年から建築にかかり、その後三百年もかかってようやく完成したというゴチックの古い大寺院カテドラルの〝ノートル・ダム〟を初め、フランボアイアン式のサン・マクルー寺院などの寺々を見た時、ここに住んでいる人間が現代人であることに不思議さを感じた。

ルアンはかのジャンヌ・ダルクがイギリス兵に強姦され、生きたまま焼き殺された場所としても有名である。今は新しい教会が建っているが、松尾の当時はその辺は古い市場にたっていたらしく、周辺を見物していると急に雨が降り出した。松尾はセシルに腕を貸し、古びた石畳の上を歩んでセーヌ河畔にあるホテルに入った。

パスポートを出すと、三階の北向きの暗い部屋に案内された。

セシルはホテルの主人に気兼ねしてか、一応松尾の隣の部屋に入ったが、これは体裁《ていさい》だけのこと、自分の部屋には外から鍵をかけ、昼飯も夕飯も松尾の部屋でとり、白昼から下着一枚で部屋に寝て、しっかりと抱きついて長い長い接吻を交わしていた。

黒ずんだ古い建物が並ぶこの都の雨の音に混じって、寺々の鐘が鳴りわたった。

透き通るような白い肌のセシルの肉体は、松尾がちょっと彼女の胸に触れただけでも、もう全身を痙攣《けいれん》させるほどに鋭敏であり、底知れぬ情欲の持ち主であった。長い間せき止めていた大河の流れを一度に吐きだしたように、彼女の情欲の波が激流となって松尾に迫ってきた。二人は夜が白々と明けるまで、相手のすべての生命力を奪いあう情熱の一夜を過ごすことができた。

二時間ほどモルモットのように抱きあって眠ってから、支度をして、またもとの町に見物に出た。すると松尾は自分がまるで湯から出たときのような身の軽さを感じ、われながら疲れをまったく知らない青春の精力に驚いた。そのことをいうと、セシルは笑いながらこう解説してくれた。

「愛しあっている男女の肉体の消耗は、毒気を消毒しているのよ。栄養をとっているのと同じなのよ。あなたの方が準備さえしていれば、あたしは百回でも平気よ」

松尾はルアンの町筋を歩みながら、小声でうたうようにつぶやいた。

　フラリフラリと我ゆけば、
どこの町にも花が咲き、
どこの窓にも声がある
されど男も女子《おなご》もイヌコロも、
　我を知るものさらになし

ルアンでは五日間もの間、ほとんど毎日のように雨に悩まされたが、古都の見物より室内での二人水いらずでいる時間の方がずっと楽しかった。

セシルは黙ったまま抱かれ続けていたが、ふと想い出したように、

「愛しあうということ、これくらい単純な幸福はないと思うのだけど、なんてこの世は複雑なんでしょう」とつぶやいた。

海が見たくなったので、六日目の朝には、汽車で西北の海岸ルアーブルにいき、久しぶりに潮風に吹かれながら、海岸の崖の小さなホテルに泊まった。恋の陶酔者でしかなかった彼らは、ただお互いの若さを交換しあう以外には何もすることがなかった。

翌日は、セーヌ川の海に流れこむ河口湾の対岸の町トルヴィルに渡るために、三色旗をひるがえした小汽船に乗ることにした。その汽船の船名が、まばゆいばかりにくっきりと松尾の目に映じた。海を見た。北方の遙か遙か海原《うなばら》の彼方はイギリスなのである。

青い海をじっと見つめていると、松尾の胸に、横浜を船出したときに波止場に一人ポツンと残されたような父親と、郷里にいる、気丈ではあるが、心根の優しい母親の面影が登場してきた。目頭がひとりでにジンと熱くなった。

松尾には、もともとどこへ行くともなくさすらう放浪癖があった。それがさらにセシルとの国際恋愛によって祖国からまったく根を切りとられた人間、一個のデラシネ（浮き草）になったような錯覚をもった。

そのためドイツからやってきた国際派の人間ですら、松尾の世界主義論を聞いて、「君は非国民だよ」とまで非難した。だが「非国民」とはどういうことであろう？

（日本に生まれた以上、俺は確かに「日本国民」の一人であるには違いない。しかし「日本国民」

である前に、俺は自由な日本人であり、またそれ以前に一個の独立した人間でもある。俺は生まれる前に〝日本人〟や〝日本国民〟に生んでくれと頼んだ覚えはない。たまたま生まれたのが日本であり、両親が日本人であったのであり、単なる偶然の運命以外のなにものでもないのに……）

もともと彼はこうした考えを漠然ともっていたのであるが、セシルとの肉体交渉でまったくの調和を感じた時、国籍や民族を超越した人間と人間との結びつきに、なんの不自然もないことをシミジミと味わった。彼の「世界主義」はもう主義という概念ではなく、一個の感覚になってしまっていた。

少なくとも彼は、セシルとの狂おしい恋愛行為がつづいている間は、そう信じていた。

ある日、松尾らはパリの「ル・ジュルナール」の社会部記者マッソンに誘われて、オランダの人類学者ムーンスという人が催していた「セルクル・アンテル・ラシアル」（世界民族サークル）という会に出席したことがある。

そこでは黒人、白人、その混血児、ユダヤ人、アメリカ人、インディアン、中国人、インドシナ人など万国の人間が百人ほど集まって、演芸をやり、演説をやり、彼自身も日本人の見本として人前に出た。（世界の諸民族がこうしてごっちゃになり、仲良くし、恋愛をし、どしどし混血児をつくっていったらどうなるんだろうか？）この疑問を、賑《にぎ》やかな〝民族混合の会〟の催しがすんだ後、お茶を飲みながらムーンス博士に問うてみた。

「この会はいかにもパリらしくて愉快でしたが、実際問題として混血児というものの素質と能力はどんなものでしょうか」

するとムーンス博士はいった。

「これまでの学問的な調査によると、遠く異なった二つの人種の間にできる混血児は、おしなべて優秀だという結論になっていますよ。例えば、日本人と朝鮮人との混血児よりも、日本人と西欧人の混血児の方が優れていますよ。あなたもどうですか、その実行者になりませんか？」

この答えに松尾は一部頷《うなず》けるものがあった。当時フランスでは父が日本の士族で母がフランス人であるキク・ヤマタという混血女性がパリ詩壇で才筆を買われて話題になっていたし、西欧人の血を引いた歌手の藤原義江や外交官の本野盛一、そのほか関屋敏子、佐藤美子などがいると思った。

(ことのついでにいうと、新宿で〝風紋〟というバーを開いている画家林倭衛《しずえ》の長女林聖子さんによると、「私にはフランスにまだ見たことのない、混血児の弟がいるのよ。昭和四年に父があちらの宿の娘さんとつくったの」ということである)

博士の話を聞いて松尾がセシルに、

「君とぼくとの間に赤ちゃんが生まれたら、どんな子供ができるんだろう」

と気軽にいうと、彼女も微笑んで、

「きっと可愛い子ができるわ。だけど社会的には気の毒よ。私の母など偏狭な田舎のブルジョア女だから、私が東洋人であるあなたの子を宿したといったら、天下のスキャンダルだと思って発狂するわ」といった。

「だがヨーロッパではフランス人だ、イギリス人だ、ドイツ人だといってお互いに敵視し合っていても、歴史的に見れば大混血民族ではないのかね」

「そうなのよ、その意味では生活の因習は暴君よ。政治の専制より、因習の専制の方が悪いわ。フランス人とドイツ人との間の反感や敵意は、人類がまだ原始時代の因習から抜けきっていない実例のようなものよ。科学時代だなんていってるけど、それは自然科学上だけの話で、まだ因習の野蛮性の征服にはなんの貢献もしていないわ」

「でも、労働者がこぶしを振り上げてうたっているあのインターの歌の文句は、素晴らしいじゃないか。過去をターブル・ラーズ（白紙）にしようといっているのだから」

「そうね、立派よ。フランスの国歌ラ・マルセイエーズより魅力があるわ。でもね、そのインターが階級というワクをもってうたわれている限りはダメよ。万国の労働者が横に連結して、歴史を忘れ、敵愾心《てきがいしん》を捨ててみても、縦に階級間の対立を深めているのだったらそれは徒労というものよ」

「それじゃ、どうしたらいいのかね？」

「あたしもそれが問題だと思うけど、まず人間の倫理的価値の転覆の方が先じゃないかしら。つまり全世界の〝国家主義教育〟をやめさせて、個人中心のコスモポリティズムを国際機関で大いに奨励すれば、さしあたりバカな戦争がなくなるのじゃないかしら」

「ニーチェだね。価値の転覆の方が先だというわけだな」

「そうよ、フランスにもそうした理想を勇敢に述べた先覚者がいるわ。『ジャン・クリストフ』のロマン・ローラン、それから戦争抹殺小説『赤いスフィンクス』を書いたアン・リネル。でも労働者にはロマン・ローランやアン・リネルの小説は難しすぎるし、ブルジョアはこのような作家たちを『あいつらは非国民だ』といって毛嫌いしている」

セシルはこういった後しばらく口をつぐんだ。町には何も考えることをしない、パリの人並がぞろぞろと陽気に流れていた。松尾はその時電流のように、「コスモポリートにあらざる愛国者ぐらい世に危険なものはない」ということばが胸中に走った。


この年、つまり松尾がパリに着いた翌年の一九二三年には数多くの事件があった。ヨーロッパではフランス軍のルール占領につづき、ドイツ国内ではインフレの後始末で有名なレンテン・マルク紙幣が発行され、もうナチス・ヒットラーが騒ぎ始めていた。

日本でも同様に社会問題が紛糾し、六月五日には第一次共産党の検挙があり、堺利彦以下数名の〝主義者〟が逮捕され、ついで社会主義者の高尾平兵衛が射殺された。だがそれ以前に松尾の学校の先輩で、コスモポリートの一人である、アナーキストの大杉栄の姿が日本の国内から消えていた。

大杉栄が一夜にして日本から消えた経緯をいうと、前年の一九二二年十一月二十日のことである。いくつかの郵便に混じって珍しく横文字で書かれた封筒を開いてみると、かねてから名前を知っているフランスの同志コロメルからの手紙があって、それには「来年一月の末から二月の初めにかけて、ドイツのベルリンで国際無政府主義者大会を開催するから招待する」とあった。

それで大杉は一月五日に日本を脱出し、途中上海に寄り、同志と連絡を取り、二月二十日にパリへ着いている。脱出の相談にのってくれたのは、アナルコ・エスペランチストの山鹿泰治で、彼はただちに中国へ飛び、中国の同志の世話によって、リヨンの中法学院に留学する「唐継」名義のパスポートを手に入れることができたのである。

大杉はパリに着くとすぐコロメルを訪ねた。コロメルらが出しているフランス無政府主義同盟機関「ル・リベルテール社」は、恐らく横町かなんぞの屋根裏にでもあるんだろうと思っていたら、オペラ座の大通りと同じような大通りにあったという。

私も日本を出立する際、京大で社会地理学を専攻するフランス・リバータリアンの某氏から、パリへ着いたら「レピュブリックのプブリコ書店を訪ねてみてください」との案内をもらっていたので訪ねてみると、そこはパリで唯一のアナキズム書店であり、同時に現在も発行されている〝週刊リベルテール〟の発行所のようであった。だが、店の前道は四メートル巾《はば》ほどで狭いし、大杉の書いている場所となにか違うような感じがした。

店で働いているあごひげの青年に、

「昔、日本のアナーキストで大杉という男がパリにきて、ラ・サンテ・プリズンに入れられたのを知っているか?」

と尋ねてみると、本人は「知っている」という。ちょっと驚いた。「大杉はここへ訪ねてきたのか」と聞くと「イエス」と答えた。再度問いただしてみても同じ。しかしどうも不審に思えてならないので、帰国後に調べてみると、やはり大杉はこの店にはきておらず、たぶん移転前の店、地下鉄レピュブリック駅の二つ先の、今はベトナム難民街になっているベルヴィルに行っているのである。

店のひげ君は、この店を「リベルテール社」の意と勘違いしたのだろうか。


コロメルへの挨拶がすむと大杉は、投宿するホテルを見にいった。

大杉がその晩泊まったパリ第二十区のあたりは、まるで日本の浅草であった。いや日本の浅草よりももっとひどい、貧民窟であると書いているが、この辺は工場労働者街で、今でもガイドは観光客に二十区の方にはあまり行かないようにと勧告している。

大杉はここで、二科展に出品して、警視庁によって会場から撤回させられた「出獄の日のO」という大杉の像を描いた年下の親友林倭衛《しずえ》と出会っているのであるが、肝心の国際アナーキスト大会が延期されてしまった。致し方なくリヨンの李石曽《りせきそう》、呉稚暉《ごちき》らが創設した中法学院を訪ねたり、フランスの子供たちと縄跳びをしたりして過ごしていたのであるが、そのうちに五月一日を迎えたので、

「俺はパリのメーデーをみたい」

ということで、当時、パリではもっとも革命的であり、集会の盛んな土地だったサン・ドニの労働会館へ行ってみた。ここで大杉は乞《こ》われるままにフランス語で、

「労働者諸君、われわれ日本のメーデーは郊外ではやらない。ましてホールの中ではおこなわない。市の中心部でおこなうのだ。われわれ労働者が必要とするものは、単なる雄弁ではない。公

園や街道へ波のように出ていく、示威運動《デモンストレーション》なのだ！」

とアジったところ、土地のストライキをやっている裁縫女工たちが「そうだ、そうだ」と賛成したので、自ら率先して街頭へ出ようとしたところ、たちまち警官にとり押さえられた。日本からの紹介で、大杉の身分はとうに割れていたのだ。それから三日朝には十五、六人の仲間と一緒に囚人馬車二台で、昔からの有名な政治監であるラ・サンテ監獄に送られている。

カルチェ・ラタンからそう遠くもない、このラ・サンテ監獄に私もいってみた。この監獄は大杉のいう通り十五、六メートルもあるかと思われるような高い石塀に囲まれており、それはまさに刑務所というよりは〝監獄〟の名にふさわしい、あたかも中世のごとき鉄格子のはまった、重厚かつ厳重な警戒の下にある収容所であった。

一緒に出掛けた吉崎君も、以前この監獄風景を撮りにきたそうであるが、「撮影禁止」で警官に追い払われたというので、「写真はムリかな」と思っていたところ、それでも何枚かのフィルムのシャッターを切ることができたばかりか、その際にちょっとした発見があった。

というのは、大杉の記録によると、彼が入った独房のすぐそばには高い塀があり、その上から外のマロニエの梢《こずえ》が三本ばかりのぞいてみえて、白い花が咲いていた——としている。確かに監獄の門に向かって右側にマロニエの美しい並木道があり、反対側にはない。そのことで大杉が収監されていた大体の位置が見当ついた次第である。大杉はここで国の子供を思い、

魔子よ魔子
パパは今
世界に名高い
パリの牢屋ラ・サンテに

だが、魔子よ、心配するな
西洋料理の御馳走たべて
チョコレートなめて
葉巻スパスパソファの上に

に始まる魔子宛《あ》ての童謡をつくった。この文句を大声で歌いながら、悲しくもないのに涙をホロホロとめどもなく流していた。やがて五月十五日に弁護士立会いの下での予審が行われ、一週間後の二十三日の日の裁判で、大杉があっさり、

「そうに間違いありません」

と全面肯定したところ、それで審理はおしまい。禁固三カ月と罰金で、翌日には釈放。後は領事館の者がやってきて、二等の切符を手渡された。行きは三等でありながら、帰りは二等客なので、大杉は、埠頭《ふとう》まで林に見送られながら「イッヒッヒヒ」と声を上げて笑った。

このメーデーの日のフランス官憲による大杉栄の逮捕については、松尾も知っていた。知っていたというよりは、大杉が捕えられた翌日に、下宿のメロウ家の女中のエレーヌが教えてくれたのである。

「松尾さん、日本人が逮捕されたよ」

差し出された「ル・プチ・パリジャン」紙をみると、確かにそこには「日本人逮捕さる」という小さな見出しがあった。だが、記事にある名前は「唐継」という中国名になっている。（おかしいなあ？）と感じたが、じきにその真相は判明した。

松尾はこの日、サン・ミッシェルのカフェで井沢と、井沢の相棒であり、同じく「東京日日」の記者である鴨居に会ったのであるが、その時鴨居から、

「オイ……昨日、大杉が逮捕されて入獄したんだとよ」

と聞かされたからである。二人の記者の話によると、今、日本大使館の参事官杉村陽太郎が、大杉を日本に送還するために奔走し、林倭衛ら日本人有志が留置されている大杉のために、酒や料理の差し入れをしているとのことである。ついで鴨居はいった。

「日本の労働運動なんて、まったくいい加減なもんだ。早く大杉を日本に帰した方がいい。大杉こそ日本の労働運動の星だよ。万事あいつにまかせておけば大丈夫だ」

井沢も笑いながら応じた。

「そうだよ。だが大杉栄も豪勢なもんだね。帰りは送還という官費旅行だから」

ところが元気で帰国したはずの大杉栄は、この年の九月十六日、関東大震災の廃墟の中で、妻

である伊藤野枝と大杉の末妹のあやめの子供の橘宗一という七つの少年とともに、甘粕正彦という憲兵大尉らの手で虐殺されてしまったのである。

「闘争は人生の花である」といった大杉の勇壮な最後であった。

だがパリで逮捕された大杉についての松尾の印象はやや異なる。なぜならこの頃パリにいた日本人たちのみなが大杉栄を〝英雄〟に祭り上げていたので、松尾はそれが気にいらなかった。確かに大杉は辻潤の愛妻であった伊藤野枝を奪うほどの〝風雲児〟であり、いわゆる〝英雄〟ではあっただろう。

だが、松尾はこうした〝英雄〟のもつ情熱と、このような人物を英雄視する日本人の性分がたまらなくイヤだった。

（〝英雄〟ほどいかがわしいものはないだろう。フランス革命のロベスピエールなどという男も、見方を変えればキザなデマゴーグであり、最も小利口な卑怯者だったともいえるのだから）

関連してなんとはなしに、（大きな暴力よりも、小さな愛情の方が遙かにまし）とも思えた。

松尾とセシルのいかにも近代人らしい、知的な愛情の交換は、むろんその後もずっと続いていたが、この間にいかにも松尾という人間性をあらわすに足る、愛情と倫理の小事件が介入し、松尾をそんな気分にさせていたのである。

その娘を紹介してくれたのは、モーリス・ジュールネという天真らんまんな一不良少年であった。この不良少年とは、パリがいつの間にか夏化粧をし始めた一日、セーヌ川左岸のエッフェル塔近くを散歩していた際に、偶然、向こうから声をかけてきて知りあいとなった。

モーリスはレオン・コニエの松尾の下宿にも訪ねてきたりしたが、

「君の職業は何かね？」と聞くと、

「鉛工の手伝いをしたり、屋根屋をしているんだが、銭にならない。芸人になろうと思ってるのさ」

などといっていた。松尾の方もパリ南方の彼の裏町の家を訪ねたりしている。

そのうちに新聞に写真つきで、モーリス少年が、ぶどう酒の入った大きな樽をおいた荷車を背中に乗せて、モンマルトルの高い階段を上りつめたパリ一の力持ちだと出たのでびっくりしたが、松尾の紹介でその頃オートイユにいた佐藤朝山や井沢弘のいるアパートにも連れていったりしている。

朝山のアトリエでは、モーリスが、一人でいるとき、驚いたことに朝山の買ってきたミケランジェロのダビテ像に墨で黒々とヒゲを加えて、折角の美術品を台無しにしてしまった。朝山は、

「ちきしょう、やりやがったな」

とよほど腹が立ったらしいが、少年の無邪気な顔をみて、急に和らぎ豪傑笑いをして、この天真らんまんなパリっ手不良にコニャック酒を勧めていた。

この力持ち少年が、ある日突然新居となったベルビューの松尾の宿を訪ねてきた。急いで上着をきて階下に降りていくと、マロニエの木陰の卓を前にして、モーリスが十七、八の可隣な娘と一緒に腰掛けていた。

美しい金髪のこの娘は、恥ずかしそうにうつむいていたが、いたずら者のモーリスは片目を細くしていった。

「この娘は僕の従妹《クージンヌ》だよ、ルーイズというリモージュ生まれの娘だけど、夏休みになってからパリの仕立屋を追い出され、いま失業中なんだ」

「それで外国人の僕に就職の世話でもしろというのかね」

「いや、あんたを誘い、三人でこれから夏の盛り場へゆき、ひと儲けしたいのさ」

「どんな金儲けがあるのか、僕にはわからんがね」

「あんたの部屋にある日本のパジャマ(着物)と、それにあんたがいつか部屋で吹いていたあの横笛を使うんだよ。おれが荷車の上にパジャマを着たあんたを乗せ、それを背負って広場でショーをやる。あんたは荷車の上の樽に腰掛けて、笛を吹いていればいい。このルーイズの奴が、拍手する見物人の金を集める役をする。どうだ妙案だろう、こうすれば一夏でかなり稼げるよ」

というのである。

さしずめ日本人ならば、こんな程度の芸で金儲けなんぞと思うかもしれないが、パリではその意味がよくわかるのである。

なぜなら確かに、この国では一芸を持つものは金になるのだ。パリは大道芸人の街、寺院の前で一人で古い手風琴を回しながらシャンソンを歌っている女がいたり、広場で頭に赤い鶏冠の帽子をかぶって鶏の仕種をみせるパントマイムがあったり、ギター一丁で地下鉄の中でうたっていたりする。

不良少年モーリス・ジュールネ(撮影年月不明)

それで充分金になるのである。したがってモーリスがこういうのも単なる空想ではなく、現実のアイデアであった。

このモーリスの提案に松尾は、本気で一瞬ぐらついたものの、さすが樽の上に座って着物姿ででたらめの横笛を吹く旅芸人になる勇気はなかったので、断わることにした。

旅芸人の話を断わると、松尾は二人を連れて、近くの原っぱに行った。ここで改めて松尾はモーリスの紹介した瓜実顔の金髪娘を見た。モーリスは「彼女は俺の従妹なんだ」と説明したが、松尾は内心、モーリスと娘の関係を疑っていた。

なぜならフランスでは、しばしば恋人のことを隠語で従妹《クージンヌ》と呼ぶからである。たんぽぽの花の中に仰向けになって寝ているルーイズの顔は、処女らしく、若々しくて白い。目は美しい碧色で、唇はバラ色で小さく、丸いおとがいの線も美しい。絵でよくみる、無知で清らかなジャンヌ・ダルクの顔にどこか似ていた。

それから三人は街へ出て映画を見にいったが、モーリスが便所にいったとき、ルーイズは急にしくしく泣き出して松尾に告白したものである。

「私には一文もないの、明日からどうして生活ができるのかと思うと暗くなってしまうわ。モーリスが私を従妹だと紹介したのは嘘よ。街でいきなり私に声をかけ、職を探してやるからと親切ごかしにいうので、つい誘われてきたのよ」

この夜、松尾は再会を約してモンパルナスの駅前でルーイズとモーリスに別れようとしたが、このまま娘を帰したんでは男の一分が立たないと思い、モーリスが街の娼婦とふざけている隙《すき》に、ルーイズに二カ月分の部屋代と当座の小遣いをこっそり手渡していった。

「お金のことは気にしなくてもいい、何も要求しないから安心したまえ。パリの新聞社に二、三の友人がいるから雑役でよかったら君の就職口を頼んでみよう」

ルーイズは碧《あお》い澄んだ目を大きく開き、松尾の手を固くにぎって小声でいった。

「すみません、これでホテルにもどれます。明朝あなたのお宿にいってもいいですか」

松尾は貧しい困窮のどん底にいる愛らしい娘に金を恵んだものの、自分の偽善をおかしく思った。これは逆に考えれば貴族的な気取りである以上に、巧みに立ち回ったずるい打算ともいえる。だが他人の喜ぶのをみて楽しむエゴイズムならば、エゴイズムの内でも上等なものではないだろうか、と思った。

その翌日の昼のことである。

庭のテーブルで論文の清書をしていた松尾の傍らへ突然ルーイズがやってきたので、彼女と一緒に食前酒を飲んでから、かつてギメ博物館の〝茶の会〟で親しくなったパリの「ル・ソワール」紙の編集長に宛てて、ルーイズの紹介文を書いた。ルーイズは、

「あなたはこのホテルで一人暮らしのようですが、淋しくないですか。きっと日本に許嫁《いいなずけ》がいるのでしょう」

などといって笑っていた。

ルーイズはセシルと同様に家を飛び出した貧しい家の娘であったが、労働者の家に育った無知という心の宝をもった女であった。小学校を出ただけで賃仕事の労働をさせられ、自国のアナ

トール・フランスの名もヴィクトル・ユーゴーの名も知らない。

松尾はいつの日にか別れることまで計算しながら、自分達の行為を秘密にし、利口に立ち回り、この人間社会を瞞着《まんちゃく》しようとしているセシルに対しては何の恐れも抱かなかったが、このルーイズの無知による純情そのもののような一本気は恐ろしい気がした。

ルーイズがリモージュの家を逃げ出したのは、彼女の母親が父親の不在の時、他の男と一緒になったからである。ルーイズの話を聞きながら、松尾は戦争の傷がいかに深いものかをしみじみと思った。

彼女の語るところによると、この戦争の最中には男も女も狂乱の悪魔となり、美徳という名の一切の重荷をかなぐり捨てて、出征した兵士たちの女房が荒れていたという。

ルーイズは松尾が部屋に入れず、ただ一緒に食事をしたり映画にいったりする以外に何の手出しもしないのをじれったがっていた。

松尾はある友人に、「フランスに二十数年も生活して大暴れに暴れ、放蕩《ほうとう》の限りを尽くしたんだから、混血の落とし子が一人や二人いないはずがないだろう」といわれたことがあると私に語ってくれたことがあるが、「それは日本人らしい想像でしかない」と自ら否定している。そもそも松尾の長いフランス生活で結婚しようとか、松尾の子を産みたいといった女性は、このリモージュの田舎娘ルーイズだけであった。ルーイズはある日松尾にこういったのだ。

「もし、あなたが愛してくださるなら、私は親の反対などかまわず、あなたと結婚し、あなたの子供を生み、どこへでも一緒にいくわ。日本という国は、遠い遠いこの地球の果ての国だといったけど」

松尾はこの自然で、無知で、全く打算のない純粋な愛情に打たれたが、内心恐れもした。そのことをある日、セシルに語ってやり、少し皮肉に彼女の理性過多をなじると、彼女はあっさりいった。

「なるほど無知は美しいわ、でも無知によって結ばれたものはその同じ無知で早く崩れ、結びがすぐほぐれてしまうわよ。永久に愛しあうなんてお祈りみたいなものよ。無知から生まれる妄想にすぎないのよ」

それに対し、松尾は思った。

(自分の子供を産みたいとまでいった純情なルーイズとニヒルなセシル、二人とも同じフランス女性でありながら、何と違った人間存在であることか。もし、セシルがよくいう偶然という名の神が、セシルより先にルーイズを私に巡りあわせていたら、私はおそらく混血児の父親になり、フランスの社会にもっと深く深くひきずり込まれ、平凡な幸福に身をゆだねていただろう)

しかし現実には、ルーイズより先にセシルに出会っていて、もうぬきさしならない宿命の中に立っていた。この宿命のゆえに松尾はルーイズと別れてしまったのである。

ついでに、その後のルーイズの模様も語っておこうか。

一九二五年三月頃のことであるが、松尾はギリシャに旅行したことがある。ギリシャから再びパリに帰ってくると松尾は、オペラ座の裏にあったカフェに入り、電話をかけようとしてビールのゴブレを注文し、テーブルの前に腰掛けた。そのとき、カフェにはパリの騒がしい女どもがいたのだが、彼女らの中に、瞬間厚化粧をしたルーイズの顔をみつけた。まさかと自分の目を疑ったが、どうやら相手も気づいたらしく、娘は松尾をチラッとみてすぐ視線をそらした。

そのとき、彼女は一人ではなく、田舎からパリに出てきたらしい太ったスコハゲの醜い旦那と一緒だった。松尾は思わず心臓に激しい動悸を感じて、目を伏せた。かつての純情無宿のメス猫はもう勇敢なノラ猫となり、「人間より金を信じた方が遥かにマシよ」とでもいいたげに、紙幣の奴隷となってしまっていたのである。

5

なにくそ貧乏に負けてたまるか、草を食ってでも生きてみせる

玉川信明様

御書興味深く拝読。わたしはかれこれ三十年も海外特派員をし、西欧と四つに組んで、実社会の体験にいくらか生きて来ましたが、それだけに厭人家《えんじん》ではないにしても、人間生活の愚劣さといおうか背理といおうか、全くそのバカらしさを存分に嘗《な》め、自分のジャーナリストとしての生活さえ軽くあしらうようになりました。

しかし、わたしは最初ソシオロジーを学び学者たらんとし、コントやデカルトやルソーを読んでいるうちに、いわゆる学問がバカバカしくなり、個人主義アナーキズムにだけ心をひかれ、ついにアン・リネルを愛し、辻潤のファンの一人になってしまいました。日本の大学

の諸先生方の在り方にも絶望し、学問を冷笑するようになりました。

ソシアリズムに関しては、わたしもあなたと共にコンミュニストやソシアリストの社会的役割を認め、「考えるだけではダメ、行動に生きよう」と叫ぶ者ですが、その行動人が考えることのない、つまりそれに先行する倫理のない人達であるため、徒《いたずら》に集団の奴隷になって対立憎悪の果てしない闘争の場をつくっているとしか思われません。

「倫理は個人に立脚するが故に、万人に共通する。だが、それが団体に立脚する場合その団体以外に通用しない」こうわたしは自分のノートに認《したた》めたことがありますが、集団の中の人々に「個」がないがための行為を悲しまないではおられません。一例を引くなら、原水禁の日本の平和運動が汚い争いをつづけている態《さま》をみて、つくづく敵対を運命とする集団行為を否定したくなります。

お尋ねの『近代個人主義とは何か』は別便で御送りします。

星光書院というのはもう存在しません。古本屋にしかこの書店の本はなく、ここで出したわたしの『スティルナアの生涯と思想』も珍本になっています。

いずれにせよ辻潤のもつ魅力は、彼がいわゆる「学者先生」ではなく、詩人であり、宗教的な倫理を身につけ、東洋をよく知ってから西欧のものに親しんだ人物だったということのように思われます。

時々御便りで心の交流を刺激して下さい。よろしく。わたしは完き無学者です。

九月二十四日　　松尾邦之助

これは消印がハッキリしないので不明であるが、たぶん昭和三十年代に、松尾さんからもらった最初の手紙でないかと思われる。

これだけの文面では、恐らく辻潤だのスティルナーだのになじみのない読者には、なんのことやら解読できないであろうが、それでも松尾邦之助の、社会に先行する無頼《ぶらい》にして剛直、かつ純粋にして諦念《ていねん》の世界にある個人倫理の主張は伝わってこよう。これこそがこの国の民衆はいうに及ばず、文化人に一番欠けた精神であると。

純粋さを愛するあまり松尾は、金銭についても潔癖なところがあり、後年のことであるが、ある女と知り合っていざ寝室に入ったところ、彼女が途端に報酬を要求したので、その場ですぐとドアを開けて外に追い出してしまったという話を聞いたことがある。

だが、不良少年モーリスの提案で、台車の上に座って着物姿で横笛を吹くといった金儲け話に、一瞬であれ、その気になったというのはほんとうのことである。その気持ちは別に松尾が、一度はパフォーマンスをやってみたかったということではない。ほんとうに金が欲しかったのである。

ただしこれはまったく生活上の問題であって、そのころ国の父からくる手紙は、不況と家の困窮を訴える泣き言ばかりで、間もなく学資金の道が断たれる恐れが濃厚になっていたのだ。

そこへ大正の日本を揺るがす、あの大事件――。

一九二三年（大正十二年）九月二日、パリの全新聞が大見出しで日本の関東大震災を伝え、東京ばかりか東海道一帯が全滅したように報道していた。大杉栄が虐殺され、『お菊さん』を書いたピエール・ロティが世を去り、セシルと睦《むつ》まじく論じあっていたこの年は、松尾にとっても人生転換のための印象深い年となった。

松尾は新聞のニュースからしても、今後の自分に対して非常な不安を感じていたが、案の定それが的中して国からの送金がパッタリ止まってしまった。父親からくる手紙がなんとなくしょぼくれていると思っていたが、その後わかったことによると、父親は酒ばかりくらい、家の呉服業は番頭まかせでもう倒産寸前になっていたのである。間もなく、

「一〇ツキカエレ、リョヒオクル、ヘンマツ」

の電報がき、返事もださないうちに千三百円の金が送られてきた。

さすがの松尾もこれにはハタと困った。

国を出る時には、最低四、五年はパリで勉強させてもらえるものと思っていたのに、一年半そこそこでもう帰れとは……このまま踏みとどまるべきか、それとも親のいう通り帰るべきか。松尾はハムレットのごとく大いに迷った。

しかし最後にはこのモンテーニュを育て、デカルトを生み、ルソーやラボアジエやパスカルを育成した、底知れぬ文化をもつこの国に留まろうと決意した。とすれば、明日からでも生計のための仕事につく必要がある。

九月の中旬、松尾は八方駆けまわって適当な就職口を探して歩いた。ところがどこへいっても採用してくれない。

現在だとパリには不法滞在も含めて六万人もの邦人がおり、「オヴニ」という日本人向けの報道

と求人の新聞があり、労働許可証さえあれば日本人社会での就職はそれほど難しくないようであるが、人数の少ない当時は異なる。

パリ三菱支店では彼の履歴書の字体をみるなり、

「あたたは到底ビジネスに向く人ではありませんな」

と判断されてしまった。その他日本側の就職先は、どこも彼の文学癖がたたって断られてしまった。こうして人生に失望し、途方にくれているとき、前述したモンマルトルの諏訪旅館の諏訪老人から手紙が届いた。封を開くと、

「わたしの友達のデマルクワという商人のところで、店員を募集しているからいってみたらどうか。紹介状を同封しておく」

とあった。

(うわーっ、捨てる神あれば、拾う神もありか)諏訪老人の手紙を見るなり、松尾はさっそく老人の好意に甘えて、貿易商のデマルクワの店を訪れることにした。

そしてもう木枯らしの吹き始めた寒い十一月の中旬、やっとマジェンタ街西北部にあるデマルクワ商会の見習社員になることができた。だがフランスの新入社員の現実は、決して就職を喜ぶような甘いものではなかった。

デマルクワの商会は、貿易会社であったというが、位置でいうと北駅(ガルド・ノルド)に近いマジェンタ街の西北端というのは、現在は(あるいは昔から)アラブ系住民の多い地域である。かなり広い長い通りではあるが、歩道の壁面にはいかにもアラビア風のタイルのデザインがはめこ

んであったり、あきらかにその方の国の人とみられる風態の人物が往きかいしている、なんとなくうす汚れた感じの街である。

パトロンのデマルクワは太っていて、赤いガマガエルのような顔をした、いかにも虫の好かない男であった。

彼は新しい東洋の店員に仏印（ベトナム）から送られてきたゴムを切らせたり、パリの得意先に使い走りを命じたりした。朝はたった五分遅れてもガミガミ怒鳴り散らした。使いに出て乗合や地下鉄に乗っても、車代を払ってはくれない。しかも給料はたったの四百フラン、一般フランス人使用人の最低給料のそのまた半額にも満たないほどの報酬であった。

松尾は同僚のツーサンという老人や、ギイという中年男に慰められ、なんとか働いてはいたものの愉快なはずがない。

ただ会社での唯一の楽しみといえば、昼飯時間に近くのレストランで、二人の同僚と口あたりのよいぶどう酒を飲みながら談笑することくらいである。ツーサンは社会党員であり、ギイは右翼のポアンカレー支持者だったので、二人の論争は絶えることがない。松尾はその問答を黙って聞いていたが、心の中ではいつもツーサンの方に味方していた。

当時のフランスの国内政治情勢は、揺れに揺れていた。右翼・左翼ともに未だ全体を支配するには至らなかったが、両者とも活発に運動をつづけていた。

松尾はこの頃「ル・コーティディアン」という左翼社会党の新しい新聞とインテリ左派の「ルーヴル」というのをいつも愛読していたが、ある日曜日のこと、この二紙を手にもってサン・ミッシェルの広場にいくと、王党の突撃隊員の一団と出あった。

その時実にキザな服装をした突撃隊員の一人が、松尾の方へ近づいてきて問いつめた。

「貴様は外国人のくせに、なんでそんな赤い新聞をもっているのか……貴様はスペインかそれともアルジェリアか？」

「おれは日本人だ。何新聞を読もうと勝手だろう、お前の世話にはならないよ」

こんな険悪なやりとりをしているうちに、相手は「なにを」といきなりステッキを振り回して殴りかかってきた。松尾はそれを素早く巧みにかわして、人ごみの中へ逃げこんでいったものの、つくづく（政治というものは、ある種の人間をおかしくしてしまうものだな）と思った。

一方左翼の運動にも激しいものがあった。後の人民戦線のときのような大規模なものではなかったが、パリでは幾度となく派手なデモ行進が敢行された。ことに悲運の人、ジャン・ジョレスがパンテオンに祭られた時の行進はものものしいもので、松尾は（さすがに大革命をやった国だけのことはあるな）と思わされた。

デモ行進する労働者たちはいずれも腕っ節が強そうで、身長のあるたくましい男ばかりである。それらが何万人、いや何十万人となく隊伍を組み、「インターナショナル」を歌い、堂々赤旗を押し立てて行進する様は、まさに現代の巨大な圧力集団とみえた。

（だが……）と、松尾は心のなかで思い直さざるをえなかった。

（仮にこうしたプロレタリアの大集団がソ連流の勝利者となっても、彼等は運命的に第二の権力体を持つことになり、ひいては人間の自由を奪わざるを得ないだろう。こうした悪循環の原因は、しみったれた物質的な利益しか頭のなかにないプロレタリアの、自らブルジョアになりたい願望以外のなにものでもないのではなかろうか？）

それを逆証明するがごとくに松尾の胸中に想いだされるのは、三カ月余も前の九月四日の日のオデオン座でみた情景である。そのとき芸能人たちは幕間の舞台に現れ、日本の大震災の被災者達のために演説をおこない、女優たちが客席をぐるっと回って「日本の東京へ送るための募金に、ぜひ協力してくださいと熱心に訴えていた。

松尾はこの夜セシルとともに目のあたりに彼らのソリダリテ（連帯）の精神をみて感激し、目頭に熱いものが込みあげてくるのを止めることができなかった。公演が終わってから、リュクサンブール公園の外をめぐる鉄柵に沿った道を歩きながら、松尾はセシルに語りかけた。

「あのオデオン座の俳優たちの心には、みじんも政治的なものはない。彼らは人間と人間の心を結び、真実の平和を願う人たちである。そんな人たちが政治家ではなく、芸能人や文化人であることは悲しいことだ」

「そうね、でも個体としての人間は文化人や芸能人ならずとも、みんな平和を願っているのよ。人に対する憎しみを『愛国』という名で宣伝するのは、政治とあの国境と呼ばれているものなのよ。人類は国境をつくってからロクなことをしていないわ」

松尾はこのとき〝国境〟という、社会には必然な産物かもしれないが、人間の人生にはなんの意味もないように思われる代物について真剣に考えざるを得なかった。未だ若い社会学徒の松尾には、容易に解けない問題がいくらもあったのである。

松尾はこのころイプセンを読み、ジュール・ルナールの小説を読み、（純粋な感情と認識で行動する人間は、広い意味でみんなアナーキストなんだろう）と思った。（大杉だって社会運動の闘士としてではなく、むしろフランス風の個人主義を通して、個々人の自発的な責任で保たれるような世の中を夢みていた点が偉かったのではないか）（だがしかし……こうした純粋な倫理的な考えを現実にとり入れて行動するとしたら、バクーニン風のあの恐ろしい暴力革命という破壊行動以外には道がないことになってしまわないだろうか？……それでも、しかし……）

松尾が本気になって、アナーキズムという思想に興味を示し始めたのは、この頃からのことである。『ラナルシー』や『リベルテール』というアナ系の雑誌を購入して真剣に読んだ。しかしそれらを読んでいるうちに、しだいに政治行動に結びついたアナーキズムのテロ性をさげすむ気持ちにかられて、行動を中心とするいわゆる「社会派アナーキズム」より、人間を基礎とする「個人派アナーキズム」の方に心を奪われていった。

それから松尾は『自由思想』のコレクション初め、手に入るすべての哲学・思想書を手当りしだいに丹念に読み漁《あさ》った。その結果フランスの個人倫理の哲人——というよりは、人間叡智の人アン・リネルの存在を発見するにおよんで、ようやく自分がこれまでとは違った明るい新地平の上に立てた気がした。

松尾の人生はこの哲人を知って以来、自己の基本的な思想に変化がないとみてよい。

ところで松尾の思想上、社会上の問題はともあれ、現実の社会に生きている彼自身は相変わらず毎日デマルクワの店で、奴隷のようにこき使われ、ゴム切りと使い走りでしかない日々を送っていた。それでもしばらくして、会計係のツーサン老人の仕事を手伝うようになった。

これで仕事だけはいくらか楽になったものの、現在の自分のやっている仕事のあまりのバカバカしさと、非人間的な薄給に深く失望していた。赤ガマの主デマルクワから怒鳴られるたびに、やり切れない思いが増していった。

ある日、松尾はデマルクワに使いを命じられた。使い先はかなり遠方なので、地下鉄の代金を請求すると、デマルクワは「歩いていけ」という。歩いてゆけば靴底がへるし、腹もへる。松尾はちょっとむくれて、店の入口に立っていた、このケチな主人の前でわざとタクシーを呼び止め、使いに出かけた。その時デマルクワが、

「この日本人はどうかしているよ」

とあきれ顔でいった。

一般的にいって青春時代の貧困というものは、第三者が思っているほど苦しいものではない。想像上の貧困は恐ろしいが、一度貧困の現実に直面してしまえば大したことはないものだ。だがそれでも小ブルジョアの家に生まれた松尾は、異国の空の下で銀行の預金を使い果たし、借金以外に持ち物が何もなくなったときには寂しい思いにかられた。

デマルクワの商会でもらう給料は、松尾が一人食べる分にも足りない。そのうちにテート・ノワールのホテル代も払えなくなってきたので、パリのはるか南方、ムードンの森に近いイタリア

人のデホ家の裏にあったレンガ造りの小屋の二階に引っ越した。

このデホ家の部屋は、部屋というよりまるで狭い鳥小屋のようなところであった。

松尾はデマルクワ商会での仕事を終えて帰宅するや、すぐにこの二階の小屋にこもって寒さにふるえたがら、ミノ虫のように眠った。時々悪夢にうなされて、夜中にでも目が覚めてしまうこともある。そんなとき眠れぬ夜を過ごすままにペンをとり、この世を呪ったような日記を書きつづっていた。

生活は実にみじめなものであった。靴底はすっかり減ってしまい、シャツはボロボロ、レイン・コートはシミだらけ、後年になってそのころの写真をみた松尾は、チャップリンひげを蓄えた自分の顔がまるで煮干しのようにやせ細っていることに驚いた。

ただ養うための家族がないことが、せめてもの慰めであった。セシルは彼女自身の自負心で、家庭教師をして生活の最小限度の収入を得ている女である。結婚などというブルジョア的安易さをさげすんでいるだけに、松尾にとっては彼女への物質的な、あるいは世間の家にありがちな余計な精神的な負担を負わずに過ごすことができた。

（しかも、おれたちにはかけ代えのない心の交流がある）そう思うと、松尾はたちまち故郷遠州の石松に戻って快活になった。

（そうだおれにはセシルがいる。おれには〝若さ〟と〝独身〟という財産があるではないか。パリでは今をときめく藤田さんやモンパルナスの華キキだって、かつては赤貧の中にあったんだ。おれだって、おれだって決して貧乏なんかに負けやしないぞ！）

キキが初めてドランブル街の藤田のアトリエにきた日は、寒い冬の日のことだった。藤田は彼女を描きたかったが、モデル料を払う金がなかった。逆にキキが藤田の肖像を描きあげるとロトンドへ出かけ、それを売って二人のその日の夕食代にしたことがある。

キキが風邪をこじらせたときにも、むろん医者を迎える金がない。見舞った藤田の方にも金もなければ質草もなかった。

ところが、ある日のこと突然、藤田のアトリエに思わぬ吉報が舞い込んだ。キキを描いた出品作に買い手がついたのである。しかも大枚四千フランで！　藤田はちょうどその時、外套の襟をたててアトリエを訪れたキキに、たった今手にしたばかりの札束をさしだして、そのうちのいく枚かを彼女に握らせながらいった。

「さあ、キッキー、おいしいものを食べにゆこう。ウントご馳走するぜ」

それなのにキキは渡された札束を握りしめたままその場を容易に動こうとしない。あらためて促すと、彼女は耳たぶまで赤く染めてこういったそうだ。

「フジタ！　ちょっとのあいだだけ待っててくれない？　このお金であたし、すぐに着るものを買ってくるわ」

「どうして？」

「だってあたし、外套の下はなにも着ていなくて裸なんですもの！」

松尾は人伝《づ》てに聞いた藤田とキキのこの麗しい話を思いだすと、あたかも自分のできごとのように胸が熱くなってきた。キキは藤田のモデルを務めている間、一枚の着物までも金に代えてパンの代にしていたのだ。

その頃パリ在住の他の日本人画家では、東郷青児がセーヌ川の川辺に生えている草を食って生きているという話も聞いた。

確かにパリの日本人にも要領のいいのがいて、最初は素寒貧《すかんぴん》だったのにいつのまにか金持ちの後家と一緒になって、数軒の貸家の家主におさまっているのがいる。また七十近い婆さんの若いツバメとなり、婆さんの死後の遺産を相続する日を待っているというようなズルイ男もいたりする。

だが松尾石松は、そのような器用なことができる男ではない。壁に向かってでもいいたいことはいい、ない袖もムリに振ってみせようという武骨で無粋な男である。松尾青年は一人ムードンの田舎道を歩みながら、深く自分の心に刻みこんだ。

（よし、いよいよとなれば、東郷と同じように道の青草でもなんでも食って生き抜いてみせよう。衣服がなければ、キキのように裸で堂々と街頭を歩いてもみせよう。だが権力者の犬みたいに、シッポを振るような卑しいマネだけは決してすまい……）

そんな折である。ちょうど友人の井沢弘が日本に帰って間もない一九二五年（大正十四年）の三月頃、日本大使館の森山隆介理事官の方から松尾に、「パリの日本人会《セルクル・ジャポン》の書記をやらないか」という話がもちこまれた。

同じ年、遙か遠く日本の東京では、後にＮＨＫの「とんち教室」で大いに聴衆をわかすことになる柔道の〝空気投げ〟の名人、若き日の石黒敬七が着々とフランスに渡る準備を進めていた。石黒敬七がはるばる欧州に出かけたのは、むろんわが日本伝統武道〝ジュウジュツ〟を世界に普及せんがためである。

敬七少年は子供のころから、体格と体力において抜群のものがあった。したがって中学校で柔道の道に入ってメキメキ頭角を現したとはいうものの、別段当初から柔道家を志していたというわけでもない。大学へ入った当座は、柔道家の他に琵琶《びわ》師になりたいという念願もあった。

その辺がもともと趣味人風で、武骨一点張りの他の格闘技者と大いに異なるところであるが、琵琶師を志した理由は、中学時代に錦心流宗家・永田錦心のレコードを聴いて、その妙なる旋律の美しさに魅せられてしまったせいである。

少年の日の琵琶師への夢は、上京してまもなく、横浜の姉の嫁ぎ先でしばらく居候していたときに、あえなくも潰《つい》えてしまった。

なぜなら、たまたま永田錦心の琵琶会があるというので、心ときめかして会場に乗り込んでいったのはいいが、一番初めに出たまだイガ栗頭の紺飛白《がすり》を着た十四、五歳の少年の演奏がすばらしく、歌も弾法も見事なのにたまげてしまったからである。演奏曲目は石童丸だったが、そのうまさにはとても自分が逆立ちしてもかなわないと思い、ここでさっぱりと琵琶師になろうという願望を思いとどまった。――このときの演奏の美少年が、実は後の錦心流技巧派の総帥《そうすい》雨宮薫水であった。

一方柔道の方はどうやら琵琶と違って天分もあった上に、努力も手伝って順調に強くなっていった。早大に入るようになって段位も進み、方々の学校へコーチに出かけ、在学中から拓大、法大、慈恵医大、警視庁へ教えにいっている。いよいよ早稲田を終え五段になったところで、(外国へ渡っても、まず大丈夫だろう) という自信がついた。

それでいよいよフランスに渡る準備にとりかかったのであるが、なにしろたった一人の自力で行こうというのだから容易に旅券も船賃も手に入るわけがない。

それでも結局は海を渡ることに成功したのであるが、まだ二十四、五歳そこそこの石黒がいったいどうやって旅券を手に入れ、旅費も身のまわり品も用意した上に、パリに着いてから半年分くらいの生活費ができたかというと、ここにも実はとんちと柔道が絡《から》んでいた。

まず旅券であるが、当時は旅券を手に入れることがなかなか難しい時代である。金があってすら面倒なのに、まして一文なしでは容易に下りるものではない。

石黒が渡欧しようと決意したのは、ちょうど関東大震災直後のことで、誰しも日々の暮しに事欠いでいるような時期であるから、「ようしゼニのことなら俺が引き受けたから任しておきな」なんていうような奇特な人物がいるはずもない。

そこで石黒は一計を案じて、まずある日の午前十時頃、ぶらりと芝の三田警察署に出かけた。そのころの石黒は、慶応の三田グラウンド近くの豊岡町に住んでいた。住んでいたなどというと聞こえがいいが、実は兄貴の家に居候を決め込んでいた。

警察署の道場に通ると案の定、警察官らは柔道稽古のまっ最中。そこに以前から顔なじみの柔

道教授がいて、石黒の顔をみるや、

「先生、これはようこそ、早速ながら一手ご指南を」というわけである。

石黒は乞《こ》われるままに早速稽古着に着がえて稽古をしていると、柔道熱心の署長がいつの間にやら現れて練習をみている。

そのとき道場に、三段ぐらいのベラボウに強い男がいた。身長は一八〇センチを越え、体重も一〇〇キロを越えているだろう。この男は体にまかせて阿修羅《あしゅら》のごとく暴れまわり、他の連中は手も足も出ない。みなつぎつぎに投げられている。

そのさまをみていた石黒は、内心（こいつぁ都合がいいな）と思った。案の定この大男が、つかつかと石黒のところへやってきた。

「一本願います」

という。石黒は、待ってましたとばかり応じてやり、取り組むやいなや、続けさまに二、三十本ばかりこの男を投げ飛ばしてやった。

柔道はなにも体が大きいことが、絶対条件というわけでもない。石黒にとって、かえってこういうデカブツは投げやすいタイプなのである。当時石黒は一〇〇キロはおろか一三〇キロぐらいの巨人五段を〝空気投げ〟で飛ばしていたから、相手の図体が大きいくらいでは少しも驚かないのだ。

ただし実はこのときには署長が道場で見物しているのを意識して、よけいに多く投げてやったのである。稽古がすむや、果たして署長が石黒のところに寄ってきていった。

「石黒先生、実に大したものですな。先生のような強い方は日本になんかいないで、外国へいって、あちらの選手を相手に大いに柔道の真価を広められた方がよろしいのではないですか」

八〇キロにもみたない石黒が、やつぎばやにポンポン大男を投げるのをみて、署長はよほど感服したらしい。こちらが切り出そうと思っていた話を、都合よく向こうから先にいってくれた。

そこで石黒は、

「はぁ、実は僕、おっしゃるようにフランスへいこうと思っているのですが、肝心の旅券が下りそうにもなく困っているので、今日はお願いに上がりました。パリの警視庁の方ではぜひきてくれと切望しているのですが。なんとか旅券の下りる工夫はないものでしょうか？　旅券下付《かふ》願いだけはもう市の方へ出してありますが」

と多少粉飾をほどこして頼むと署長は、

「あ、そうですか。で、先生のお住まいは今どちらで？」

「三田豊岡町、慶応義塾のグラウンドのすぐ向こうです」

「では、うちの管轄《かんかつ》だ」

そういうと署長はすぐさま特高課の刑事二人を呼んで、調査を命じてくれた。

その頃洋行するには、東京市に「願書」を出さねばならなかった。市からは願い人の住まいのある警察署へ調査を依頼し、その報告によって市が外務大臣の許可をとって下付することになっていた。

石黒はかねてからそうした公の下付ルートについて研究していて、（結局は三田署の調査報告がものをいうんだな）と判断し、最初から計画的にこうした非常手段をとってみたわけである。それがみごとに功を奏して、一週間後にはちゃんと旅券が下りたのである。

さて旅券が下りたとあれば、つぎにはいよいよ渡航費の問題である。

当時は、旅券の交付には、金の問題がからんでいた。アメリカ行きならば、親兄弟か肉親の財産が三十万円、他人の保証人ならば資産三百万円以上でなければ、旅券は下ろさないとされていた。ヨーロッパはアメリカほどではなかったが、それでも肉親に十万円以上の財力がなければ下付してくれなかった。

というのも外国で当人が貧窮した場合のことを考えての処置であるが、石黒は、自分の兄貴の財産がせいぜい一万円あるかなしで、保証人としては立派な無資格者であった。

署長の好意で旅券は下げられたものの、今度は現実の大金の問題である。旅費は旅券以上の大問題であり、金がなければ旅券も宝の持ち腐れ、そこで石黒柔道青年は、机にほお杖ついて一夜寝ずに真剣に考えることになる。

（いったいどうやったら金をつくることができるだろうか？）

なにしろ一文なしが一夜にして大金を得よう、無から有を生じさせようというのだから生易しいことではない。

一睡もせずに、朝まで彼は懸命に頭をひねった。第一に思い浮かんだのは兄貴に面倒をみてもらう方法であるが、これはすぐには、とてもできない相談とあきらめた。

次に思いついたのは適当なスポンサーをつかまえる方法であるが、これもまず不可能と思えた。

先にもいったように、この頃はまだ関東大震災の焼け跡の残っているような時代で、そんなうまい大旦那がいるはずがない。万一いたとしても、後から「あいつの旅費は、俺が出してやったんだ」とばかりに吹聴《ふいちょう》されたんではシャクにさわる。

そこで最後に思いついたのが、第三の一大集金作戦である。

石黒は早大時代には、ずいぶん方々へ柔道コーチをして歩いた。だから彼の力量を知って評価してくれる人が、少なからずいた。そこにヒントを得たのである。つまり彼等からたとえば一口五円ずつなりと寄付をつのる。それが百人分たまれば五百円の大金になるではないか。三等の船賃なら、まだ二百円ぐらいおつりがくる勘定になる。

（そうだ、これに限る）

このアイデアが浮かぶと、つぎはそのやり方である。いっそ手紙を出すなら、個人で出すよりは「後援会」名義で出した方が遙かに効果があろうと、たちまち「石黒五段渡欧後援会」なるものをデッチ上げ、もったいぶった文面をしたためることにした。

寄付は予定通り一口金五円也。後援会の発起人メンバーには、日頃親しくしている先輩や友人の名を二十名ほど列記させてもらうこととし、翌日、近所から謄写版を借りてきて刷りあげ、超スピードで日本中の学校や友人に数百通郵送した。

さて、その成果やいかに?……と石黒は胸をときめかせて五、六日待っていると、アイデアは見事に当たって大成功。毎日郵便がくるわ、くるわ、机の上はたちまち「書留郵便」の山となった。その額も一口からなんと十口分まである。その頃の十口分金五十円也といえばかなりの大金である。

こんなわけでたった一夜の思いつきで十日ほど後には、石黒は一挙に三千余円の金を懐中にし、渡欧の見通しは充分についた。そこでまず服と帽子を新調し、少々ぜいたくだとは思ったが、マルセイユまでの二等の切符代として船会社に七百円ほど払い込んだ。

松尾の場合は月に百数十円でやっていたのだから、石黒としてもこれでパリに着いて、何もしなくとも当分は悠々暮らしていけるだろうと思ったのも無理はない。そのうちに多少言葉もわかるようになり、柔道も教えることができるようになろう。そうすればなんとか生活できるに違いない、と生来ノンキな兄さんがいっそう明るい気持ちになった。

こんな次第で、石黒敬七は堂々日本郵船箱崎丸の二等船客となった。

いざ欧州へ出かけるとなっても、身の回り品は小カバン一つきりの、いたって身軽な旅で、柔道着だけは十着ばかり柔道着商の方から寄贈があった。

日本郵船の箱崎丸というのは当時H級といって、箱根、榛名などとともに名を知られた優秀船であった。ただし二等船室は船尾にあるので、船が揺れてくると船中で一番上下の激しい部屋となるのであるが、幸い冬場の航海は比較的楽であり、航海中一度もシケを食らったことがなかった。

石黒はそれまでに一度も外地の空気をすったことがないので、まず中国の上海に着いて驚いた。日本から二日しかかからないところに、こんなに繁華で、面白い街があることを知っていたなら、これまでにもきていたのに……と後悔にも似たものを感じた。

柔道というものはありがたいもので、上海にも古い柔道家がいて喜んで迎えてくれた。多少インチキくさいが、「柔道拳闘大試合」などというものにも案内してくれた。

香港に入るとまた柔道仲間に迎えられ、日本人クラブで二、三十人の連中に稽古をつけてやり、シンガポールでも同様に日本人会館で三十人ほどの仲間と稽古をした。このような旅をつづけて石黒は、神戸出帆の日からかぞえて四十二日目に無事マルセイユに着いた。

当時のマルセイユは首都パリにつぐ都市、東京や今まで通ってきた欧州航路の寄港地のどの街よりも立派にみえた。

マルセイユでは例によって、きわもの映画に案内させられたり、〃ノゾキ〃をみせられたりした。ノゾキというのは鏡の性質を応用して隣室からのぞくもので、正面から鏡に向かうと普通の鏡と同じに映るが、裏の方からのぞくとある程度の明るさで透き通って見えるのである。このような仕掛けは今では警察等で使われて知られているものであるが、当時のパリにはなく、この港街の名物だったらしい。

やがてパリに着くと到着のその日に、船で同室の友人Oや画家の岡鹿之助などを誘って世界一高いエッフェル塔に登り、上空からパリを見下ろした。これから何年いるかわからないパリの全貌を、眺め下ろしておこうというのである。

「ほほう、これはこれは」

パリの街並は幾何学的に配置されて、まるで宮廷の庭園のように美しかった。焼け跡ばかりの東京と比べて、世界にはこんな美しい都会もあるのかと感嘆し、これからこの街が自分の活動の舞台になるかと思うと、かつての松尾青年が興奮したと同様に、たにかひとりでに心が躍ってくるような気がした。

6 日本人会を通じてさまざまな人を知り、運が開けてくる

松尾が大使館員の世話によって新しく職を変えた〝日本人会〟というのはパリの西部、凱旋門に近いデバルカデール街の七番地にあった。それで日本人はこの町のことを、日本の有名なピーピング・トム、〝でばがめ〟をもじって「デバガメ通り」と呼んでいた。

隣はリュナ・ホテルという、連れこみ専門のインチキ宿。日本人会の建物自体も、なにか昔の売笑婦宿のような雰囲気があって（イヤな感じのする建物だな）と松尾は思った。

この日本人会というのは、外務省に問い合わせてみると、公の組織ではなく民間の相互扶助会のようだが、偶然にも私の滞在していたホテルから歩いて五、六分のところにあり、すぐにみつ

けることができた。

先にもいうように、東京の山手線の内側程度の広さのパリには、五千二百本以上の通りがあり、これに全部通り名がついていて、しかも原則として一番地一軒単位、右側は偶数番で左側は奇数番と決まっているので、通りと番地さえあれば容易に建物がわかるようになっている。

ただし建物の名前が変わっていたり、壊されていたりすれば別なので、(これがほんとうに当時の建物なのかな) と怪しんでいると、細い通りに面した当の七番地の建物の入口に、建物の由緒書きの看板が張りつけてあった。同行の吉崎君が読んで説明してくれたところによると、

「ここは一九一〇年からスポーツクラブとして使われている」

との意味が記されているという。現在はヨガの訓練もおこなわれていて、ポーズをとった写真が貼ってあるので、まずまずこの建物にいたに違いないと思われた。ただし隣は〝リュナ・ホテル〟という連れ込み宿だというが、今は両脇がちゃんとしたホテルになっていてよくわからない。それでもイギリスで八年半彫刻に専念して、建築にも関心あるらしい吉崎君の意見だと、

「右隣の上の方は壊した跡があるし、それになんとなく貧相なので多分右のホテルがそうなんでしょう」という推察であった。

松尾の新しい職場となった日本人会の地下室は料理部になっていて、斉藤という名の肥《ふと》った板前が食堂の経営をしていた。奥の汚い暗い部屋には、欧州航路の船から逃げ出してきた元船乗りや、第一欧州戦争に義勇兵として流れこんできた男ら四、五人がいつもごろごろたむろしていた。

彼らはこの地下室で、一応コックとして働いている。ユダヤ人しか食べないというドラード（鯛）の刺身をつくったり、朝早く中央市場にかば焼きのうなぎを仕入れに行き、形ばかりの日本料理をつくって、日本人のホーム・シックを慰めていたのである。

お客がいなくなると彼らは、耳で覚えた奇妙キテレツなフランス語を操りながらバクチをやっている。バクチに飽きるや、酒をのんだり、近所のビストロにいって売春婦をからかったり……、またそれぞれがフランス人の情婦をもっているので、流れ者にふさわしいのんきにして怠惰《たいだ》な生活を送っていた。

松尾は二階のサロンの隣にあった小さな部屋で事務をとり、夜は三階の球突き場の横の穴のようなホコリっぽい寝室で眠った。

「これでもデマルクワよりは少しはマシだが、それにしてもあまり面白くないなあ」

日本人会の生活環境について、ブツブツこぼすとセシルがたしなめた。

「マツオ、辛抱しなさい。あんたは日本人会の仕事をしているうちに、きっといい友人をみつけるわよ。お金を儲ける手段を趣味に一致させるなんて、今のところ贅沢なことよ。日本人会の人間関係を利用すれば、今にきっと自由な身になれるわ」

セシルのこの励ましのことばは、松尾にはもっともなことと思えた。

たとえ仕事が面白くなくとも、これで一段落。パリでフランス人の愛人をもち、一応食べることの心配もなく、働きながら内職もできる。パリにきて、ようやく家から一銭の仕送りがなくとも生きられるという条件に達したということは、彼にとっては確かに一応満足すべきことではあった。

ただ隣が連れこみホテルであるだけに、日曜や土曜の午後になると迷惑この上ない。女連れの客がホテルの入口の階段からひっきりなしに登ってきては、タオルと石鹸をもって女中に二階に案内されていくのが騒がしく、憤懣《ふんまん》やるかたない気持ちだった。

日本人会ではセシルのいう通り、仕事を通じて多くの人と知りあうことができた。知りあったというよりは、クラブは同胞のノイローゼ治療院みたいになっていたので、彼らとのくだらない社交時間があまりにも多すぎてイヤになったくらいである。しかしそれでもこの環境の中から、少しずつ松尾の新しい人生が開けていった。

日本人会で最初に親しくなったのは、日本からやってきたばかりの石黒敬七である。松尾はこの黒眼鏡の「旦那」を到来早々から知っていた。石黒はパリに到着するや、一週間目にしてアンテルナショナルという日本人をお得意としているホテルから、モンパルナス近くの天文台の脇にあるホテルに移っていた。

だが石黒は日本の柔道をフランス人に教え込むというふれこみでパリまでやってきたものの、言葉がまるっきりできない。技だけは凄《すご》いらしく、有名な〝空気投げ〟の名人だということは知れわたっているが、いったいどうやって柔道をフランス人に説明せずに教えるのだろうか、と松尾は不審に思っていた。

(あるいは無言無声の空気教授でもやるのかしらん……?)

しかし当の石黒は、実にのんきなものである。パリに着いて間もなく一文なしになったというのに、いつもトボケたような話ばかりして、これからどうして生活していくのか、柔道の道場をどうやって開こうというのか、そんなことにはてんで関心がないらしかった。

仕事の傍《かたわ》ら松尾は、エッフェル塔の対岸に近い位置にあって、東洋美術の収集で名高いミューゼ・ギメ（ギメ博物館）主催の「東洋友の会」に通うほどの気持ちの余裕もでてきた。

この「東洋友の会」ではいろんなフランス人に出あったが、松尾の生涯の心の師ともなった人物に「元内閣書記官長」の肩書をもつオーベルランという人がいる。オーベルランは当時五十歳ぐらい、目の実に優しい、上品な、エビス様のようににこやかな顔をしたフランス人であった。

温厚そのもののようなオーベルランは、松尾と一緒にお茶を飲みながらこういった。

「わたしは日本にあるノー（能）の、あの何ともいえない洗練されたスティル（様式）に心を打たれ、いろいろな文献で研究している者です。もしもあなたのお手元にいい参考資料などがありましたら、ぜひ教えていただきたい。それから最近わたしの興味を引いているのはハイカイです。ノーやハイカイは冗漫な説明がなく、象徴的で、暗示的で、古い伝統でつくられたその形式は、ある意味で世界に比類のない最高の芸術表現だと思うのです」

この発言に対し、その時はまだ自国文化を、それほどに高く考えていなかった松尾がやや疑問視すると、相手は微笑みながらいった。

「その点は一応あなたのおっしゃる通りですが、日本が育てた芸術は、すでに前世紀末から西欧人に発見されていて、たとえばフランスの印象派画家などは、とっくに日本芸術の単純化され、スティリゼされたものに心をひかれて影響を受けているのです」

松尾はこのオーベルランの東西の文化に通じた深い教養に、一も二もなく敬愛の念をもたざるをえず、またの日を約してその日は別れた。

松尾が自分の先輩とも同士ともいえる藤田嗣治を初めて知った――いや、最初に見たのは、セシルとつきあいだして間もなくのことである。松尾は最初の予定通り日本人とあまり交際しなかったので、直接藤田と知る機会はなかったが、フランス人の口からたびたび彼の名前と噂を聞かされていた。

ある夏の夜のこと、セシルと一緒にモンパルナスの大通りを散歩していると、彼女がふと立ち止まって叫んだ。

「あっ、フジタだ！　あそこにフジタが踊っているわ」

みるとそこには〝ジョッキー〟というネオンの輝く小さな踊り場があり、たまたま入口の戸が開いていたので、往来から中がのぞいてみえたのである。狭苦しい〝ジョッキー〟の八畳間ぐらいの広間には、数十人の、いわゆる〝モンパルノ〟がまるで芋を洗うようにして踊っていた。広い場所で離れて踊ることに飽きていたパリジャンや〝モンパルノ〟はこうして相手との間を最小限度にして押しあうように踊れる場所を捜していたのである。

藤田の顔が無数の芋と芋の間に時々現れる。頭はオカッパにし、べっこうの眼鏡にチョボヒゲをつけた例のスタイルであった。

松尾が直接藤田と面談したのは、日本人会の職についた一九二五年のことである。

この年の三月頃、日本人会の前の小さな安ホテルに、ドヤドヤと職人風態の日本人の一団が投宿していたので、
「あれはいったい何だね?」とボーイに聞くと、
「セーヌ川のほとりで催される万国博覧会の日本館の建築のために、わざわざ日本からやってきた大工の連中ですよ」と教えてくれた。

世界の万国博というと一九〇〇年（明治三三年）にパリで開かれたものが、入場者四千八百万人を数えて、史上最大のものとされるが、この年に催されたパリ博も〝装飾美術と近代工業〟をテーマとして、新しいタイプの万国博として大いに世界の注目を浴びた。

この万国博のために、松尾はまたしても大使館の森山庶務課長に頼まれて、事務を手伝うようになったのであるが、ここで初めて藤田嗣治に紹介された。

藤田はそのときパリで巨万の富を散財した薩摩治郎八も書いているように、国からもらったレジオン・ド・ヌール勲章の赤リボン略章をつけ、オカッパの髪によく櫛を入れ灰色の絹ビロードのチョッキを着ていた。

藤田がこの場所にきていたのは、日本館の顧問格になっていたせいであるが、松尾はこのときの藤田の態度が実に軽い調子で、率直な表現をするので、最初から好感をもった。

藤田の方も松尾を好いてくれ、松尾は以後何かにつけて、この国でさんざ苦労してきた先輩藤田に相談する間柄となった。

——やがて、春。

誰しもパリは、春が一番いい季節であるという。日の短い、みぞれの降る冬から春になったパリの街の陽気さ、美しさはたとえようもない。

マロニエの白い花は若葉とともに咲く。プラタナスはそれより半月くらい遅れて若芽が出る。マロニエの花はちょっと栗の花に似た一種独特のセクシーな香りがして、その香りがパリの全市をおおうと、男も女もなんとなく胸のときめきを感ずる。

四月、五月のパリは春色まさにたけなわである。街の並木、セーヌ河岸の木々もブローニュの森も、サンクルーやベルサイユの森林も、画家の写生地であるモレーも、ヴェトーイユも、いたる所ことごとく緑、緑、また緑でむせかえるようである。

松尾青年の生活にも、ようやく春めいた季節が訪れていた。

この年のパリ博覧会の日本館は、日本式の茶屋風の木造家屋で、ちょっと貧弱すぎる感じがしたものの、それでもパリ人の目を大いに喜ばせた。その中にあった日本料理部は、ことに繁盛し毎日大入りの盛況だった。ただこの料亭の経営をしていたのが、やがて「モンテカルロ事件」の主人公となった川村泉であるとは松尾は夢にも思わなかった。

そのころ藤田はバレーに代わっての夫人〝ユキ〟こと、リューシー・バドードと右岸のブルジョア地区ツッスネ街のアパートに住んでいたのであるが、松尾は友人のハイカイ派詩人、ルネ・モーブランが藤田の絵をみたいというので一緒にこの家を訪れている。

そのとき藤田は赤いじゅうたんの上に低いガラス張りの日本机を置き、座って仕事をしていたが、モーブランのためにたくさんのデッサンを広げてみせてくれた。美術にも鋭い批評眼をもつモーブランは驚いて、松尾にそっと小声で耳打ちした。

「恐ろしい技巧だ。それになんという容易《たやす》さで線をひく魔術師だろう」

松尾も同感だった。フランス人が藤田は偉大なデッシナタール（素描家）だと賞賛している言葉が決して誇張されたものではないことを理解した。

藤田のこの見事な〃魔術性〃であるが、それは東洋人画家としての天性そのものであると同時に、彼自身の超人的、意識的な努力の結果修得されたものにほかならない。

藤田は当初から長い伝統をもつ西洋人の真似をいくらしたって、追いつけるものでもなく、模倣に過ぎないと思っていた。西洋人のできないことを狙って彼等のやっていることの反対、反対でゆこうと決心した。例えば、ペンとか鉛筆を使うとなると到底彼等には及ばない。しかし細い筆描きならば絶対こちらが勝てる。

また彼らは色をうんと使う。（それならおれは色を捨てて白と黒でやってみよう。彼等が粗っぽく描くというなら、おれは反対に非常に繊細に描いてみよう）

藤田は結局、この自分自身が創造した知的思考による独特の技法をもって、自分のしたいことだけをひたすらクソ真面目に実行した挙句、パリ人に大いに賞賛されたのである。

もともと指は器用であった。

「俺はポケットの中でも、似顔絵が描けるんだよ」といって、ほんとうにポケットの中でゴソゴソやっていたかと思うと、素敵な似顔絵をとり出してみせたりした。

気に入った顔があってもその場で描くと叱られそうな場合、ひそかにこの手を使って収録しておく。またパーティーなどでこれをやって、別れるときに土産《みやげ》として渡すと、相手は「いつの間に描いたんだろう」と驚きかつ喜んでくれた。

パリ博の日本館に関する記事については、この年の七月六日付「東京日日新聞」が、松尾のエッセイを掲載している。

このエッセイを書く前に、松尾は川島信太郎ギリシャ公使の鞄持ちになって一カ月ほどギリシャのアテネで暮らした。この時の紀行文も、日本に帰って「東日」の学芸部長になっていた井沢弘に送ってみると及第した。その後つづいてパリからエッセイを送ったが、いずれも掲載された。松尾はこうして少しずつ文筆なるものに自信をもち、次第にジャーナリズムに親しんでいったのである。

石黒敬七の方は相変わらずのんびりしたものである。

ヒマをもてあまして、毎日友人の集まるカフェへいって雑談したり、パリで名高いノミの市へ掘り出し物がないか探しにいったり、絵が好きで各地の展覧会を見にいったりして時間をつぶしている。

松尾も他の人も（あいつ今後いったいどうする気なんだろう）といささか心配になってきた。そこへ布利明《ぬのとしあき》という人物がいて、日本人会の松尾のところへ姿を現した。

この布はまことに奇っ怪な人物で、第一次大戦後の講和会議の時、女装して日本の新聞記者になりすまし、西園寺うそ子と称し、あたかも全権西園寺の女のような顔をして、時のアメリカ大

藤田嗣治が描いた松尾の似顔絵(松尾好子提供)

統領ウィルソン、チーグル（虎）といわれたフランス首相のクレマンソー、イギリス宰相のロイド・ジョージの三人に見事面会したと自称するアッパレな男である。

アメリカにいるときは、時々中国人と称して「名前は？」と聞かれると、バカの意と布利《ふり》とをかけて「フーリッシュといいます」とすまして答えていた。

訪れた布利明の話を聞くと、やはり石黒の生活手段の相談であった。

「松ちゃんや、彼をなんとかして食えるようにしてやろうじゃないか」

「そうだな、やりたいのは柔道だろうが、畳がないから、代わりにマットを使って柔道場をつくってやればいいだろう」

「うん、柔道だけでは飯が食えないかもしれんから、ガリ版印刷でもいいから、パリの邦人仲間に売りつけるための週刊新聞を出させようや」

というところに話が落ち着いた。

柔道場設置の場所は、幸いにして石黒のホテルの一階に、ボクシングのリングや体操道具なども完備しているかなり広いスポーツ会場があることに気づいたので、松尾は提案した。

「そうだ、あそこに柔道場をつくろう。練習生もおれが呼びかけてやる」

こうして勝手にまとまった話を石黒にすると、石黒は「ウンウン」と提案に賛成した。石黒のヌーボーとした人がらのよさは、すぐに周辺をひきつける。パリにきて幾日も過ごさないのに、つぎからつぎへと友だちが増えていた。

中でも絵描き連中が多く、海老原喜之助とはまっ先に知りあいになった。そのほか伊原宇三郎、佐分真、中村研一、高野三三男、中野和高などとも知りあった。海老原の紹介でモンパルナスのカフェ・ドームで、藤田嗣治とも知りあうことができた。

その際藤田がこういった。

「僕もね、こうみえたって嘉納《かのう》塾にいたことがあるんだよ。小学校の頃だ。だから柔道だってやらされた。美校（芸大）の時は茶帯だったんだ。今なら一級か二級というところだろう。僕もこれから柔道をやりにいくからエビ公らも大いにやれよ」

こうして石黒のホテルの一室にみごとジャポン柔道場ができあがったわけであるが、道場といっても、松尾の案のとおりスポーツ室の一隅に七メートル四方ぐらいのマットを敷いただけのものである。そこへ藤田嗣治御大を初めとして、海老原、伊原、高野、中野、松尾その他の連中が、毎日やってきてはドタンバタンやっていた。

さらに人を集めるために、モンパルナスに立看の広告を出した。「ニッポン・ジュウドーのトレーニング・センター開設」のコピーは松尾がフランス語で書いた。すると少しずつフランス人の間にも知れわたり、柔道を習いにくる若者が増えてきた。

ここでちょっとその後の石黒の業績がどの程度のものか、『柔道百年』という大部な書物をのぞいてみると、石黒は「とんち教室」にイメージされるようなノンシャランなものではなく、フランスを中心としたヨーロッパでの柔道の普及については大いに足跡を残していることが確かめられた。

一九二八年（昭和三年）にはパリの警察官やソルボンヌ大学生の教授に当たり、有名なバレー・デ・スポーツに、柔道部を設けているし、前年にはズーメルグ大統領、ポアンカレー前大統領や政府の高官にも教えている。またルーマニアに赴《おもむ》いては陸軍省体育大学において柔道教授をおこない、その功績によりシュヴァリア・ド・クーロンヌ・ド・ルーマニアという勲章を受けている。

さて、形ばかりとはいえモンパルナスの柔道場ができあがると、つぎには計画通り新聞の発行である。新聞といったって大したことはない。ほんのガリ版印刷のウィークリーであるが、これも布利明の努力で謄写版《とうしゃばん》機が手に入ったので、石黒社長名義のガリ版刷り『巴里週報』なるものが創刊された。

新聞が刊行されるとあれば、記事が必要となる。松尾は石黒に頼まれるがままに、パリの名所案内の解説を掲載したり、片々《へんぺん》たる随想を毎号連載していた。

この当時のパリに在住していた日本人画家の多くの者は、その後帰国して審査員級の人物になったが、パリでは大部分が薄汚い横町に住み、石黒のこのガリ版新聞の愛読者になっていたわけである。

ちなみに読者の一部をあげてみると、まずは藤田嗣治を初め、戸田海笛、佐伯祐三、小磯良平、大久保作次郎、岡見富雄、岡本太郎、大森啓助、小島善太郎、東郷青児、宮田重雄、向井潤吉、野口弥太郎、小山敬三、伊原宇三郎等々大変な数であった。

日本人会はこうした画家たちの宴会場となり、その後間もなく、年に一度ずつ彼らの作品の展覧会を開くようにもなった。

石黒はこうした数百人の画家と交際し、日本からくる奇妙な見物客を「ノミの市」や「女郎屋」へと案内するガイド役を果たし、その間に何か面白いエピソードがあったりするとそれを丹念にメモする。宴会のときもワーッと笑いが出るような場面に出あうと、すぐさま手帳をとりだして書き込む。つまり石黒はこの当時からすでに、後日の放送や「とんち教室」のネタを集めていたことになる。

石黒はこの『巴里週報』をその後九年も続刊しつづけるのであるが、そのなかのいくつかの〝だじゃれ問答〟を紹介してみると、「逆しまに読んでも親仁《おやじ》は親仁なり」で「外交官の名」というのがある。これは「イシイ」と解くのが正解で、パリの親父格、当時の駐仏大使が石井菊次郎であったせいである。「聴診器おいてハテナ?と腕を組み」が柔道家「石黒」、即ち「医師苦労」である。

そのほかいろいろあるが、「稲穂よりだんだん秋の色になり」は食料品店の名で「宝の山」、これはボナパルト通りで日本食料品店を開いていた内藤という人の店の名が「宝の山」だったので「田からの山」と解く。「四人連れ二人は立ったままでおり」は地名で「ニイス」、即ち「二椅子」というのだからまことにフンパンものの珍問答であった。

この石黒のフレンチ・スタイルの柔道場であるが、場所はモンパルナスに近いサン・ジャック街にあったというが、ここは現地にいってみてわかったことであるが、並木が幾筋も通った上品な通りで、西の突端をやや折れ曲がるとジャン・ポール・サルトルの眠るモンパルナス墓地を経て、カフェ屯所ババンにぶつかる位置にある。しかも後に触れるように、辻潤の最初のホテルのすぐ近所であるのには「へえ……」という思いであった。

石黒敬七というと日本ではガラクタ、今日でいう〝アンティーク〟の収集家としても知られているが、この趣味はむろんパリで覚え、集め始めたものである。それほどパリの古物商品は著名であり、市の有名なものにモントルイユ、ヴァンヴ、ダリーグル等あるが、なかでもモンマルトルのさらに北郊にあるクリニャンクールは世界的に知られている。

ツーリストよろしく私もこの市を訪ねてみたが、面積三万キロ、約三千店もの賑《にぎ》わいは大正期の浅草並みの繁華さである。

ノミの市は一名〝どろぼう市〟ともいわれるが、ほんとうに盗んできたものもあるらしく、ローソク立て、ワイングラス、時計、ビーズの小さなハンドバッグ、古着、レースのブラウス、ガラス玉のブローチ、メタルのベルト等々生活用品の大半がここにある。奥の方にまで入ってみると、真にガラクタとしかいいようのない壊れたガスストーブや本体のないすすけた電話の受話器まで売っている。

しかも値段が問題で、店主との交渉次第で千変万化する。同行の渡辺さんが使い古しの銅なべを幾らだと聞いたら最初、「五百フランだ」というので、帰りかけたらすぐさま「それなら三百フランならどうだ」ときたのには驚いた。ここは値段のやりとり自体が楽しみであるような市場である。

石黒はこうしたうさんくさいノミの市が自分の性分にあうとみえて、毎日のようにさすらっていたのであるが、パリに着いてたまたま慰みに絵を描いて、権威のある「サロン・ドートンヌ」に入選しているから驚きである。

その経緯を話すと、パリ到着の後二、三カ月経った、ある日のことである。同船同室できたOを訪ねたら、たまたま部屋の隅に日本からもってきた絵具箱などが放り出してある。それで石黒はなんの気なしに、

「君はどうせ女のことで、当分絵は描けまい。僕に絵具箱を一週間ばかり貸せよ」

と借りてきて、たった二日か三日間で二枚の絵を仕上げてしまった。別にモデルを使ったわけでも、パリ風景を写生したわけでもない。子供の頃の実家の向かい側にあった日用品を売っていた店頭の雪景色を一枚、もう一枚は、これも子供の頃よく泳いだ大きい池の夏景色の二枚を想像して描いたものである。

描き上げてもどうしようもないので、額縁にも入れず部室の壁に釘でとめておいた。そこへ海老原喜之助が坂田一男という前衛派の絵描きと柔道をやりにきて、ついでに五階の石黒の部屋まで上がり込んで彼の絵をみるや、驚いて尋ねた。

「こりゃ、面白いね。いったい誰が描いたのかね?」

「俺が描いたんだ」

海老原は性格からして、お世辞やお上手をいうような男ではない。それどころか気に入らなければ、相手を徹底的にボロクソにいうタチである。そんな男がやたらに褒め、一緒にきた坂田も

同感だといってくれるので、石黒もいささか嬉しくなった。

「サロンに出してごらん。きっと通るよ。その代わりに入ったら一枚おくれよ」

といって、海老原自身が締切の日にあわてて額縁に収め、出品してくれた。しかしその後事務所からは何ともいってこなかったし、柔道の他に『巴里週報』を出し始めていたので結構忙しく、絵のことなどそれっきりで忘れてしまっていた。

それがある夕べのこと、例によってモンパルナスのロトンドやドームのカフェへ行くと、世界中から集まってきた絵描きや彫刻家やファンが入れ代わり立ち代わり出入りして、まるでお祭りのようだった。

話題はいつしか今年の「サロン・ドートンヌ」に移って、ある者はもう通知がきたといい、ある者はこないという。石黒は全然無関心にそんな話を聞いていて、十一時頃になって宿に帰ったのであるが、玄関に入るなり受付の中年のマドモアゼルが、上書きに「サロン・ドートンヌ」とある封書を手渡してくれた。

開いてみると中には、分厚い紙や目録のような紙と一緒に印刷に何か書き込んである用紙が入っていて、「エクスポーゼ」の文字がそのままで「ノン・エクスポーゼ」が消してある。エクスポーゼの意味はわからないが、「ノン」が消してあることで、いくら鈍感な石黒でも（こいつあ、うまくいったらしい）と例の出品を想い出した。

そして念のために受付嬢にみせると、彼女は途端に、「ブラボー」と叫んで、

「ムッシュウ、お前はジュウジュツの先生なのか、それともアルティスト・パーンチュウル（絵描き）

なのか?」

と聞きながらしきりに肩をたたいた。

入選とあっては、このまま部屋に上がって寝るわけにもゆかない。その足ですぐさまもとのロトンドへ戻ると、さっきまで騒いでいた連中は誰もおらず、松尾がただ一人ぽつねんとしてビールを飲んでいた。

それで手紙をみせてやると、松尾はまるでわがことのように大喜び、それから二人で学生街へいき、夜明けまで踊り場で談じ込んだ。

ところがこの話には後日談があって、石黒の絵が通ったとなると、今度は「あれは日頃仲のいい藤田が描いたか、加筆をしてやったものに相違ない」というデマが飛んだ。だがこれは展覧会が始まってみると、本当のデマであることが誰にもわかった。彼の絵があまりにも我流のプリミチフ(稚拙)なもので、とても藤田が手を入れる余地などがない代物だったからである。当の藤田も、

「君はもうこれであまり絵を描くな、描くとだんだんうまくなる。うまくなるともうサロンにはとても入らなくなるぜ」

と忠告してくれたので、これも真実のことばと納得して、以来石黒は絵を描かなかった。それでもプロの画家たちが憧れる展覧会に絵が通ったことで、自分にも何かしら明るい未来が開けてきたような気がした。

ところで「東洋の会」での出あいが機縁となったオーベルランは、その後たびたび日本人会の松尾を訪ねてくるようになった。

一人の人間の運命を決定させるものは、所詮本人自身の性格や多分に宿命的な条件によるものであろう。しかしそうしたア・プリオリの必然的なもの以外に、〝偶然〟という不可解な作用が確実に存在するようである。

松尾自身はとにかくフランスに着いて少なくとも三年ぐらいは面白く遊び、勉強して日本に帰る予定であった。それが一年半そこそこでもう国から「帰ってこい」といわれ、それに服従せずして、とうとう二十年以上もこの都の水を飲み、一時は永住することさえ考えるような運命になった。

それというのも自分の運命を支配した、さまざまな人との〝偶然〟の要素による以外の何ものでもないと彼には思われた。

〝偶然〟の最初の人は、いうまでもなくセシル・ランジェーであった。この心のかよいあう愛しい娘がいなかったら、彼は孤独の寂しさに耐えかねて、案外早く帰国していたかもしれない。二人目は、彼の著作の忠実な協力者となり、年長とはいえかけがえのない親友となったスタイニルベル・オーベルランとの出あいのお蔭《かげ》である。

オーベルランに協力してもらって、一九二七年に彼の最初の著作である『其角《きかく》の俳偕』の解説書を上梓《じょうし》することができた。このとき松尾は、その後、このフランス人とさらに十三冊もの仏訳書や、日本紹介書を出版する運命になろうとは夢にも思っていなかった。オーベルランは、松尾の尊い協力者となったばかりか、全生涯を通じて二人と得られない心のつながりの人となったのである。

オーベルランには東洋の禅僧のような悟りきった風格と、南欧系の西欧人にはほとんどみられない淡々とした趣があった。

訪れた彼の住むアパートには、金ピカふうのものは何物もなかった。アンドレ・モーロワの家でみたような豪勢な皮製本の並ぶ書棚もなく、読むためだけに買った仮とじの本が壁面をギッシリ埋めつくしているだけであった。これらの書物でさえ、

「いつか邪魔物になったら売り払ってしまうつもりですよ」

とオーベルランはいっていた。彼には妻もなく、子供もいない。アパートで会った老母と妹にも、あっさりと日本の友の名前を紹介しただけで、家族については、

「ただのうるさい絆《きずな》ですよ」

というような簡単な感想を語る以外、決してそれ以上の身の上話をしなかった。オーベルランは他人のことについてももちろん、松尾にすら、その私生活や日本の親族について一度も質問したことがなかった。

オーベルランの経歴はソルボンヌ大学出の文学博士で、パリ東洋語学校の出身者であった。若い頃にフランスの有名な社会主義者であるジャン・ジョレスの秘書をしていたこともあり、官界に入ってからは間もなく文部大臣の秘書となり、書記官長ともなった優秀な政界人であり、その気があれば閣僚にもなれた人物である。

それがとるにたらない下らたい些事《さじ》で政界を去ってからは、サンスクリットの研究を始め、サンスクリット学習の著作を公にした。また英文の仏教書を読み漁《あさ》り、東洋哲学と西欧哲学の比較研究に没頭していた。

オーベルランは松尾を知る前に、すでに藤田とも親しくしていて、藤田の挿絵が入った『芸者のシャンソン』という粋な本をクレス書店から出版していた。それで知り合いになってから間もなく、藤田の家を訪ねてオーベルランのことを話すと、藤田は、

「君はいい人と知り合いになったね。あのオーベルランという人はね、ライン河畔《かはん》、ストラスブールに今でもオーベルランという町名があるほどの名門の出の人だよ。一見、飾り気も何もない質素な人だが、やっぱりアルザス人だけに、ドイツ風のよさとフランス的なエスプリをもった、今どき捜してもちょっといないような立派な人だぜ」

ときっぱり断言するようにいった。これまで藤田はたびたび松尾に、

「ここにいる大半の日本人どもは金を吐き出し、国に帰ってからの野心の達成だけを計算して、満足しているヤツラに過ぎないのだよ。こんなふうに精神的に、物質的に、自分に〝輸入〟ばかりしていて、〝輸出〟がないんじゃ、つまらんじゃないか」

と憤るように語っていた。そんなこともあって、松尾はオーベルランとの協力を自分にとって最もふさわしい、しかも快適な仕事だと思えるようになってきた。それからというもの、ようやく海外にいる孤独の寂しさを忘れ、この国で生きる目標を発見したような安心感が得られたのである。

当時のフランスの百科事典を開くと、日本文学の項は、たった数行の解説しか載っておらず、結論として「日本には豊かな文学があるらしい」と書かれているのみ――つまり日本の作品紹介書は何一つないのである。松尾は（これでいいのか？）というやりきれない寂しさと憤りを感じた。

そんなことから『其角の俳諧』を共同翻訳する際に、学生街でオーベルランを待ちながら日仏文化交流を、自分の仕事にしようと決心した。

（翻訳の仕事なんてバカバカしい下請仕事に過ぎないが、まったく意味がないわけでもない。誰かが「翻訳とは原著書を再創造する仕事だ」といっていたが、ほんとうに翻訳の仕事に再創造の喜びがあるなら、おれもやれるだけやってみることにしよう）

その後一九三〇年になって、オーベルランは松尾との協力で、ヨーロッパで初の『日本仏教諸宗派』という三百余ページの仏教書を公にすることができた。

この書はロマン・ローランを大変に刺激したし、日本に帰った辻潤からも「禅もいいが、ぜひ親鸞の思想を紹介してくれないか」と伝言された。

そのことばに呼応したわけではないが、松尾はロマン・ローランの勧めもあって、倉田百三の『出家とその弟子』をリエデルから出版している。つづいて友松円諦の『仏教概論』を仏訳してアルカンから出した。オーベルランと松尾の日本仏教紹介書は、一九三二年頃ラフカディオ・ハーンの紹介者として知られているアメリカの女流作家マルク・ロジェ女史の手で翻訳され、ロンドンでも出版された。

思えば日本人であるはずの松尾が、パリで仏教を勉強し、紹介したのもおかしな縁であるが、郷里の母はこのことを知って、「それもみな、自分が毎朝お題目をあげている功徳《くどく》によるものだ」という手紙を寄越してくれた。

7

武林無想庵、妻の文子に裏切られ、哀れコキュとなる

〔……松尾さんと演歌研究の添田知道《そえだともみち》さんとは、大変お親しく、添田さんの日本派に対するに、松尾さんの西欧派との対象をずいぶん興味深く思って眺めているんですが……それに同じ西欧派とはいえ、やはり仲のよかった藤田嗣治さんとの人間像の対比も大変興味深いものがありますね〕

〔かかかか、そうかね〕

秋の一日、またしても辻堂を訪れた私は松尾さんと話し込んでいた。私ならずとも周辺の数々の同志や青年が折りにふれ訪れ、ときには泊まり込みで夜を徹して話を聞いたりする。

松尾さんの話は、コニャックを飲み飲み各方面に話題が飛んでつきるところがない。性の問題に関しても、この年代でこれほどあからさまに話すことのできる人物を私は他に知らない。――そういえば知人の澁澤龍彦氏を松尾さんに紹介したときは、両者とも喜んでいたっけ。

ことに日本の政治家と文化人の低劣さへの毒舌批判となると、痛烈なものであった。政治家、文化人批判に飽きるや、またしてもフランスの話題である。そんな談論風発のおり、私は多少失礼に当るとは思いながらも、松尾さん個人の人間像についても尋ねてみた。その問いに対し、笑いながらも松尾さんが答えた。

〔いやあ、日本派、西欧派といったって、ニュアンスの差はあっても、根本のところは同じさ。藤田さんとは、お互いに無頼にして忍耐強い面は似ている。おれは藤田さんの赤貧をものともせず、励みに励む勤勉さや最底辺層への突撃精神には大いに学んだね〕

〔でも、同じガンバリズムでも、松尾さんの純粋さに対して、藤田はよくいえば賢明、悪くいえば意図的なところが大いにあったんじゃありませんか？　意図的なものは宣伝臭と重なる、そこに松尾さんとの距離がある。藤田の例のオカッパにしても、宣伝を意識していて、他の若い画家連にも平気でそのことを広言しています〕

〔なにせパリには十万人からの画家がひしめいていて、日夜頑張っているんだからね。その中で際立つには絵だけでは到底無理なのさ。生活の万端で目立たなければ。自動車会社のシトロエンが、エッフェル塔に世界一の電気仕掛けの広告をつけるのに数億フランの金を使っ

たが、こういう宣伝に比べれば、藤田さんはおれのとった方法はまるで金のかからないうまい宣伝だろうと自慢していたね〕

〔もっとも、あのオカッパは宣伝だけでもなく、貧乏だった時代のことを忘れないための印だともいってますね。それにしても第一次世界大戦のときも、外人は危機を逃れてぞくぞくと故郷へ帰っていくのに、退去命令を無視してまで藤田が残ったのは、この非常の際こそ、自分が画家として生き残れる絶好のチャンスとみたからだといってます〕

〔うん、藤田さんは万事その調子で成功したんだろうが、ただしそうした藤田さんの意図的な努力を嫌い、絵にもそれが現れていて、親友モジリアーニのようなあったか味がないという批評があったりもする〕

〔そういえば藤田とフェルナンド・バレーとの結ばれ方にも、自分でいうように、画業のために役立つと直感して愛を求めたとのことですから、その辺がやはり松尾さんのような倫理的生き方とは大分異なる気がします〕

〔そうでもないだろうけどね。藤田さんにはやはりバレーにたいする愛着があったと思うよ。あれは藤田さんのところへ小柳正という色男がやってきたものだから、バレーがふらふらとなったんだ。周囲がみな映画の早川雪舟と勘違いして、セッシューだセッシューだと騒いでいたようないい男だった。もっとも藤田さんの方も、おれが会ったときにはすでにバレーと別れて、モンパルナス数百人のマネキンのなかでもナンバーワン・クラスともてはやされたリューシー・パドードに飛びこまれて一緒に暮らしていたけど……〕

藤田とバレーの別離については、世間ではいろいろ取り沙汰されているがバレー自身は自分を回顧してこう告白している。

「彼にお茶とクロワッサンを用意すると、もうわたしは何もすることがなかったの」

藤田の心理の奥底ではかならずしもそうでなかったのだろうが、外面的には藤田にとっての恋人と妻は、絵でしかなかった。

反対に妻のバレーとすれば、もう藤田が世に出てしまった以上、夫を売り出すための情熱の必要はなくなり、毎日の生活が退屈きわまるものとなったのである。その結果、八年にわたる二人の関係は清算されてしまった。

花の都パリのマネキン中の第一の美女で、日本の雪のように白い肌を持ったユキことリューシー・パドードとの恋愛が実を結んでからの藤田の名声は、いよいよ高まった。当時のパリ市民はマチス、ピカソ以上にフジタに親愛感をもち、彼の名を口にするようになった。

ただし薩摩治郎八のような人物の目から見ると、ユキはシャンゼリゼの物見高いパンちゃん（遊《ゆう》蕩《とう》女）の一人に過ぎないことになる。薩摩ほどでなくとも多くの日本人画家は、ユキがモンパルナスやモンマルトルのキャバレーに出入りしていた「椿姫」のような〝半素人〟だと噂していた。

それでもモンパルナスの小便臭い女しか知らなかった藤田にとって、ユキは腐ってもシャンゼリゼの女であったし、初めてのブルジョア風の素人娘であった。藤田はユキによって女を育てあげる楽しみを知ることができた。

ユキは教育のない小娘であったが、生まれつきの感覚のよさには恵まれていた。彼女はプチブル趣味に、多分に詩的情緒を加えた風物を愛する女だった。藤田についていこうと自身も勉強した。日本趣味にもよく同化して、室内ではいくらかしどけなくみえたが、キモノをガウン風に着こなしていた。

この頃、画家の小寺健吉が後輩の佐分真を連れて、藤田のアパートを訪れている。アパートの前までくると、パリの街頭音楽師がアコーデオンを弾いてうたっていた。すると六階か七階かの窓がガラリと開いて、石畳の上に銀貨がチャリンと音をたてて落ちた。そのとき窓からのぞいていた美人のキモノから白い乳房が一瞬みえた、と思った。

「よおぉし、やるぞぉ!」

と佐分は叫んだという。「叫んだ」というより、うめき声に近いものだったとも。

だが、こうして藤田が西洋女の〝飼育〟に楽しみを味わっている間に、藤田のにわか成金的な状況が、次第に高慢ちきで残酷なユキをつくりあげていった。藤田は金にあかしてユキを育てあげた。その効果たるやてきめんで、ユキは大酒飲みの浪費家になった。高価な宝石で身を飾り、運転手つきの自家用車まで乗りまわすようになった。

そのうちに自分で一人前になったと錯覚したユキは、制作中の藤田のアトリエへ、酒に酔っぱらって男友だちを連れてくるようになった。しかも偉そうに絵を批評してわめきちらしたりする。そんなときの藤田は、さすがに忍耐力も限界にきて、アトリエでじっと唇を嚙みしめていた。

一方、松尾とセシルとの関係は、愛人以上のものでもなく、またそれ以下でもない関係が依然として続いていた。なぜなら松尾はセシルに何度も「結婚しよう」ともちかけたのだが、セシルはその度に相変わらずニヒリストめいた態度を捨てず、あいまいな返事しか返さなかったからである。

そもそもセシルは、二人の恋を他人の前に明らさまにすることさえ好いていないのである。以前のフォンテンブローへの小旅行を試みた年には、一緒にイタリアへの旅にも出かけているのであるが、そのとき、フロレンスにあるミケランジェロの巨像の前で、二人並んで記念撮影を撮ろうというと、彼女は、

「あなたは、わたしたちの秘密の恋に終止符を打とうとするつもりなの」

と頑固に拒否し、松尾がなおも撮影に固執すると、セシルはいきなり松尾の顔を平手で打った。このときの打たれた音とともに、松尾の彼女に対する感傷が破れてしまい、以来、心のなかのセシルは文字通り「愛人関係」の女として定着した。

藤田とはどこかしらうまがあったので、おりにふれつきあっている。松尾のセシルとの対応関係がハッキリし、藤田がユキとうまくゆかなくなってからは、両者はいっそう互いに親近感を感じていたようである。一九二七、八年（昭和二、三年）頃になると、松尾は、しばしばモンスリ公園の角にあった三階建ての藤田の家を訪れている。

「どう、ちょっと寄っていかない。これから帰ったってすぐ夜が明けるよ。それまでうちへいって話そうよ」

一緒に何軒も酒場を飲み歩いた後など、決まって藤田の方から松尾を誘った。藤田は酒は飲めないが、酒を飲んで騒ぐ雰囲気が好きなので平生どこへでもつきあう。しかもその頃はさすがの藤田もいささか気持ちが荒れていて、酒場でゆきあうと、二人して何軒もハシゴするようになっていた。

藤田の家では、三階にあるアトリエに通される。

「あんたは絵描きではないから、アトリエに入れてあげられる」

藤田はかならずそう呪文のようにいった。画家だと、絵の技法の秘密を盗まれるのが恐いので入れない。技法盗人は決して架空のことではないのだ。現実に藤田のところへやってきた画家の中には、ちょっとした隙に筆の具合や絵の具のつくり方、ほごにされた紙質まで仔細《しさい》に調べ、メモしていくのがいた。

松尾は藤田のアトリエで、夜が明けるまで話し込んだ。そんなとき藤田は絵の話に調子づいて、まるで手品師のように器用に絵のテクニックを実演してみせることがあった。

「俺は自由に、誰よりもうまいマルが描けるよ」

そういって紙の上にいくつものマルを描いてみせたが、それがどれをみてもまるでコンパスで引いたみたいな、完璧な円になっているのにはたまげてしまった。

下の方に電気がつくガラス張りの机で、ガラスの上においたデッサンに白紙一枚を重ねて、すばらしく早いタッチで写しとってみせたりもする。ところができあがった絵の感じがもとのものとはまったく違う。

「松っちゃんや、どうだ魔法の机だろう、くっくっくっ」

藤田はさも得意げに笑った。よくみるとなんのことはない、もとのデッサンを裏返しに写しとっただけのことで、女の横顔の右向きが左向きになっているにすぎない。

そういうお遊びの最中に、しばしばよくユキが完全に出来上がって、ゆきずりの男に肩を抱かれながら帰ってくることがあった。しかもことさら藤田の前で仲良くしてみせ、

「ちょっとだけ飲んだのよ。ほんのちょっとだけ、カクテルを十二、三杯」

などともつれる舌で挑戦するようにいったりする。

ある時などそれらしい物音がしたので、松尾が下に下りていってみると、二階の寝室でユキがぎゃあぎゃあ騒いでいる。のぞいてみると、ユキは送ってきた男と一緒にベッドにいる。男をよくみると松尾のよく知った、サン・ミッシェル通りの帽子屋の若旦那だったのにはこれまたびっくりしてしまった。

だが、妻のこうした行状に対して夫の藤田の方は、少なくとも表面的にはちっとも気にしているふうがみえない。あっけらかんとベッドを彼等に明け渡しておいて、「ブローニュの森へいこうよ」と松尾と乗馬に出かけることもあった。藤田は一睡もしないで、朝早くからなお馬に乗りにゆくというのだから、そのタフぶりに驚いた。

ユキの肌は命名通り真っ白い肌をしているばかりか、声もきれいで妖しい雰囲気があった。藤田を訪ねると、もう午後なのにユキの方は寝間着姿のまま、股のあたりまでむき出しにした妖婦のような格好で、スパスパ煙草をふかしていることもあった。

ユキにはさまざまな世評があった。しかし松尾が接したかぎりでの彼女は奔放にみえながらも、単にインテリ好みの変わり者としかみえたかった。

酔っている時のユキは放らつそのものでも、しらふの時のユキは淋しがり屋で、なかなかの詩人でもあった。エリュアールやアラゴンについて、またアポリネールやランボーのことまでよく知っていた。このころユキはすでにロベール・デスノスと恋愛関係にあったのかどうかわからないが、彼女は松尾に向かってデスノスのことなど一言半句も口にしなかった。

後にユキが藤田と別れて結婚したデスノスは、パリでは有名な前衛詩人で、邦訳もある『エロティシズム』の著者である。デスノスとはその頃から親密だったようで、しらふのときの彼女は松尾によくこういった。

「あなたの出している仏文の文学雑誌ね、あれ、なかなか立派だけど執筆陣がロココでアカデミックすぎやしない。もっと新時代の前衛的な作家や詩人に書かせなさいよ。例えばダダやシュールレアリストに」

それはまるで暗にデスノスのことをいっているようにも思われた。デスノスとユキの関係は、藤田はむろん知っていて、内心でやきもちをやきながらも許していたのである。

「ときに松尾ウジ、これは文子に踊りを教えている小森敏さんの話だがね、文子殿はもっぱら農政士どのに入れあげているそうじゃないか」

「へえ、仕様のない奴だね」

「今や無想庵はすっかり干されてしまっている。やっとの思いで文子にお風呂で面接を許されるや、感謝感激したあまり、その場にひざまずいて足の甲にキスしたとか……」

石黒はどこからでも挿話《そうわ》を仕入れてくる。情報を集めることは自分の『週報』の必要上もあったが、半面パリにやってくる邦人画家や文士に関するネタには、つきるところがないのである。今、話している無想庵と文子の怪しげな噂話にしてもそうである。

「ほう、そこまでいっているのか……。それにしても文子はフランス人がみても、たまらなくなる顔なんだよ。彼女が朝日の重徳を訪ねてジュールナル社へいくと、みな彼女を一目拝もうと飛びだしてくるそうだから」

と松尾はいった。まだそのときには無想庵と面識はなかったが、むろん前から有名な武林夫妻のことは知っていた。ある日、知りあいの日本人医師の前で、

「わたしはどこまでも夫を尊敬してやまないのに、肉体がその心を裏切って、ほかの男を要求するのよ。あたしはこうした矛盾のために毎日苦しんでいるの」

と、自己をあけすけに告白している女がいたので、後で知人に何者かを問うてみると、この女が武林文子で、夫というのが有名な翻訳家・情痴作家の武林無想庵であった。

文子のこの「毎日苦しんでいる……」という告白の内容は、後についに盲目となってからの無想庵が口述筆記した『むさうあん物語』にも詳しくつづられているが、なんの因果か松尾自身もパリではこの二人のためにさんざ苦労させられ、悩まされた。

パリに現れた当時の無想庵自身は、当時売れっ子の名士で、『改造』その他の雑誌に書いて名声

を博しており、評論家としても知られていたために、パリの底辺にゴロついていた松尾などまるで相手にしなかった。現実に松尾がこの武林夫妻を知ったのは、やはり藤田と出あった一九二五年のパリ博覧会のときであり、夫妻とはパッシーのホテルの一室で初めて会話を交わした。

松尾が武林夫妻とあったパッシーという土地は、私はパリにいってみて初めて意味あいを汲《く》みとれた気がした。

なぜならパッシーは、ブローニュの森とセーヌ川にはさまれた十六区の高級住宅街で、パリっ子にとってここに住むことは憧《あこが》れであり、いってみれば東京の田園調布か、阪神間の芦屋みたいな土地なのである。いまだに階級の残るフランスの上流社会の人たちが多く住み、町並みも上品で、高級アパルトマンが目立つ地域と聞いた。

ところが現地に行ってみてまったく予想外だったのは、パリでは金持ちといえども、アメリカのように一戸建ての、プールつきの豪壮な家に住んでいるわけではないのである。どこも五階建てなり、七階建てなりの同じような建物が並んでいて、素人目には一見して他の街と同じにみえてしまう。ただ窓のブルーの庇《ひさし》などには、なんとはなしに上品さがただよってはいるが。

そうしたこちらの気持ちを察してか、吉崎君はこう解説してくれた。

「パリのブルジョアは外見からはよくわかりませんよ。その代わり中のインテリアがすごいのです。僕も二、三の金持ちの友人の家を訪れたことがあるけど、その豪壮さには感心しました。しかも部屋数が多くて、ワンフロアの半分を所有したりしていて、人に住居を教えるときには何階の右とか左とかというい方をするんです」

武林夫妻は、最初フランスに着いた当時も十六区に住まいしているが、再渡仏後もパッシーというブルジョア地区に住まいしたということは、つまりは文子主導には違いないだろうが、彼らの虚栄心の現れとみてよいのだろう。松尾が会った時分には、そろそろ二人には落日の蔭《かげ》がさし始めていた——というよりは、武林の財布はもうすでに空っぽになっていたのである。

松尾が初めて面談したときの文子は、縦縞の派手なキモノ姿で、美しいみずみずしい黒髪をオカッパにしていた。まだ三十そこそこと思われた文子は、(美しいというより、何か妖気をただよわせていて、恐ろしく魅力のある女だな)と思ったそうだ。

私もまったく同感である。なぜかというと、実は文子には、中平健次さんという岡本洋紙店の専務を勤めていた義理の弟がいて、私は一度取材訪問したことがある。そのとき健次さんが書斎の奥から引っ張り出してきた、古いアルバムを見せてもらったが、

「これが若い時代の文子ですよ」

と目前に出された写真は、美人には相違ないが、あまりにも妖艶な雰囲気をかもし出しているのにびっくりしたからである。


——文子に「ぜひ相談したいことがあるので」といわれて、松尾がパッシーのアパートを訪ねると、彼女はすぐさまテキパキと話を切り出した。

その文子と話している最中の無想庵は、傍らでひどく神経質そうにボーッとした表情をしてい

て、妻がしゃべると、なにかボソボソいうのを、松尾はじれったいような気持ちで聞いていた。

文子の話は単純なもので、

「夫はあなたもご存知のように、フランス文学の翻訳の仕事をしているのよ。だから松尾さんにもぜひ協力していただきたいの」

というわけである。文子は仕事についての謝礼金のことや、儲けの分け前について、長々と、しかも事務的な口調で話していた。その話には実によく筋が通っていて、姿形の妖艶さとは別にすこぶる〝現代風〟であり、大した〝キャリア・ウーマン〟だと思わされた。

松尾はその後文子と数回会ったが、彼女は会うたびに儲け話しかしない。松尾は彼女を（なんと生活力の強い女だろう）と思い、いつも感心していた。

文子は無想庵自身が自慰的に語る、グウタラな性分なんかにはなんの同情もなく、これでもかこれでもかと浮気をつづけ、その妻の浮気に苦悶する夫を傍観して、かえって楽しんでいるようにさえ見受けられた。

「だがねえ、無想庵自身も女にかけては立派なもんですよ。過去には腹違いの妹二人とも関係しているそうだから」

「ええ、ほんとうかね？」

石黒のこの言葉には松尾もさすがに驚かされたが、これも事実である。

本名磐雄《いわお》こと無想庵は、北海道札幌の三島家に生まれたのだが、四歳で裕福な武林家の養子となり、東京の麹町に育った。無想庵の告白によれば、実家とは長いあいだ交際がなく、長じて脚の悪い実妹光子が東京の病院に入院しては、かわいさつのって愛情の対象となった。この光子の肉体が若い磐雄の胸に刻印されて忘れられず、その後の彼の女性遍歴が始まったともいえるのである。

しかも妹との関係は一人に留まらない。札幌の実家を訪れた際、下の妹豊子の勉強の面倒をみてやっているうち、彼女とも肉体関係に陥り、あげくに豊子には次男光章（ソロモン沖で戦死）という子供までつくっているとのことである。

偶然のきっかけであれ、無想庵らが一九二〇年の夏にパリにやってきての一年半くらいは、十六区のモンモランシーで人目にも優雅な家庭を愉しむことができた。

なぜなら一つには文子の大誤算があって、パリに着いた年の末に二人のあいだに女の子が生まれたからである。当時の医学水準では中絶がこわく、旅行の途次中国大陸の悪路をわざと馬車で走って堕ろそうとしたが成功しなかった。だが、子供が生まれてみればそれなりにかわいいもので、名前をイヴォンヌ（日本名五百子）と名づけて二人で養育することになった。このイヴォンヌが長じて後に、辻潤と伊藤野枝との間に生まれた息子の詩人画家・辻まことの最初の妻となる。

子供が生まれたお蔭で文子の当初の予定であった女優修業がフイになってしまった。

もともと文子は帽子づくりなど装飾に関心があって、指先も器用であったが、フランスの赤ん坊は、ほんとうにお人形のようにかわいいと思った。薄い色の落ち着いた桃色や水色やクリーム色の着物や帽子や靴などが身につけられて、なんともいえぬほど柔らかで、まんまるい感じなのである。

この地では日本の母親がやるように赤ちゃんの背中やお腹を固く紐でしめつけるようなおんぶの仕方をしない。乳母車と同じ色の毛布に包んで乗せたり、簡単な折りたたみのできる低い腰掛け椅子に、バンドでしっかりとゆわえつけたりして公園などへ連れて歩く。

公園の中には、赤ちゃんたちを遊ばせる砂や土の遊び場ができていて、日光を浴びながらそこで砂いじりや土いじりを楽しむ。それをお母さんたちが優しく見守りながら、縫物や編物や読書をするのが日課となっている。

生活する現実そのものが、芸術絵画のようにうっとりとするパリの一日。だがこうした二人の短い幸福の時間を支えたものは、何といっても金の力であった。

文子は浪費癖が激しい上に、無想庵の書くよだれのようにだらだらした小説はなかなかはかどらず、容易に金にならない。年が変わって、イギリス、ベルギー、ドイツ、スイス、イタリアを旅行し、そのあとイヴォンヌをみせに一時帰国し、再度渡仏した一九二三年にはもう銀行預金は底をついていた。

おまけに無想庵の右目が、日ましに痛みだした。アメリカ人眼科医にみせると、「これはあなた緑内障ですよ」と診断された。亭主の目はどうであれ、暮らしのゼニ金がないとあっては、文子は黙ってはいられない。ここから俄然《がぜん》、無想庵夫婦の人生に異変が生じ出したのである。

文子は金策すべく、娘のイヴォンヌを連れてロンドンへいき、やがて日本料理店「湖月」の支配人、九州熊本出身の川村泉という男を資本家として連れ帰ってきた。川村泉は無想庵夫妻が以前にイギリスへいった際に知りあった人物で、文子は川村と組んで「パリ湖月」を開こうというのである。

しかし夫の無想庵が妻を停車場に迎えにいくと、どうもその様子がおかしい。イヴォンヌを抱いた川村の先にたって歩く文子の着物の裾がチラホラして、彼女は時々トロリとしたなまめかしいまなざしを川村の方に送っている――。無想庵はここで直感的に自分が〝コキュ〟になったことを悟った。〝コキュ＝Cocu〟、フランス語で「妻を寝取られた男」の意である。

この川村と文子との関係については、五年後になって川村自身が無想庵に告白して、大要つぎのような長文の手紙を送っている。


……羨《うらや》ましいかぎりのあなた方夫妻が再びロンドンへおいでになるというお手紙をいただいたときには、わたしはどんなに喜んだか知れません。ところがお出になったのはお嬢さんと奥さんだけ、しかもご用件は意外にも生活の問題だったのでびっくりしました。

それでわたしもできるだけご協力申しあげようと考えたのですが、お着きになって間もない頃、お供した中国料理店でひょっこり私の女と出あい、そのまま遅くまで飲んで帰った晩でした。奥さんはわたしの手をとって、「一緒に寝よう」とおっしゃるのです。わたしが「とんでもないことです」と恐縮して手を引っ込めようとすると、「なあに、ほんのお遊びだから宜《よろ》しいじゃないですか」とおっしゃって手をお離しになりません。

わたしとすれば五年前、初めてお目にかかって以来、妻をもつならこういう方と憧《あこが》れていたものですから、そこまでおっしゃられると一も二もなく、ズルズルと引き込まれていってしまいました。

それからパリへお送りした日から、マドレーヌのあのホテルで申し分けないと思いながらも、毎日道ならぬ逢引《あいび》きをつづけてまいりました。奥さんはわたしとそうなってから、「初めて男女の楽しみをみつけることができた」とおっしゃっていました。

しかしわたしはさすがに良心がとがめて、一緒にアメリカへ逃げようという相談をすると、途端にわたしの無学をののしり、「お前のような男は肉体の玩具にすぎないのよ」ときめつけたりしましたので、わたしはメチャクチャに殴りつけたことがあります……。

しかし川村と妻のそうした情痴を知っても無想庵は、今はなにもいうことができない。とがめるだけの才覚も金銭もすでにないのだ。（それに何よりも、おれにはかわいい娘のイヴォンヌがいることだし、妻の一向に衰えぬ容姿が恋しすぎる……）

「パリ湖月」は川村と文子二人の共同事業という名目で、予定通り開店された。さすが美貌と才覚と度胸の文子のお蔭で、パリ在住邦人はいうにおよばずフランス人客もどかどかやってきた。

文子は朝起きるや一風呂浴び、それから丹念に化粧して、あるだけの着物をとっかえひっかえして一階から三階まで上がり下がりしている。客のうちめぼしい者とは食卓を共にし、見物にでかけ、外に出てはまた新しい客を連れて帰る。こうした文子のハデな行状について、口さがないコックたちが始終陰口をたたいていた。そんな話を耳にすると、無想庵もさすがにたまらない気がした。

ところが所詮は素人経営者、パリ湖月は一年も経たないうちに倒産した。店が失敗して川村との関係が一応切れるや、文子はもと湖月の客の留学生の池本喜三夫と南仏ニースへの旅行に出かけることになった。というとカッコいいが、つまりは文子は今度は年下の池本とできたわけであり、無想庵はまたしてもコキュの悲運を味わわされたわけである。

文子親子と、農政学を専攻し、いずれは北海道の素封家の養子になるという金持ちの池本が、無想庵のいう〝同棲旅行〟に出掛けた南仏ニースは、「世界中の金持ちがあつまる」といわれるほど有名である。

海に突き出た丘の上の城跡からは、素晴らしい眺めが得られた。

だいたいフランスの海水浴場というのは日本と違って、泳ぎをする場所というよりは一種の社交場である。ユキを可愛がっていた時代の藤田なんかも、彼女を連れてドービルの浜辺へ行き、有名な芸人ミシュタンゲットやモーリス・シュパリエらとカメラに一緒に収まったりして遊んでいた。

文子と娘のイヴォンヌが南仏へ同棲の旅に出かけた後の無想庵は、本来ならば妻を一刀のもとに斬り捨てるか、八つ裂きにしても足りないところであるが、反対に腹をたてることもままならず、ただただ悲痛な思いでことの成り行きを眺めているばかりであった。

だが、そうはいっても妻子のいないパリにじっとして、待っていられるほどの無想庵でもない。

「トウブンココニイマス」という文子からの電報を受けとるや、飛び立つような思いで三人のいる「キャップ・フェラ」へ飛んでいった。

ニースの海に面して、宏荘《こうそう》無類のホテルが林立している。そのなかでもひときわ豪勢なのが、二人が同棲している「グランド・ホテル・ド・キャップ・フェラ」であり、ホテルに着いて池本喜三夫の名前を告げると、金ボタンのボーイがすぐと迎えにいった。ちょうどそこへとんとんと階段を降りてきた四歳ほどの子供をみると、わが愛娘イヴォンヌではないか。娘の方も気づいて「パパ公！」と飛びついてきた。

「ママ公のいるところに連れてってあげるから、さあきなさい」

と大人みたいな口をきく。知らせで池本も降りてきた。最上層の客室の中央が、彼等がこの四、五日同棲している部屋であった。現実にそれを知って、無想庵はいいようない寂しさにおそわれた。

それでも勇を鼓《こ》してなかに入ると、奥の方で妻の文子がもの思わしげに針仕事をしている。彼女は夫の顔をみるや嫌な顔をしてすぐ目をそらし、まったく同情のない口調で目を伏せたままいった。

「なんだって勝手に出てきたの？　一刻もパリにいられなくなったって。子供じゃあるまいし、あんまり辛抱っ気がなさすぎるじゃないか。きてしまったものだから仕方がないから、今晩はお部屋を一つ頼んであげるけど、明日の朝は早速どこか近所の安いパンションを探して引っ越してもらいたいね」

にっぽん文士武林無想庵も形なし。中学時代は柔道部でならし、かつて力自慢の作家幸田露伴と相撲をとって投げ飛ばしたほどの巨体の持ち主も、それをどう用いる術もなく、翌日は妻にいわれるままに近所の安パンションに移って、一人自分の無能さかげんをなげき悲しんでいるばかりであった。

そしてここで無想庵は、情痴小説として名高い『Cocu のなげき』を書き始める。これは一つには当時のフランスの、内面の真実をそのままに書くという文学思潮のせいでもあったが、それ以上に彼としてはこの陋劣《ろうれつ》な環境下にある自己自身を描いてゆくより他に文学の道がなかったのである。

（あらゆる幸福は、金持ちの出資者のものでしかありえない！）

と絶望的に唇を噛みしめながら、毎日次郎左衛門よろしくホテルへ通いつめていた。

石黒が小森敏から聞いたという「風呂の噂」は、実はこのホテルでのことである。

ある日、無想庵がいつものようにやってきてみると、妻はちょうど入浴している最中であった。

彼女が上がってくるあいだ、自分のあまりの不甲斐なさにソファにもたれてすすり泣いていると、そこへ池本秀才がやってきて告げたものである。

「無想庵さん、奥さんが、今から二十分ほどしたら、あなたに湯殿《ゆどの》まできて下さるようにとのことです」

「湯殿！」

無想庵の血は一時にさっと蘇った。

（妻の心には、まだわたしと裸体のまま二人きりで対してくれるだけの愛情があったのか）

そう思うと無想庵は、妻に対してなんとなく面目ない気持ちになった。そして時計が正確に二十分過ぎるのを待って、湯殿に入っていった。湯殿では立ちのぼる湯煙の向こうに、文子のしなやかなからだが浮世絵のようにくぐもりながら輝いてみえる。それを後ろからギュッと抱きすくめると、文子は静かに無想庵の手をはずしたがる。

「わかっているよ、わかっているよ。わかっているけどさ、意気地なしはわたしは大嫌い。辛抱して傑作をお書きなさい」

と、あたかもだだっ子をなだめすかすような口調でいいながら、自分のみ手早く着替えてスっと湯殿の外へ消えていった。

その後留学生池本と文子の一行は、四月に入ってゼノアーミラノーコモ湖ーベルンと順に名勝地を移っていったのであるが、その間、無想庵は諦めることもならず、もう汗ばむ季節になったというのによれよれオーバーを着たまま、一行の後を追って同じように移動していった。

その後のことである。池本と仲違《なかたが》いして別れ、再び川村泉とヨリをもどした文子がピストルで撃たれたのは——。

川村はパリ博が終わった後、スポンサーの協力を得て、今度はモンテ・カルロに「レストラン・オクスフォード」というテ・ダンサン（ダンス・キャバレー）を経営することになった。ここでトシ・コモリと文子が客寄せのために「越後獅子」や「かっぽれ」のような日本舞踊を踊っていた。

翌一九二五年一月二日、レストランの三階で川村と文子がなにかいい争っていたかと思うと、いきなり川村が暴力を振るった。文子はダダッと階段をかけ降りていった。それを目がけて川村がポケットに隠し持っていたピストルをとりだすや、つづけて三発撃ったのである。

むろん川村はすぐ土地の警官に捕らえられ、文子はただちにモナコの病院に運ばれた。

病院へ無想庵とイヴォンヌが駆けつけてみると、可哀相に文子は両眼だけだして首から上は包帯でぐるぐる巻きにされている。文子は二人をみつけるや、片手を出して交互ににぎりしめ、目にいっぱい涙をためていた。

幸いにして射撃の一発が左頬を撃ちぬいただけで、生命に別状はたかったものの、夫の無想庵は不貞の妻の手当てに大わらわであった。

これが有名な「モンテカルロ事件」で、翌日の『プチ・ニソワ』には、〝火のダンス〟の大見出しが躍るトップ記事として扱われていた。

8

自然で寛容に生きれば、きっと人間世界はうまくいく

無想庵一家には「モンテカルロ事件」をピークとして、ようやく一応の小康状態が訪れた。松尾が初めて文子に出あったのは、この間の、一行が諸国行脚から一度パリに戻って、パッシーに半年あまり住まいしていたときのことであった。

文子の退院後は、女流作家マルセル・ヴィウーの好意でトライヤスの別荘に滞在。翌一九二七年（昭和二年）の夏には、一家でモンブランの一部のエイギェット山中ですごし、秋になってニースのサン・バルテロミイに移り、新しいアパートを借りて必要な家具をあれこれ揃《そろ》えたりしている。間もなくそこを離れて、さらにクロード・キャーニュに戻るのであるが。

パリにいる松尾が、文子のモンテカルロのニュースを聞いたのは、たまたま日本人会にいって

いるときであった。話の内容を知って驚いたことは確かだ。だが無想庵夫婦のこのようなあまりにも世俗的なドラマには、松尾はてんで興味がもてなかった。

なぜ文子が川村泉に撃たれたかの原因については、いろいろ説があって私にもほんとうのところはよくわからない。川村の知人である日仏混血の新聞記者ル・ブーランジェによると、

「文子がキャバレーのマネージャーと関係があったのを、カワムラが疑っていたからですよ」

といい、無想庵自身は、

「川村が開店に伴う新聞記者のインタビューを受けると、きっとまた、スキャンダルめいた文子の記事を書かれるに違いない、だから断るというのに対し、文子は、いや宣伝になるからかえっていいと賛成し、いい争っているうちに川村が逆上した」

と述べている。松尾自身は、別に事件の真相を探る気にもなれず、ただ同胞のかまびすしい噂を聞き流していただけとはいっているが、後に、

「文子は湖月のでたらめ経営で、不渡手形を出したために夜逃げせざるを得ず、川村との背景にも命がけのロマンスというにはあまりにもミゼラブルな実情があった」

と書いている。

事件の後の一家は、一応の安定を得たとはいうものの無想庵には日本の『改造』へときおり原稿を送ることくらいの仕事しかない。その稿料もなかなか送ってこないので、始終いらいらしている。ぜひまとまった仕事をとらねばとばかり、無想庵は一時帰国して春秋社と『エミール・ゾ

ラ全集』の翻訳の交渉をして契約してきたものの、これがまた容易に出ない。「いったいどうなってんですか？」と翌年また帰国。このような収入のない生活無能力者の夫を抱えての文子は、満足できるわけもなく、昭和に改元して二年目くらいにはもう事実上別居状態になっていったらしい。

松尾にしても自分と藤田との関係に対するに、無想庵との関係は、常識で考えてもうまくいくわけがないので、腹立たしいかぎりであったろう。

腹立たしいといっても、松尾はまったく無想庵が嫌いというのでもなく、むしろ自分に生来放浪癖があったから、同じ放浪者の無想庵に対してはシンパシーをもっている面がある。しかし調子のいいときの無想庵の鼻持ちならない、東大出のひけらかしに対するに、ちょっとした困難にもすぐピーピー小鳥のようにさえずるひ弱さには、どうにもガマンならなかったというところであろう。

実生活でも松尾は、無想庵からいろいろと迷惑をうけている。ことに無想庵が五十の坂を越えて、どんづまりの飢渇の状態に入っては、後にも述べるように自分のところで一時部屋貸してやっていたこともあり、三四年（昭和九年）の帰国に際しては、いろいろ面倒をみている。

武林無想庵に対するその折の、憤懣《ふんまん》やるかたない同じ毒舌話を、私は二度、三度繰り返し聞いた覚えがある。

「……あの野郎、とうとうフランスでの原稿生活に負けやがって日本へ帰るってんだ。それで、ある日のこと、彫刻家の高田博厚と一緒に、おれが当時住んでいたセーヌにほど近い十五区のラカナルのアパートに訪ねてきやがった。

それで、ささやかながら送別の宴を張って、あいつを慰めてやったんだが、マルセイユに着いてとっくに船出したと思っていたら、長文の手紙が舞い込んだ。その文面によると、「僕は今日本へ帰る船賃を使い果たして、一文もないので宿賃も払えない。もう海に飛び込んで死ぬよりほかない心理です。それですまないが、文筆のよしみで、余裕があれば、何フランか郵送してくれないだろうか」ってんだ。

その手紙を読んでいるとき、ちょうど偶然にも文子がやってきたんで、「おいおい、あいつ死ぬといっているよ」といってやると、文子のやつ、それを聞いても平然として、「無想庵は、海に飛び込むほどの勇気なんかありゃしないよ。そんなロマンチストじゃないよ。お願いだからその金は送らないで」って笑っていたが、実際そのとおりで、あいつは飛びこむふりして同情を引いているだけだった。

それでもおれは、マルセイユの知人の領事に、無想庵をよろしく頼むと依頼の手紙だけは出しておいたんだが、領事からの返信によると「あんな破廉恥漢《はれんち》はいない、つぎの船には力ずくででも必ず乗せて帰朝させるから安心してくれ」といってきた。

事実、無想庵はつぎの船で帰ったんだが、後日の領事の手紙によると、郵船の船長は無想庵のただ乗りの便乗に反対して、領事が無想庵を腕力でむりやり乗せてやったのを押し返したそうだ。が、領事も負けちゃいない。それで領事と船長が、まるで無想庵をキャッチボールみたいに乗せたり、押し返したりしているうちに、船はボーッとマルセイユの港を離れちまったんだそうだ。

やつはその後なん千枚も、牛のよだれみたいなだらだらとした自伝ものの『むさうあん物語』を書いていながら、帰朝の際のこんなぶざまな話は一行も入れてやがらないんだ。まるで堂々と、自分一人で日本へ帰ってきたみたいな顔をしている。どうにもしようがないやつだよ、東大出のインテリってやつは」

このようにして武林無想庵が一月四日、靖国丸の三等デッキでゆうゆう（?）煙草を吸って、海鷗とともに東の海に去った後にも、松尾と旧武林家の関係は続いた。松尾には残していった娘のイヴォンヌについても、痛わしい想い出が残っている。

それは三六年のことである。松尾が一度帰国して日本から再びパリに戻って、すでに「読売新聞」のパリ支局長をしていたときのことであるが、無想庵の一人娘であるイヴォンヌが、どういうわけか当時住まいしていた南仏マルセイユを引き揚げて、

「松尾のパパの、ラカナル町のアパートにいきたいの」

と保護を求めてきた。

松尾石松は人に頼みごとをされると、何事にも断れない性分である。まして可愛い女の子（イヴォンヌは娘時代映画女優の卵になっている）とあれば、なおさらのこと。彼女をリヨン駅まで迎えにいったのであるが、松尾はここで彼女が自分の記憶よりはるかに娘らしく成長しているこ

とに驚いた。

駅に着いたイヴォンヌ・武林は粗末なふだん着のままで、お金もあまりないように見うけられた。下着や身のまわり品は、ありあわせの厚紙の箱に入れて紐でくくりつけ、小脇に抱えていた。彼女はよるべのない小鳥のように不安げでおどおどしていた。

それでも松尾の家にやってきてからの彼女は気持ちがやすらいだためか、性格がすっかり変わった。朗らかで優しく、人なつっこい娘になって、狭いアパートのサロン兼事務室のソファーの上にのんびりとくつろいで寝っ転がったりしていた。彼女は松尾を父親のように慕い、時々彼の首に両腕を巻きつけたりして甘える。

その様子が馴れ馴れしいので、松尾が、一時帰国して連れてきた女房が妙な顔でこれを見て、

「あの子十六歳ったって、文子の娘なのよ。あなたも少しは気をつけないと……」

などと、何となく嫉妬《しっと》めいた言い方をしていた。それでも松尾は一向に平気で、夕方などイヴォンヌと一緒にパリの町を散歩し、ちょっとした身の回りのものやブローチなどを買い与えたりして、まるで自分の娘のように可愛がっていた。

この頃はとうにイヴォンヌの母の文子は無想庵と正式に離婚しており、ベルギーの港町のアントワープに店を出している貿易商宮田夫人に収まっていた。

一カ月後、アントワープの母親文子から娘に手紙が届いた。それにはきっと「こちらにお出でなさい」と書いてあったのであろう。読みおわるやいなや、イヴォンヌはいそいそと旅支度をととのえ、「松尾のパパ、またお会いしましょうね」

と元気よく、北駅からベルギーの母親の許へ旅立っていった。

（余談であるが、マジェンタ街から東にそれて北駅に回ってみると、ここにもリヨンと同じ〝テルミニュス・ホテル〟があった。テルミニュスとは、終着駅の意でどこにでもあるのだそうだ）

その後しばらく経った、一九三六年十二月のことである。

いとも悲しげな表情をしたイヴォンヌがベルギーから、突然また松尾の家に一人で戻ってきた。この間ほんの二ヵ月ほどしか経っていないので、松尾もさすがに驚いた。

松尾は（お互いに親しければ親しいほど、他人の家庭のことにはなるべく介入したくない）と思う。それで彼女には、突然戻ってきた理由について何も聞かなかったが、（何かあったな）ということは容易に想像できた。

再度パリの土を踏んだイヴォンヌは、もう二ヵ月前のあの初々しい朗らか娘ではなくなって、何かに強烈に反逆しているような〝アンファン・テリブル（恐るべき子供）〟に変身していた。

彼女はある時はうつ向いて考え込んでいるかと思うと、次の瞬間には神経質な発作で泣き出したりした。松尾の家に戻って二、三日後イヴォンヌは、母親の文子をひどく非難し、「パパがいてくれたらなぁ……」などと淋しそうに松尾の前で告白したりしていた。

数日してイヴォンヌは、モンパルナスのドランブル街にある母のアトリエに住むといって、松尾の家を去っていったが、その後一週間ほどした夕方、仲間の吉田保があわただしく松尾の家に駆け込んできた。

「松尾さん、すぐきてくれませんか。イヴォンヌが今日アトリエで自殺を図ったんですよ。今医者がきているところです」

イヴォンヌは、どうやら大量の睡眠薬を飲んだらしい。話を聞いた松尾は、タクシーを飛ばしてモンパルナスへ向かった。数段飛びで階段をかけ上がって、一度文子からご馳走になったことのある五階のアトリエに入った。すると古い灰色の壁紙のせいか、暗い憂鬱な感じのするベッドの上で昏睡状態のまま横たわっているイヴォンヌの姿が目に飛びこんできた。

(ああ……)

ふさふさしたオカッパの黒髪、まだ世の汚濁に染まっていない初咲きのリラのようなこの娘の顔は、今はまるでロウ人形のように青白かった。幸い医者が早く手当てをしてくれたので、生命に危険はないとのことだった。松尾はすぐにアントワープの文子へ打電し、パリにくるように依頼した。しばらくするとイヴォンヌはまだ昏睡状態だから、血の気のない唇をふるわせて、

「タカハシ！　タカハシ！」

と、かすかな声でうわごとをいって寝返りを打った。

それは彼女の初恋の男の名であった。後でわかったことだが、イヴォンヌは当時日本学生会館に滞在していた高橋という学生に恋をしていたのだ。母親のたび重なる乱行で心に深い傷を負った彼女は、この頃時々酒を飲むようになっていたし、孤独の寂しさから高橋を愛して、心のやるせなさを忘れようと必死にもがいていたのであろう。

松尾邦之助は考えた。

(確かに文子も無想庵も、ともにイヴォンヌを愛してはいるだろう。だが、それが果たして責任

ある親の愛なのか。彼らは単なるエゴイスティックな愛で、自分の想像のペットをなめまわしていたにすぎなかったのではないか）

イヴォンヌの保護者であり、娘の将来のことも考えていた松尾は、さすがにこの事件についてはは『読売』に打電しなかった。著名な文士武林無想庵の娘の自殺騒ぎともあれば、やはりニュースものであったが。

だが、特ダネ競争の相手である「朝日」の井上勇が、松尾の気持ちを知ってか知らずか、すぐと通信社へ打電し、その結果この事件は、当時の日本の各紙の社会面を賑《にぎ》わすことになってしまった。

イヴォンヌはよほど精神的に苦しかったものか、翌年二月に再び自殺未遂を試みている。

かくして無想庵は貧ゆえに女に振られ、貧ゆえにフランスを去ったが、当時のパリでの貧などというものは、ほとんどの人間が中流意識をもっている今日の日本では、想像もできないような世界であった。この世に貧乏ほどつらいものはないというが、ましてや花の都フランス、パリで貧乏するほど世にもアホらしくバカバカしいものはないのだ。

一方には、音に聞こえしパリジェンヌに大いにもてまくてチヤホヤされ、シャンパンをポンポン抜いて豪遊を極めている旦那がいるかと思えば、こちらには身に汚れたボロ切れをまとい、全財産を袋に入れて背中に負いながら、煙草の吸殻を拾ってオペラ大通りを散歩している男がいる。いったん後者の方に回れば、二度と再びもとの世界に這《は》い上がることはできない。

ただ同じ貧乏とはいっても、貧に対する各人の耐性というものがあって、いったいに藤田のような陽性の画家は貧に強い。

貧に強いばかりか、その中に滑稽があり、ユーモアにさえ通ずるものがある。貧乏そのものというより、貧乏のしのぎ方、逃れ方において、人によっては実にユニーク、オリジナリティある生活が生まれるのだ。

これは藤田の友人の貧乏画家のエピソードであるが、その男の画室というのが極度に狭い場所であった。そのため、来客用の椅子などを置く空間が全くない。結局ひとつの破れた椅子を天井につるし上げ、来客のあるごとにゆるゆると紐を緩めて、それをうまく降ろしては客に腰かけさせていたという。

〝万年ベッド〟というのもあって、これは毛布をベッドの両側へ大針で乱暴に縫いつけてある。寝る時はその間に潜りこんで、一度もベッドを直す必要がないという、不精者にはもってこいの考案であった。

画家にしてこれであるからモデルなど推して知るべしで、藤田の使っていたモデルは、たいてい大きな穴のあいた靴をはいており、スケッチ・ブックの表紙を靴型に裁っては毎日底へ入れていた。

画家の仲間には、同じような志をもつ外国人の芸術家が何人かいた。

中でもスラブ人はじつに神経が太い。細密画で有名なメッソがかつて泊まったことがあるという家に、藤田はボロスキー夫妻と部屋を隣りあわせて住んだことがある。そのとき二人は便所がないので、自分のベッドの下に、新聞紙に包んだ排泄物を何十となく押し込んで平気でいた。これにはさすがの藤田も堪えられなくなって、裏庭にスコップで穴を掘って、この偉大なるコレクションをていねいに埋めてやった。

このように藤田や松尾はいくら現在の生活が苦しく悲惨でも、できるだけその日その日を愉《たの》しいものにしようと努めていた。それとともに将来の希望（それも決して早急には望まない）を失わず、ゆっくりと、しかも懸命に自己表現の方向に向かって歩いていた。

松尾は自分の力量のみを信頼し、策動や運動などという横着な方法によって得られる名声などには見向きもせず、一日一日をジミにコツコツと働きながら一生の仕事をやり抜こうとしていたのである。

それは素晴らしい意気込みであった。

パリで貧乏になる原因については、人によってさまざまである。例えば留学生がパリで月々いくらという送金を受けて安穏に暮らしていたものが、急に何かの事情で送金が止まったり、遅れたりすると途端にさまざまの境遇に置かれることになる。

親もとやパトロンが、展覧会開催のための絵をさっぱり送ってこないので、日本からの送金の停止を警告して「帰れ、帰れ」という。それでも当人はパリに根が生えてしまって、「帰りたくない」とダダをこねているうちに、懲《こ》らしめとしてほんとうに送金を止められてしまう場合もある。

女ができて金を使い過ぎるケースもある。禁酒を誓ってパリに絵を描きにきたのに、禁を破って酒を飲んでいることを通告されて、パトロンに送金を止められてしまう。ある未亡人をパトロンに持ち、何年間かの約束で送金を受けて絵を描いていたが、留学中に女の方に相手ができて送金が途絶えたのもある。下手な競馬でスる奴もいる。

そういうせっぱつまった際、留学生は国へ電報で催促することもしばしばであるが、この苦しまぎれの電文にまた滑稽なのがある。

画家の岡山は毎月来るはずの送金がパッタリ止まって、二カ月も経ったので、催促の手紙を出した。それでも金は届かない。（国許《くにもと》はまさかコレラで一家死に絶えたわけでもあるまいに……）と思案したあげく、「苦しい時の大使館だのみ」とばかり、しょんぼり大使館の庶務課に行って、「なにとぞ大使館の方からひとつ、電報を打ってください」と懇願した。

それで、館員が電文を尋ねると、当の依頼人は首を沈め小さな声で、「ホシコロスキカ」と答えたという。

折角だから、そうしたユーモア貧乏についての話をもう少し続けると、ある画学生は（いよいよ食うものがなくなった、どうしよう）というので雀を釣って食べたことがある。釣りといえば魚だけのものかと思っていたら、パリでは鳥だって釣れるのだから愉快である。

この画学生はずいぶん長い間窮乏状態にあったが、時々はいい風景のパステル画などを描いてはモンパルナスの小金持ちや日本の旅行者に売って息をついていた。家はサンジャック辺りの小ホテルに住んでいたが、窓の下はお寺の庭で、三階の彼の部屋からみると、安宿に似合わぬ結構な眺めである。

その日、この男は金はないし、絵は売れぬし、どうしたらいいだろうとぼんやりお寺の庭を眺めていたが、ふっと素晴らしい名案を思いつき、膝をたたいて立ち上がった。そしてしばらくの間、なにかゴトゴトこしらえていたが、やがて三階の窓からそれを徐々に下げおろした。ながいながい糸の先には細い釘を曲げたものがついていていて、そこにはパンくずがつけられていた。

これで彼は寺の庭にたくさん住んでいる、雀を釣ろうというのである。パリの雀は、日本の鳩みたいにパンくずでもほうってやると、肩から帽子の上まで上がってくる。恐怖ということを知らないで育っているから、雀は面白いように釣れる。

（しめしめ、これならなにもレストランにいって高い金を払わなくてもいいわい。月末に百五十フランぐらいの絵が一枚売れさえすれば、ホテル代も払えるし、いよいよ俺にも運が向いてきたぞ）

と、ほくそ笑んで二、三日彼は雀焼きに舌つづみを打っていたが、ある日、雀を釣り上げる中間で、下の大家のおばあさんにみつかり、糸を切られ、またもとの木阿弥に戻ってしまったという。

それでもこの画家は、帰国してからは、定評のある絵描きとなり、パリ生活とは打って変わった優雅な暮らしの身分に恵まれた。

このように他に比してパリの特別なる貧の地獄図絵に対して、改めていえば、パリの特殊なる恋のマンダラ模様もまた問題になるところであろう。

藤田のユキや文子のような人妻の浮気は日本人からすると、とても目も当てられぬハレンチな行状と映るに相違ない。

だが事実そうであるにしろ、これはかならずしもユキや文子個人の問題というわけでもないので、フランスという精神的風土に大いに根があることを認識しておく必要がある。

私は、パリで、この国に十四年滞在しているという画家に、分かりきっているとはいうものの、日本の社会とずいぶん異なっていることを聞かされた。

「ではどこが違うのです？」と単的に問うと、本人は「個人の生き方の倫理が違うのです」という。それで「ではフランス人の個人倫理の基本はなんですか？」と尋ねると、あっさり、「それは快楽です」と答えてくれた。

この画家の意見からすると、「だから仕事も快楽追求の手段に過ぎず、日本人のような勤労の観念がないから、今は次第に没落の過程にあるのです」となる。フランス人の生き方の原理を「快楽」としてもいいが、別の表現をすればというか、松尾邦之助にいわせれば、「それは個の観念、個人主義なんだ」ということになる。

「快楽」も「個人主義」も表裏一体のものであろうが、松尾流の後者をとるとなると、いうまでもなく個人主義には、働き方としていい面と悪い面の両方が出てくる。

パリでは、みんながいわゆる気がきいていて、誰か知り合いが女と歩いていても、たとえ自分の女房が他の男と歩いていても、往来で会った場合は見て見ないふりをして素通りしていってしまう。別に挨拶もしないし、邪魔しようともしない。ましてや、亭主や細君に報告するようなヤボな人間はいない。

ことにフランスの上流家庭ほど、個人主義気風が徹底している。ユキと一緒になった上流家庭としての藤田の場合も、この国の精神土壌にしたがって、お互いに独立し、ユキが自分の家庭に自分の男を連れてきても、藤田は知らんフリをしていたのである。

しかしこうした個人主義のよさも、度が過ぎればやはり悶着《もんちゃく》が起きてくる。後に藤田は「おれはじつに女房運が悪いなあ」としみじみ漏らしていたそうだが、妻の悪しき意味での個人主義、具体的には不貞には彼とても内心悩まされていたのである。

そうした悪しき意味での個人主義に対し、ニヒリズムにも近い個人主義の所有者であった詩人の金子光晴が自らの苦々しい体験に基づいて次のように語っている。

「フランスには〝シャンジュ・シュバリエ〟といって、パーティーの踊りの途中のかけ声がある。このかけ声がかかると、踊り手は即座に相手を変えなければならないのであるが、パリはまさに〝シャンジュ・シュバリエ〟の土地柄であって、そこにある人々は明け暮れ、アムールとか、アベック・クーシェとか、うわ言のようにいいながら、その〝かけ声〟がいつかかるかもしれないことを気にしながら暮らしているのだ」と。無想庵夫妻の場合もまた、まさにそれであった。もともと日本の俗世間的価値感なんぞ徹底的に無視した性格に加えて、フランス的な状況の大波がもろに覆いかぶさって、二人は愛欲の波間に翻弄されていたのである。

しかし松尾のいう個人主義——彼はこれを利己主義とまぎらわしいので、平生《へいぜい》でも〝インディヴィデュアリズム〟と横文字の表現をしていた——は、他と大いに異なる。それは一個の人生倫理であって、藤田の姿勢とも異なることは先述したとおりである。

藤田はつねづね後輩には、「勉強しないで偉くなろうったって無理なことだよ。おれは一日十五時間働くんだ」とか「世間でどんな悪口をいう奴があっても決して気にするな。ねたみそねみの輩に出あっては、かえって自らへの励みとせよ」などと教えていたが、「おれはピカソやマチスの絵には関心ないが、彼等がどうやって世に出たかについては研究している」とも語っていた。事実、藤田は絶えず方法的、客観的に考え、奮闘することで早々に成功したのである。

それに対し松尾の方は、人間的、倫理的に考え、自然で、寛容で、個人主義的な賢明さこそ最高のものだとしている。

漫画家近藤日出造は松尾のことを「辻潤に通じるアナーキスト」といい、また戦後杉並区長となった評論家新居格《にいいたる》は「個人主義アナーキストの傾向を多分にもっている松尾……」と評している。確かに彼が小説以上の興味を感じて読んだ著作は、ほとんどが評者のいう個人主義アナーキズムの倫理を内容としているものであった。

中でも日本で（ご当地フランスですら）ほとんど未知の人物に属するアン・リネルは、松尾の生涯にわたる精神的顧問となった。

この哲人アン・リネルを知るきっかけとなったのは、ジイドの諸作を次々とむさぼるように読んでいた頃、たまたまセーヌ河畔の本屋でその著書である『態々《さまざま》なる個人主義』という小冊子と、小説『赤いスフィンクス』をみつけたせいである。

この二著により、彼の精神は極度に興奮させられた。自分の考えていた多くの疑問がこれらによってやっと解かれたと思ったし、また混迷していた不確実な思索に自信が与えられて、なんともいえぬ喜びを感じた。仲間の友人がいう通り、「アン・リネルはまさに現代のソクラテス」と思えた。

この松尾がいう『態々《さまざま》なる個人主義』は、戦後『近代個人主義とは何か』（東京書房、後黒色戦線社復刊）という表題で翻訳されたが、私が松尾と知りあった後に、

「この本、小生の許《もと》にも三部しかありません。読んでいただけるという喜びで御送りします。　松尾」

という小片のメモつきで一部贈っていただいた。自らピュラリズム（複数主義）を説くアン・リネルの思想を述べることは大変難しいが、哲学系譜的にいえばエピキュロス、ストア派のエピクテートスの賛美者であり、むしろ世間的な「倫理」という言葉を排し、「サージェス」（賢明）の美徳を説いた人である。

リネルの「賢明」の中身はほぼその欲望論に集約されているのであって、その言によると、人は生命維持の飲食のような「自然で、必要な欲望」を基本として生きればいいのであって、生活の飾りのような「自然でも、必要でもない欲望」は厄介にならない程度に楽しみ、困難ならば簡単に諦め、勲章のような「自然であっても、必要でない欲望」には目もくれないのがよい——と述べる。

お金も手に入れば入るだけ余計に欲しくなるだけ、逆に自然でさえあれば、夫のある女性に愛人ができ、さらに子供ができたとしても一向に差し支えない——ともいう。

松尾はこうした「自然であっても、決して絶望ではない、むしろ前進的な諦観」の精神の尊重

において、セシル、オーベルランについて、第三の〝偶然〟を得ることができた。それは中西顕政という人で、彼はまさに奇人中の奇人ともいえる人物であった。

この中西顕政と松尾が知りあうきっかけとなったのは、石黒敬七の『巴里週報』においてだった。ここで松尾が担当していた毒舌調小エッセイが、彼の目に止まったのである。

松尾は日本人会の書記をしていたので、以前からクラブの食堂に時々現れては、誰とも話をせず、日本人仲間を避けるかのように、食事がすむとサッサと出ていく鼻眼鏡をかけた細面の紳士がいることを知っていた。

ある日の昼過ぎ、松尾がポルト・マイヨーに近いカフェで、いつものように原稿を書いていると、この上品な得体の知れない紳士が目前にひょっこり現れてこういった。

「わたしは中西という者ですが、いつもあなたが『週報』に書いておられる随筆を読んで、面白い方だなと思っていました」

「それはどうも……」

「でもあんなガリ版紙ではなく、フランスの新聞に書かれたらいかがですか？　あなたに何か気の利いたご計画でもありませんか？」

「ええ、金でもあったら、仏文の日本文化紹介誌でも出したいところですが……」

そういうと、彼は、

「そうですか、あなたならきっとやれるでしょう。そして早く、日本人会のマネージャーなんかおやめなさいよ」

といって、風のように姿を消した。松尾はおかしな男だなと思ったが、明くる日にはすっかりそのことを忘れていた。ところが二、三日して用事があって、キャンボン街の日仏銀行へ行くと、行員がいった。

「ああ、松尾さん、ちょうど今あなたに電話しようと思っていたところでした。昨日日本人がやってきて、あなたの当座に三万フラン入れてくれといって、現金をわたしに渡したまま名前もいわずサッサと帰ってしまいました。誰か心当たりはありませんか？」

「ほう、それはどんな男ですか？」

「日本人ばなれした好男子で、鼻眼鏡をかけていました」

その一言で松尾はその男が、先日カフェで会った中西とかいう風変わりな人物であるとわかった。それにしてもまったく意外なことで、彼はなんともいえない興奮を感じて嬉しくなり、とりあえずその金を当座に入れておいてもらった。そして以前もらった名刺にあるファラディ街の中西の住居に、

「かならずや自分の野望である、仏文の文化交流を目的とする雑誌を発刊してみせますから、期待していてください」

という文章を書きそえた礼状を出した。

それにしても自分は、中西という奇っ怪な「恩人」についてなにも知らない。うっかり仕事を始めて取り返しのつかないことになったら大変と、藤田に聞いてみると、

「中西顕政だろう。あれはオレが日本を出るときに、同じ船で来た人だよ。シンガポールで下船したが、ゴム園を経営しているらしい。なんでも三重県あたりの、富豪の息子だといっていたぜ。変わり者だが、妙に義理がたくてオレには毎年年賀状がきている。その仏文雑誌というのをやってみろよ。君はパリの文士や記者をいくらも知っているから、みんな協力してくれるよ、オレもひと肌脱いでできるだけ援助をするから」

藤田にそう励まされて、松尾は一九二六年の二月十五日に初めて、文化を中心にした社会経済の仏文雑誌『レヴュ・フランコ・ニッポンヌ（日仏評論）』を創刊した。表紙は、むろん藤田のデッサンである。

協力者には文壇の巨匠詩人であるアンリ・ド・レニエ、フェルナン・グレ、ハイカイ派詩人のP・L・クーシュー、ルネ・モーブラン、作家のクロード・ファレル、インド学者のシルヴァン・レヴィ、松尾の協力者のスタイニルベル・オーベルラン、評論家で作家のエドモン・ジャルー、美術評論家で詩人のアンドレ・サルモンなどがいた。藤田までもはりきって仏文の随筆を書いてくれた。

もちろん最初は中西が社長で、松尾が編集長という形でのスタートだった。

日仏銀行、伴野商店、三井、三菱の支店などが広告に協力してくれたし、在仏日本人大使館も応援してくれた。ところが困ったことに肝心の中西社長が、自分の住所には定住せず、転々と居を移して、次号の企画の打合せをしようにも一向に姿を現さない。

仕方なく用件の手紙を出すと、とんでもない頃に速達がきて開封してみると「ポンド暴落の朝ぼらけ」などと、妙な俳句が紙面一杯に書いてあるだけだった。

それでも二号、三号と出すうち、パリの日刊新聞が掲載記事を再録してくれたり、松尾の努力を激励するような批評を出してくれたりして、千部ばかりの小雑誌ながら反響は大きく、みな喜んでくれるようになった。

だが世間の評価とは逆に、三号目には財政がすっかり行き詰まり、印刷屋への支払いも滞ってきた。いわゆる〝三号雑誌〟の危機である。早速社長に速達を出して急を告げたものの、なんの返事もない。代わりに、なんと美しい鉢植の花が送られてきた。

（花ではない、金が欲しいのだ！）

松尾はじだんだ踏んで、もう一度速達を出すと、またしても花である。その後も同じで、結局速達の数の分だけ花が届いて、四、五日すると卓の上には鉢植の花が七つも八つも並んだ。これで松尾はすっかり腐ってしまい、以後は社長と関係なしに全部独力でやる決心をせざるを得なかった。そこへある日、忽然《こつぜん》として中西社長が現れ、

「松尾さん、モンマルトルへでもいって涼《すず》んできましょうよ」

という。それでタクシーでクリッシー広場のカフェに出かけた。ところが（この際に）と食前酒を飲みながら、雑誌経営の話をしようとすると、途端に中西は俳句を論じ始め、守武がどうのこうの、季吟がどうのと、会社の窮状についてはまったく無関心の態度である。（おかしな人だな）と思い、いい加減に話を合わせていると、

「さぁ、帰りましょうか。でもちょっとお渡ししたいものがあるので、あちらへ」

というので、(いったいどこへ？　また鉢植の花でもくれるつもりではないのか？)と思いつつその後にしたがってゆくと、中西は便所の中に入って、上着のポケットから新聞紙に包んだ厚い札束を取り出し、「これ、当分の小遣いにしてください」と、札束の一部を抜き取り松尾に手渡した。

その際にくれた金は借金その他の支払いをすましてもまだ余りあるほどあったが、それにしても社長がなぜこんな〝いたずら〟をするのか、彼にはまったく合点がいかなかった。

9 グラン・オペラ座で白粉をつけて三人組、柔道をみせる

まったく人間の運命を司《つかさど》る神というのは、すれた悪女のようなところがある。人がなげき苦しんでいると、いかにも同情めかしてすりより、慰めてくれ、ときには援助もしてくれる。が、いったんその気になると、さっと身を翻して、いずこともなく消え去る。よくいえば当人の腹んなかを見透かした英知の固まりというのか、苦しんでもはや駄目と観念したときには救いを与えてくれたりするが、だからといってまたしても苦しんでみても、今度は知らん顔をして、なかなか人間の思うとおりにはことを運んではくれない。

暗うつな冬が去り、春になってマロニエの花が匂い、人々は毎日行楽を楽しんでいるというのに、一人松尾青年のみはうつうつとして心が晴れず、テーブルに向かっていた。

（おれは日本人会にいたばっかりに、神は雑誌刊行のチャンスをつかませてくれたが、次の瞬間に神はまた別のチャンスも与えてくれた。つまり貧苦である）

またしても金に窮した松尾が、中西社長に相談をもちかけると、金はくれず、例によって空虚な話をしただけで、そのままパリから姿を消してしまった。印刷屋は不払いに業をにやし、差押差押え処分をするところまできた。困った松尾は、日本人大使館にいた官補の横山洋に相談すると、

「君のところは家具とか、その他財産があるのかね」と聞くので、

「何もないよ。ベッドもテーブルも、みな日本人会のものだし、衣類と書物があるだけだ」

と答えると、

「じゃあ、安心だよ。『赤貧証明』をしたまえ。フランスの法律によると、衣類とか君の職業に必要なものは差押えができないんだよ。相手の方があきれて帰るよ」

松尾は横山にそう教えられて、初めて〝赤貧証明〟なるものの手続きで急場を逃れたものの、当日警官二人を連れた執達吏が部屋にやってきたときには、さすがにこれからどうなることやらと胸がドキドキした。

姿を消した中西社長に見切りをつけた松尾は、その後、日本大使館の詩人書記官の柳沢健とその部下の本野誠一・横山洋の二人の協力を得て、なんとか雑誌の刊行をつづけることができた。愛人のセシルも松尾の仕事に興味をもち、表面には出なかったが、雑誌の編集に献身的な努力をしてくれ、毎号匿名で記事を書き、ゲラの校正もしてくれた。

雑誌の続刊のためにはかなり経済的に苦しんだが、雑誌を通じて数多くの文学上の友人や知人

をもつことができたことは何よりも幸いなことであった。

パリ新聞には多くの友人ができ、オーベルランやアンリ・ドレニエを訪ねて未発表の詩をもらったり、ケイ・ド・トウキオに住んでいたクロード・ファレルをたびたび訪問して親しくなった。女流作家のイサベル・サンディとも友人になり、若い新進の詩人の家に招かれたりもして、自分がまるで〝私設文化大使〟にでもなったようで、パリのいたるところの社交界に顔を出すようになった。

ただし社交界といっても、普通想像するようなブルジョア的なものではない。だいたいそれまで薄汚い日本人会の、暗い穴部屋で虫のように寝ていた彼が、そんなところに落ち着けるはずもないし、先方がそのような場所に招待してくれるはずもなかった。

ただ松尾は昔から衣食住のうち、食だけは比較的ぜいたくで、どんなに貧乏していても栄養摂取には苦心していた。ムッソリーニがパリでごろついていたとき、砕いた生の馬肉の血のにじんだものを団子にし、それを一度煮え湯に投げ込んで食べていたというが、彼もこれをまねてよく食べた。

これは安価にして、すこぶる栄養価がある食いものなのだ。

松尾の考えでは、食料は生命のエッセンスで、自動車のガソリンみたいなものだが、衣服の方は自動車でいえばペンキ塗りや装飾のようなものである。そんなものに金を使う必要がないだろうとばかりに、松尾はヨレヨレの上着にシミだらけのレインコートを着て、パリの街路をのし歩いていた。

（自動車だってどんなに外部が汚れて破損していても、心臓のエンジンと動力のガソリンさえあれば立派に走るのだ！）

ところがある日のこと、日本からきた稲畑勝太郎を訪ねてオペラ座に近い豪華なホテルにいった。するとホテルのマネージャーが、工場の印刷用のインクがついた松尾のレインコートを見るなり襟をつかんで、外に放り出してしまった。マネージャーはおそらく乞食か何かと勘違いしたのだろう。

彼のあまりにもみじめな衣服にあきれた大使館の森山も、

「あなたの長髪はとにかくとして、そのレインコートだけはやめてくださいよ」

といって、自分の着古しとはいえ、まだ新品同様の立派なコートとついでに真新しい靴もくれた。フランスでは靴のカカトの斜行線は、ブルジョア社会人の目には貧乏の象徴とされているらしい。ブルジョアどもは相手を鑑定するときは、まず靴のカカトの線をみるという話なのである。

それでも松尾は毫《ごう》も自分自身に対し、恥じることはなかった。

（うん、なるほどみじめな衣服は浮薄《ふはく》の都会人の中では、損をする一因となろう。住まいの方もあまりみじめだと、やはり社会的に損をする。だがこのような損は外部的な損失ではあっても、断じて内部的、精神的には何の損害もあり得ない）

そもそも住まいに関しては立派な家がなくとも、パリには至るところカフェなる便利なものがある。そこではどんな酒でも飲むことができるし、家庭では絶対作れないさまざまな料理を食べることができる。

その上カフェでは紙もペンも借りられて、自由に手紙が書ける。松尾は原稿という原稿の一切をこうした場所で書いていた。逆に家に帰ってテーブルに向かうと、ちっとも落ち着けず、仕事ができない。カフェはまたラブレター留置場であり、恋のランデブーの場であり、商談も、論争も、また名士との会談もおこなうことができ、冬は電灯と燃料の節約のためにも極めて格好な場所であった。

とはいえ、松尾は貧乏というものを特別好いていたわけではない。ただ概して貧しい人間の方が正直で、気がおけず、友人としてつきあいやすかった。貧乏と対していればこそ、他では味わえない充実した生活があるものと信じていた。

（第一、貧乏人には、奇人変人が数々いて実に面白いじゃないか……）

松尾がいう貧乏人にして奇人変人にはいろいろいたが、大半は藤田や石黒と共通の友人で、やはりパリで絵描き修業している仲間たちが中心のようである。

燃料がないままに床板をはがした後、絵具で板目を描いたボール紙を張っておいたところ、大家が家賃の催促にやってきて、その紙板を踏んで大目玉をくったというのや、鏡の前で大口を開けていたところ、幸運にも奥の方に金歯があった。これを抜いて飾り屋に売ろうと、五寸釘と金槌で力まかせにたたいているうちに口中が血だらけになった――等々、悲惨にして滑稽極まる者がたくさんいたのである。

それら変わり者絵描き連の中でも、特別あつらえの奇っ怪画家に戸田海笛というのがいた。戸田は若い頃の今東光の友人であるが、藤田の向こうを張って、浪花節語りの雲右衛門のような総髪に、和服姿でパリの街をねり歩いていた。だがフランス語はほとんどできない。ただ、

「メトード・オリアンタル！」（東洋の筆法）

「ボアッソン・トダ！」（魚の戸田）

という二語だけを、至るところで繰り返し叫んでいるのみである。戸田はひたすら鯉の絵と魚の絵だけを絹地に描いて、結構暮らしのできている豪傑であった。

この戸田海笛は生きんがために、東洋豪傑を売り物にしていたものの、腕はなかなかなもので立派な魚の絵を描く。しかも性格は無欲テンタン、好人物なので、松尾は戸田と会うやすぐに好きになり、親密に交際する相手となった。

『日仏評論』誌の発刊のときにも、戸田はわざわざ若い日本人弟子四、五人を引きつれて、寄贈の絵とコニャック酒をもって祝杯を上げにきてくれた。松尾は、某日、この西の奇っ怪男戸田と、東の奇っ怪男中西とを人間勝負（？）させたことがある……。

中西社長が行方不明になり、松尾がすっかり忘れていたところ、一九二六年暮になって突然、彼からのハガキが舞い込んだ。みると、驚いたことに日本の切手が貼ってある。社長は松尾編集長には何の予告もせず、とうに日本に帰っていたのだ。

ハガキには例によって、ゆうゆうといくつかの俳句が書き添えられ、

「松尾さんのお仕事を助けるために、日本から日本文字の活字を一揃《そろ》い送ります」

と書いてあった。ついで年が明けて、ひょう然とまたパリにもどってくるや、例によって酒場

で松尾と会い、強烈なペルノ酒を飲みながら、

「君のために、どこかに独立した印刷工場を探しているんだよ。そこに小さな印刷機を入れますよ」

と語り、別れ際に、

「これはシベリアのお土産ですが」

と、アカシア細工のシガレット・ケースをくれた。社長にはあらかじめ印刷屋にかなりの借金があることを予告しておいたので、いくらか金を渡してくれるだろうと松尾は期待していたのに、結局子供だましのアカシア細工を一つもらっただけであった。

（社長の野郎め……）と松尾は心の片隅でつぶやきつつ、そのシベリア土産を下水溝に投げ捨てようと思ったが、一応思いとどまって、そのまま部屋に持ち帰った。そして当日は遅くまで本を読み、翌日眼が覚めてベッドの机の上のタバコを、昨日もらったアカシア細工のシガレット・ケースに詰めようとしてフタを開けてビックリしてしまった。

中に、千フラン札がギュウギュウ詰めに押し込んであったのだ。

この中西社長がある日何を思ったのか、「戸田海笛のコイの絵を買いたいのだが……」といい出した。（ありがたい）友人の絵を買ってもらえるとは、望むところだ。

一緒に海笛の住まいを尋ねた。

戸田の家は十五区のシテ・ファルギエールにあり、汚いアトリエの中にガラス張りの水槽を積んで仕事をしていた。むろん戸田は中西が金持ちであることを知っていて、自分の絵を買ってく

れるとあって、喜んで迎え入れてくれた。ただちにその場で、得意になって絹地に大きなコイが遊戯しているところを描き始めた。

「わっしはコイのウロコを、この通りパッパッと数えずに描くんですが、ちゃんとそれが三十一枚になるんですよ」

予《あらかじ》めもう素描ができていたので、じきに絵は完成した。描きおわるや海笛は中西に、

「松尾さんからもお聞きと思いますが、私はこのところ金に窮しておるんで、あちらの方は今日中にお願いしたいんですが」

と頼むと、中西はすっトボケた顔で、

「ハハァ、そうですか」

とうつろに返事したまま、でき上がった絵をくるくると巻いて、紙に包んでもらうや、「ヤッ、どうもありがとう」と一言残しただけで御帰還になった。

松尾だけは後に残って、海笛と話を続けていたが、戸田はむろんひどく不機嫌である。あげくに「無礼千万な奴め、天下の海笛をなんと心得ておる」とぐいぐいヤケ酒を飲み始めた。しばらくして戸田がテーブルの上に置いたマリラン煙草の袋に手を突っ込み、シガレットをつまみ出そうとすると、

一緒に何か入っているではないか。

「うん、なんだこれは?」

と中をのぞくと、なんとそこには千フラン札が無造作に数枚ねじ込んであった。戸田は途端に、

「ウワァー、金、金、カネがあった！」

と叫んだ。それからすぐ弟子を近所の酒屋や肉屋に走らせ、みんなで思わぬ大宴会を開いて久方ぶりに胃の腑《ふ》を慰めた。

この二人の人間勝負は、中西に軍配が上がったことになろうか。

——松尾の性格としては、ちょうど入ってくる水をみな吐き出す水車のように、儲けたすべての収入を使い果たしてしまうので、大低金がない。足には破れ靴をはき、カラーも汚れると裏返しにして使い、ポケットに五十文しかないのにカフェに入って、あわてて飛び出したこともたびたびあった。

いつもギリギリのオケラになる一歩手前で生活し、ちょっと余裕があると今度はセシルからせびられる。しかし松尾の貧乏は他の人とは異なっていて、どん底の貧乏もするがハチャメチャに遊びもするのである。

こうした貧乏時代に、松尾よりももっと呑気な「朝日新聞」の熊本清がパリにやってきたことがある。そのとき二人はしばしば飲み明かし、ある夜明けにキャバレーを出ると持ち金がほとんどない。二人で小銭を出しあって合わせてみても、家まで帰り着くには到底足りない。それにもかかわらず、威勢よくタクシーに乗り、メーターに出る金額のギリギリのところまで乗り、そこから家まで歩いて帰ったりした。

それに自分は文無しであっても、パリには後から後から日本の道楽息子や、遊ぶのが目的でやってくる実業家が多い。中にはコカインや阿片の密輸入をしているインチキ商人などまでがやってきた。それで飲みたくなると、松尾はこの連中とも一緒に出歩いて思う存分遊ぶことができたのだ。

そもそもフランス人というのは、持ち前のラテン系民族の血の多さからか、長期滞在の日本人画家のいうように「快楽」好き民族のせいか、じつに遊び好きであり、お祭り騒ぎ（年中行事）の好きな国民である。

そうした行事のいくつかを拾ってみると、パリで一番大きな年中行事の共和祭、自由でエロティックな美術学生の舞踏会バル・カザール、医学生の舞踏会バル・ド・アンテルナ、大舞踏会バル・ド・プチ・リ・ブラン、ホモのお祭りマジック・シティ、一流の芸人が集まってやる隠し芸大会、シルク（曲馬団）の慈善興行、自転車のシ・ジュール（六日）競争、十二月クリスマス少し前のお婿さん捜しのサント・カトリーヌの祭り等々がある。

このうち日本でもよく知られているのは、七月十四日のいわゆるパリ祭であるが、そのほか毎週日曜日の午前、郊外で開かれるノミの市（現在は土日月）もお祭り並み、「一九八九年はフランス大革命二百年祭とエッフェル塔百年祭に当たっていて、イベントは四千以上もあるよ」とのことであった。

石黒敬七は好事家だけに、始終あちらこちらのノミの市に通っては散策していた。ノミの市のザワザワしたお祭り気分自体が体質にあっているが、手の取れた人形とか、片方だけの手袋とか、穴のあいた鍋とか、はきだめから拾ってきたようなガラクタの中から、珍品を拾い上げるのが実に面白く楽しみなのだ。

ただし、石黒は毎日そのような趣味人的時間だけを過ごしたわけではない。

本職の柔道の稽古は熱心に積み重ねているし、門弟たちの練習も細かく観察して指導し、技を鍛えさせるのにも決して手を抜かない。またこちらからも出かけ、やってきもする幾人もの外国人強豪と闘い、試合している。当時のドイツのドレスデン市にいた最強レスラー、ウイリアムとも闘って、これをみごとにうち破ったこともある。

石黒は、ドイツのウイリアムの存在についてはとうに見知っていた。それが年の暮れ近くになって、二人のドイツ人とともに石黒のサンジャックの道場を訪れたのだ。ウイリアムは「英独柔道大会の帰りなんですよ」と話していたが、この大会でなんなく不戦勝となり、力のハケ場に困ってやってきたのである。

そこで石黒は、まず門弟中の技師ハミルトンを向けてみた。たちまちにして横捨身で一本とられ、つぎには即座に袈裟で固められて手も足も出ない。なにしろ当のウイリアムは一二〇キロもある巨体の上に、レスリングの選手でもあり、四年間も柔道をやっていて尋常の相手ではないのである。

ハミルトンがあっさり破れるとつぎに、彼を上回る弟子「メリケン」（米人）を出してみた。メリケンは大変負けず嫌いの男で、石黒の門下では随一の怪力家であった。だがこの男もたちまちにして、返し技で投げられて押さえつけられてしまい、昔の道場破りというほど大げさでもないが、いよいよ石黒自身が出ないことには収まりがつかなくなった。

そこで石黒が相手に出たのであるが、渡航の際にもあるように、石黒にとってこういう巨漢はかえって組みやすいのである。彼の空気投げやつり込み腰の技は、柔道をかなりやった巨漢にはかえってかかりやすい。だからウイリアムにも、かならず自分の空気投げがきくという自信をもっていた。

ウイリアムの横捨身など、足を上げてまたげばなんなく逃れることができる。これはかつて日本の一三〇キロの巨漢大野六段にしばしば用いた手だからよく心得ていた。

「それでは僕と組んでみましょう」

石黒は、ウイリアムをさし招いて一礼し、取り組んだ。

ウイリアムは岩のごとく頑張っている。

二度、三度、押したり引いたりしてみると手応えがある。長年柔道をやっているだけに動きが敏感である。それがこちらのむしろつけ目で、石黒は相手を二、三度前へ軽く引いておいて、ツイと体を沈め、ハッと空気投げをうってみた。すると一二〇キロの巨体が見事円を描いてドッと倒れた。

それから首締めにいくと、相手が苦しまぎれに両手を突っ張る。その腕を逆にとって参らせるのが定石であるが、ウイリアムはさすがにその手は知っていて、そこで後ろからまわって送り締めをかけた。

するといくら太い首でも首は案外もろいもので、相手は両手でかなり防戦していたが、汗とともにすべり込んだ右手の締めで、「マイッタ！」の合図を送った。

ところで柔道といえば、かの有名なパリのグラン・オペラ座で、石黒、松尾、藤田の珍妙三人組が計って、フランス人に対し柔道技の公開をやったことがある。

一九二六年、初夏のある日石黒は通訳の松尾を引き連れて、「ジュールナル社」の記者マッソンと会うために、モンマルトルのボルドー酒のバーへいった。そのときにマッソンが、こういったものである。

「ねぇ、君たち、もうじきグラン・オペラ座で大舞踏会が開催されるんだよ」

先にもいうようにパリにはいくつもの祭りの舞踏会があるが、その中でも一番大きな舞踏会がバル・ド・プチ・リ・ブランで、場所はオペラ劇場。性質からいうとバル・カザールのような青年の無邪気の舞踏会ではなしに、少し儀式ばった会である。したがって入場料も一人二百円ぐらいで、純益は十五万円は上がる。その純益で小さな寝台を買い、病院や孤児院に寄付する。そのために「白い小さな寝台の舞踏会」という名がついているのだ。

「その際に舞台の上の〝銀の橋〟でこの国の一流のタレントたちがアトラクションの余興をおこなうんだ。参加するのはミシュタンゲット、ジョセフィン・ベーカー、モーリス・シュヴァリエ、ボクシングの世界バンタム級選手アル・ブラウン……。

観客も、各界の紳士淑女が大勢やってくるんだ。ズーメルグ大統領やポアンカレー首相まで見にくる。ただしこれは慈善事業になっているんだが、どうだろう。君たちも一つ奮発して柔道をみせてくれんだろうか？」

石黒は松尾の通訳で一通りの話を聞くや、(こりゃ、柔道を宣伝する絶好の機会だ)と思い、ただちに応じた。

「ああ、いいです。やりますよ。だが相手には誰がいいかしら、そうだ藤田がいいだろう。それに松尾、お前もやれるか?」

「やれるとも。俺は学生時代からのシャンピオン(チャンピオン)だ」

といった次第で、藤田に相談すると彼も大喜び、たちまち三人で「やろうよやろうよ」ということになった。

しかし、実際にジャポン柔道演技大公開がおこなわれる前に、お山の大将ばかりの仲間のうちで一悶着があった。

「ル・ジュールナル社」の記者が、なにか柔道技をかけている写真を載せたいというのである。すると藤田とすればパリでの世間的名声の手前、自分が勝っているところを写してもらいたい。石黒も専門家であり、これからパリで奮闘せねばならない身だし、投げられている写真が出ているのでは具合が悪い。

そこで頓智《とんち》の石黒は、藤田が〝蟹ばさみ〟を得意とするのを知っていて提案すると、

「それがいい、それがいい」

と藤田はさもうれしそうに賛成した。ところが翌朝、大家が意気揚々いつものようにカフェ・クーポールに現れると、朝刊をみていた客たちがみないった。

「フジタ、お前、なんだ、若いのに投げられているではないか」

「いや、そうじゃないんだ」

蟹ばさみというのは、自らが横になって相手の足をはさんで倒す技であるが、フランス人にいかに説明をしてみてもダメ。とにかく写真の上では藤田が倒れているので、みな負けているものとなったのである。

さて、いよいよオペラ座の当夜である。

その日の入場者は六千人、最高入場料は三千フラン、最低でも三百フラン、全収入は百五十万フラン（当時の日本円で二十万円以上）という豪華版である。

観客もマッソンの話の通り、ズーメルグ大統領、ポアンカレー首相、各大臣、列国大公使らがズラリと居並び、有名な大シャンデリアの光に映えてまばゆいばかりである。

そこへ石黒敬七、藤田夫妻、大使館のT理事官、松尾邦之助らの一行が、楽屋口から入って行って大きな女優部屋へ案内された。

この控え部屋でちゃんと柔道着をつけ、自分たちの出番を待つわけである。と、藤田がなにかカバンの中をゴソゴソとやっている。取り出したものをみると、それはコンパクト、マユズミ、ホオ紅、ルージュなど化粧用品ではないか。石黒、松尾の二人が不審に思って眺めていると、当の藤田が、

「さあ、これをつけるんだ」という。

「冗談じゃないよ」

二人とも相手にしないでいると、藤田がいった。

「君たち舞台に出ている連中をみたまえ、一人だって白粉をつけていないものがいるか。キャプテン・ドアジー（有名な飛行家）だって化粧してるんだぜ。もし僕らだけが白粉をつけずに舞台に出てごらん。いい笑いものになるじゃないか」

「だって、パナマのアル・ブラウンはつけていないよ」

「あれは黒人だからいいのさ」

そういって藤田は、どうしても化粧しろと迫る。そして本当に松尾はつかまって、顔中に白粉を塗りたくられてしまった。眉毛は太くつり上がり、目のふちは黒々とくまどり、口紅をつけ、おまけに念入りにホオ紅までもつけられてしまったのである。なんのことはない、これでは田舎芝居の定九郎のできそこないといった形である。

松尾本人も鏡をみるや思わず「ブワッ」と吹き出してしまい、「これではいくらなんでも……」と一人で修正した。

「おい、君にもしてやろう」

藤田は、つぎに石黒にもいい寄ってきた。それで石黒は、

「いいよいいよ、自分でやるから」

といかにも観念したかのごとくにみせ、

「ああ、とんだことになってしまった。僕も長いこと柔道をやってきたけど、白粉なんぞつけて取り組むのはこれが初めてだ。これも一重に日本のためか」

とかなんとか大声で、嘆息めいた一人言をいいながら、鏡に向かい、白粉をつけるマネをしな

がら、少しばかりマユズミを塗る程度でやめにしておいた。藤田はマダム・ユキの道具で向こう側で念入りにやっているから、石黒がいかにも観念して化粧しているものとばかり思っていた。そのうちに、

「第十番の方どうぞ」

と、係の者が呼びにきた。石黒を先頭に一同廊下へ出る。廊下は薄暗くて、いろいろの道具類がところ狭しと並んでいる。左右に本棚のような背景がいっぱいにつまって三層になっており、一層ごとに橋がかかり綱がついている。床には縦横にレールが通って、その隙間から深い底知れぬような舞台下の電灯がおぼろげにみえた。

やがてパッと明るい広間に出た。幕の向こう側はもう舞台で、そこに有名な「銀の橋」がかかっているのだ。

みるとミシュタンゲットが五十万フランと称する桃色のダチョウの羽根の衣装を全身にまとい、同じ羽根でつくった二メートル四方もある大きな冠をかぶり、両翼を広げて、女王のごとく一座のものに囲まれて順番を待っている。舞台控室に入るとそこにいるみなが、「ジュウジュツ、ジュウジュツ」と珍しそうにみているので、まことに照れ臭い限りだが、今さら逃げも隠れもできない。

一行が「銀の橋」に登ると、スピーカーは三人の名を一人ずつ呼んで紹介した。

まず右の大統領に一礼、つぎには左のポアンカレー首相に対して一礼。いよいよ満場拍手喝采のうちに演技に移ろうとした。

ところが石黒がいざ相手の松尾と向かいあい、一礼をして顔を上げてみるや、

「ウワッ」

と、思わず吹き出しそうになった。

松尾のマユはあくまで太くつり上がり、ほほには二個の夕陽がついている。その世にも珍妙な顔をみると、おかしさがこみ上げてそれをかみ殺すのに懸命であった。

最後に石黒と藤田が取り組んだ。藤田がいざ舞台に上がって石黒の顔をみると、相手はまともに化粧をしていない。

(こいつ、おれをだまくらかしやがったな)

二人がやったのはチャンバラとの組合せで、最初、本物の日本刀を抜いて真剣の型をみせた。これは大いにパリ人を驚かしたとみえて拍手喝采を受けたが、つぎに乱取りになると藤田が耳元で、「おい、おれに巴投げをかけろよ」とささやいた。

石黒がそれで「やっ」とばかり巴《ともえ》投げをうったのはよかったが、手の引きようが少し曲がっていたので、藤田の体が橋から半分以上落ちかかってぶら下がってしまった。

あわてて周辺にいた者が寄ってたかって藤田を引き上げ、続行となったが、何しろ幅の狭い「銀の橋」の上のことであるし、両者の立ち回りは容易なことじゃなかった。

このようにしてフランス大統領を前にしての、彼らのジャポン柔道大公開は大いに冷汗ものとなったのであるが、それにしてもこうした際の藤田の即興的演出の才は大したものである。

彼は日頃、「現代では宣伝をバカにするものは、逆に遅れているんだよ。バカが宣伝すればそれ

だけのものだが、宣伝に実力が加われば鬼に金棒よ」といっていたが、宣伝自体にともなう演出力のうまさにも、到底常識人のおよばぬ才能があった。

その点石黒敬七も同じであるが、ただし彼の場合はその巨体と頓智《とんち》とヌーボーとした人柄自体の宣伝性にあって、藤田のとは異なっている。

この生来もって生まれたような宣伝性（人気）に、柔道家としての確かな実力が加わることによって、大いに欧州の格闘技愛好家をうならせたのである。

石黒の実力はウイリアム以外の、他の幾多の選手によっても証明された。

たとえばペダーソンというのがいて、彼はウイリアムに負けず劣らず怪力の持ち主で、かつてはグレコローマンの重量級世界選手権者である。このペターソンは、石黒が自分のホテルに柔道場を開いて間もなくやってきた。用件を聞くと、

「日本へいって相撲と試合をしたいから世話をしてくれ」

というのである。相撲とは以前試合をしたことがあると、古新聞の切り抜きをみせた。そこで石黒は階下の道場で稽古着を着せ、

「君は僕を投げてもしめても、逆をとってもいい。僕もその通りのことをするから」

といって取り組んだ。

ベターソンはかなりの年配であるが、筋肉は隆々ともり上がり、その体力はすごい。しかし平生は裸体で組んで、両肩を床につかすことしかやっていないので、稽古着を着るとすこぶる勝手が違う。そうした彼らが柔道の調子がわかるまでは、負かすのに大して骨の折れるものではない。

怪力ペダーソンと組んでは、たちまちにして巴投げで腕を逆十字にとり、勝つことができた。しかしこれはあくまで彼らが柔道との試合をする場合のことで、逆に柔道家が裸となってレスラーやボクサーとやったら間違いなく片づけられてしまう。

餅は餅屋、石黒は格闘術というものは同種類のものとやるのが一番望ましく、異なった種類の試合は避けるべきであることを彼に知らしめたつもりであった。

松尾も生まれつき人一倍頑丈な体をもち、柔道も結構強かったそうである。ただ柔道が強くとも、彼のナイーブな精神性が、その強さを絶対に発揮させない。その代償満足としての活力が、大いに底辺層での遊びに向けられていたようなのである。

松尾より藤田の方が、子供の頃から本式に講道館で柔道を習ったというだけあって、確かに実力があって後に二段をとっている。細身の体ながら、ケンカも強かった。武人の息子のせいか、本来激しい気性の上に格闘技をやっているから、自分でも意識的に力の行使には注意していたようである。

機会あって占い師にみてもらうと、

「あんたは刃物を持つと人を傷つけることになるから、刃物は持たん方がよい」

といわれたことがある。以来凶器を身につけたことがないばかりか、自分に対するどんな悪口三昧《ざんまい》にもひたすら耐える訓練を自己に課してきたのであるが、それでも若年時にはいくつかの腕力武勇伝がある。

ある日、例の藤田の異様な風俗をみて、街のアパッシュ（ならず者）が、いきなり彼の顔に煙草の吸殻《すいがら》を飛ばしてきた。相手は見上げるような大男二人。

「君、どうしてそんな無礼なことをするんかね？」と問うと、相手はいった。

「お前は気狂いだよ」

その返答を聞くやいなや、藤田は柔道の横捨身で二人を同時に敷石に叩きつけてしまった。それで一同は警察に引っ張られていったのであるが、藤田はかえって警官から「よくやった」と誉められた。ついでに署内の巡査が集められて、署長の前で柔道の講義と実演をしてみせ、その上近所のカフェの女にも大いにもてたということである。

またある時など、友達の妻君を侮辱した男がいたので助けてやると、相手はいきなりピストルをつきつけてきた。しかし藤田は驚かない。アメリカのマフィアのように、ポケットの中から無言のままで撃つ場合はどうしようもないが、ピストルを出して、

「撃ちますぞ」

などというのは脅しているだけで、決して撃つものではないと知っている。瞬間、藤田はハンカチを相手の顔面にぶつけてピストルを奪いとり、ねじ伏せてしまった。そんな点藤田嗣治という人物は単に機転や演出才ばかりでなく、つくづく度胸のいい男だと思う。

こんなことで、フランスでも日本ジュージュツは恐ろしきものとして、だんだんに知られるようになっていった。

だいたい陽気で血の気の多い画家たちは、口角泡を飛ばして芸術論をぶちあげることを好む。

その上にラテン系の人種となると、取っ組みあいも辞せずとなる。カフェ・ロンドンには、モジリアーニやキスリングなども始終きていたが、この二人も顔をあわせれば喧嘩口論である。ときには腕力ずくのケンカにまで発展する。そのたびに、

「フジタを呼べ、フジタを呼べ」

となって〝猫のフジタ〟が、今度は〝ジュージュツのフジタ〟として登場し、彼等の仲裁役を務めさせられていた。

その二人の喧嘩も度が過ぎて、やはりカフェ・ロンドンで画家のキスリングが、批評家のフロランス・フェルスに悪口をいわれたので、憤怒のあまりキスリングがフェルスの顔に黄金色のウンコをベッタリなすりつけた。これに対してフェルスは怒らんことか、大変なとっ組み合いの喧嘩になってしまい、しまいにはセーヌ河の真ん中のシテ裁判所で、著名人同士の異様にして滑稽極まる裁判事件にまで発展したことがある。

その際、当の裁判長が裁判の進行中にもかかわらず、しきりと鉛筆を動かしている。判決が終わって一同退廷しようとすると、裁判長が藤田を手招きして、一枚の紙切れを手渡した。みるとそれは藤田の似顔絵を描いたもので、裁判長は笑いながら、

「私は先日の稀代《きたい》の色魔ランドリュー事件の公判の際、彼の似顔絵を描いてね、それを売って金にしたが、今度は君の似顔絵を描いてまた一儲けするつもりだよ」

といい、あたかも少年のように、いたずらっぽく片目をつぶってみせたという。

10 次から次へとやってくる日本人の民間大使として奮闘する

前にも述べたように、松尾が『日仏評論』を出した一九二六年からパリを一時引き揚げ帰郷しての一九二八年（昭和三年）までの三年間は、松尾にとっても、フランスにとっても魅力的な黄金時代であった。

他方ではフランス国民は、右翼の台頭を気にしながらも平和に慣れ、束の間の好況に酔いしれていた。松尾にしても、パリ生活二十六年の間に、これくらい自分に集中した時期はない。毎日毎日が熱い、あわただしい時間の連続であり、上げ潮に乗ってあたかも、〝バル・カザール〟の青年たちのように奔放な世界にあったという。

バル・カザールというのは、フランスの数ある年中行事の中でも、もっともグロテスクで、日本では想像できないほど自由極まる舞踏会である。

主催者は美術学校の生徒や舞台関係の芸術家、文士連中だけに、やることも奇抜で、まずこの舞踏会に必須の条件は裸である。入口には厳重な審査官がいて、服をつけたものはどしどし脱がせてしまう。この日は白昼からでも裸の男や女が歩いている。つぎに体中、性器までも赤や青や黒に塗り、手に手に珍奇な道具をもって、裸足やサンダルで街へ繰り出し、酒を食らっては歌をうたうのだ。

この日ばかりは警官も何ともいわない。道をゆく人々も、この青春の若さと奔放さとを笑顔で眺めているばかり。舞踏場は夜の十時に開かれ、すべての儀礼を無視した裸体の男女の舞踏が始まる。セックスもある、喧嘩、口論もある、乱闘もある。そのためにこの日は、あらかじめ私立病院から医者と担架係が会場へ出張するという騒ぎである。

松尾は、この生涯におけるバル・カザールの時期に、一番遊びかつ仕事もした。

努力を集中していた文化交流の仕事もどうやら実り始め、オーベルランとの協力による最初の著作『其角《きかく》の俳諧』が、クレス社から出版されたのも二七年のことである。パリの記者連はこの頃松尾に会うと、

「おい……キカク君」

と呼び、パリ女は藤田が書いた本の表紙の「其角」という二文字を装飾的な刺繍にしたり、外出着の胸に飾ったりして大通りを歩いていたものである。

「君、大した人気だね……」

この頃パリにきた先輩詩人の川路柳虹は、フランス人の俳諧熱に驚き、クレス書店の店先でおこなわれた『其角の俳諧』の出版記念会にも出席してくれた。川路が群がるパリ人の前で、日本語に訳されたヴェルレーヌの詩を朗読すると、今度は美しい金髪娘たちがその後を追って、其角の句に抑揚つけてジェスチャーたっぷりにうたいあげた。

〝ハイカイ〟というういかにもエキゾチックな音律が、人々の耳に快い刺激を与えたのである。モンマルトルにあった〝ミカド〟というキャバレーの主人までがやってきて、

「マッツオ、うちのキャバレーの装飾に其角の句を書いてくれないか」

と頼みこんできた。松尾は即刻引き受け、翌日このキャバレーにいって、柱に用意された大きな細長い角行灯《あんどん》に、毛筆で太々と其角の句を五つ、六つ書いてやった。

「酒を妻、妻を妾の花見かな」

「有明の面おこすやほととぎす」

「この雨に花見ぬ人や家の豆」

またこの年には松尾の訳した『修善寺物語』が『ル・マスク』と改題されて、オデオン座の座主フィルマン・ジェミエによって上演された。松尾は歌舞伎通の画家大森啓助や、もと俳優だった瓜生靖などと、毎日オデオン座の稽古場を訪れた。そして一座の役者に歌舞伎の台詞の調子や見得の切り方、座り方などなど一切の仕種を教えてやった。

大好評の『其角の俳諧』については、オーベルランもむろん喜んでいた。やがて大枚の印税が支払われたのであるが、彼は、

「わたしにとって日本の文学を紹介するあなたの協力者であったという喜びだけが、何よりもの報酬です。お金はそれを必要とする人が受け取った方が宣《よろ》しいでしょう」

といって、松尾にあっさり印税の総額七千フランを渡してニコニコしていた。

この頃の七千フランというと、莫大《ばくだい》な金額である。当時は庶民の安タバコが二十本入りで二フラン・二十五サンチーム、地下鉄の三等が六十サンチーム、四合のぶどう酒が三フランから四フランで買えたのだから。まして貧乏人の松尾においてをや……。

だが、この大金は、まるで湯水のように彼の懐中から流れ出していった。金はあるだけデタラメに使った。日本人のガイドを務めて数多くの遊廓に通い、女たちのサービスと交換した。サン・ドニの「美しいめんどり屋」には、たてつづけに五回も六回も足を運び、しまいにはここのやり手婆からポン引きと間違えられて、

「リベート（謝礼）を受け取ってくれ」

と、金を出されたのにはまいった。

松尾は金があるにまかせ、いたるところを飲んで歩いたが、当時人気の絶頂にあった藤田もむろんそうした仲間の一人である。

二人は夜の十一時頃から飲み始め、酒場、キャバレーなど十二、三軒を一巡し、夜明けの六時頃になって、中央市場の近くにあったレストラン「エスカルゴ」へいってカタツムリのスープで精力をつけ、家に帰ってからまた仕事をするという具合で、二、三日ほとんど不眠のときもあった。

ただし利口な藤田は、どこへいっても酒は飲まない。チョコレートを食べ、ジュースばかり飲んでいる。周囲からは「フジタ、フジタ」ともてはやされ、アパッシュにももて、飲み屋の客は列をなして藤田のサインを求めるといったありさまである。

サイン用紙のない男は「シガレットにサインしてくれ」とせがみ、テーブルの色紙にいたずら書きするとそれを大切に切り取っていく者すらいた。

しかし松尾らは放蕩《ほうとう》を重ねたとはいうものの、盛り場のどの女にも誘惑されることがなかった。彼女らは徹底した現実主義者であり、内気を装ったり、センチメンタルな惚《ほ》れっぽい女なんぞ一人としていなかったからである。彼女らにとってお客とは男であるよりも、〝サイフ〟そのものであり、いかにしてプロらしく、巧みにそのサイフの紐《ひも》を解かせるかの腕を競いあっているにすぎない。

そんなある日、モンパルナスのカフェ・ドームのテーブルで、原稿仕事をつづけていると、席の隣で、同じように毎日忙しく原稿を書いている男がいる。不審に思って知りあいの画家に、

「あれは誰なんだ？」と尋ねると、

「ああ、あれは有名なロシアの作家、イリヤ・エレンブルグだよ」と教えてくれた。

日本からは後から後から、パリの松尾を訪れてくる者がつづいた。石黒も同様である。

今日でもパリ留学生には、日本のツーリスト会社にアルバイトで頼まれて、ツアーでやってくる日本人のガイド役を勤めているものが数多いが、ことに彼等二人はパリ・ガイド役としては打っ

てつけであった。なぜなら一方は『日仏評論』、他方は『巴里週報』という具合に二人とも情報媒体を抱える位置にあったからである。

新聞記者で政治評論家の山浦貫一は、松尾のことを「パリの文化人税関」だと評していたが、所詮、関税無料の一介の世話係でしかなかった。この〝税関〟にきた人物は小林一三、秦豊吉、大倉喜一郎、平福百穂、マヤ片岡などなど数え挙げると限りないリストになる。彼らのうち小林一三は、

「パリの裸体と名のつく一切を案内してみせてくれないか」

といい、『おらが国さ』の記者伊藤金次郎は、

「フランス一の美女に会わせてくれ」

といってきた。秦豊吉は当時、小林一三の依頼もあり、ジョセフィン・ベーカーを日本に招く計画をもってパリにやってきた。それで松尾は秦と二人でパリ西郊外ヴェジネにある美しいお城のような屋敷に招かれ、金のローソクを立てたすこぶる豪勢な食卓で、ベーカー夫妻と夕食をともにした。

その後しばらくして上海事変が始まって、「読売」のパリ文芸特置員という珍妙な肩書をもっていた松尾のところに、文芸部長の清水弥太郎から手紙が舞い込んだ。

「詩人の林芙美子があなたを頼ってパリにいきます。言葉の不自由な彼女のことですからよろしく。ただしその日、その日の風まかせといった彼女ですから、ほどほどにお世話してください」

林芙美子は昭和七年の春までパリにいた。渡仏当時しばらくは、松尾と一緒のホテルに住まい

していたこともある。彼女は初対面から好感のもてる女で、深尾須磨子が冷笑していたようなグロテスクな女ではなく、十年の旧知に会ったような思いがした。

芙美子の方も松尾に親しんでいた。思想傾向においても読書の選択においても、芙美子は松尾に近い存在にあった。彼女の詩才は辻潤に認められたという話を聴いていたが、友人にもお互いに共通な人たちが多かった。その後になって、『女流作家論』を書いた評論家の板垣直子が、松尾のところに訪れてきていった。

「松尾さんはパリで林芙美子さんと親しくしていらしたようですが、パリでの彼女の恋愛生活の話をしてくれませんか？　相手の男がどうもハッキリしませんので」

松尾は正直なところ芙美子が、彼のホテルを去って後パリで何をしていたのか、私生活についてはさっぱり知らない。後に読売社内の口の悪い仲間が、

「松尾さんはパリで、芙美子女史をものにしていたそうですが……」

などといいふらす者がいたが、そうした事実がある筈もなく、

「冗談じゃないよ。マルチンヌ・キャロールのような美女がいくらも溢れている花の都パリで、おれは芙美子を口説くほど飢えていなかったよ」

と応答していた。

林芙美子はそのパリ随筆集に、「下駄をはいて銘仙のそろいを着て」と書いているが、パリの街を下駄ばきで歩いたのは、恐らく彼女が初めてであろう。

このような大勢の日本人遊客の一人に、戸祭正直という豪傑がいた。彼は最初機械技師として

ロンドンに定住していたが、大会社の機械売買を始めて大金が入るや、いつもニッカーボッカー姿でパリに現れたのである。

この徹底した野人戸祭は、いつの間にか松尾の生き方にすっかり共鳴し、パリの盛り場を一緒に遊び歩き、あたかも虫のように群がってくる売春婦どもに札びらをばらまき、いっぺんに十本も二十本もシャンパンを抜いてものすごい豪遊をやった。

いたって気前のいい戸祭は「バロン（男爵）トーマ」と呼ばれていた。パリでは金持ちの旦那はみな男爵といい、女郎屋の女主人は「マルキーズ（侯爵婦人）」、夜の女の性病持ちを収容する病院を「シャトー（お城）」というように貴族ふうに呼んでいた。

松尾と戸祭は、場末のキャバレーで「スートナール」（男娼?）と呼ぶ男どもとも飲んだ。「恋の蝶々」とは「毛ジラミ」のことだと知り、「立小便してくるぜ」というのを「ちょっと壁をぬらしてくるぜ」といったようなシャレた卑語を覚えたのも、このような与太者たちとつきあったせいである。

松尾はかつての渡仏当時、彫刻家の佐藤朝山先生に連れ回されて、この種の享楽の味を覚えた。その頃に読んだ本によると〝アッフランシ（解放者）〟になるためには、つぎの資格を必要とすると記されていた。

1、性病患者だけが真のアッフランシである。
2、牢獄の経験者であること。
3、イレズミをしていること。

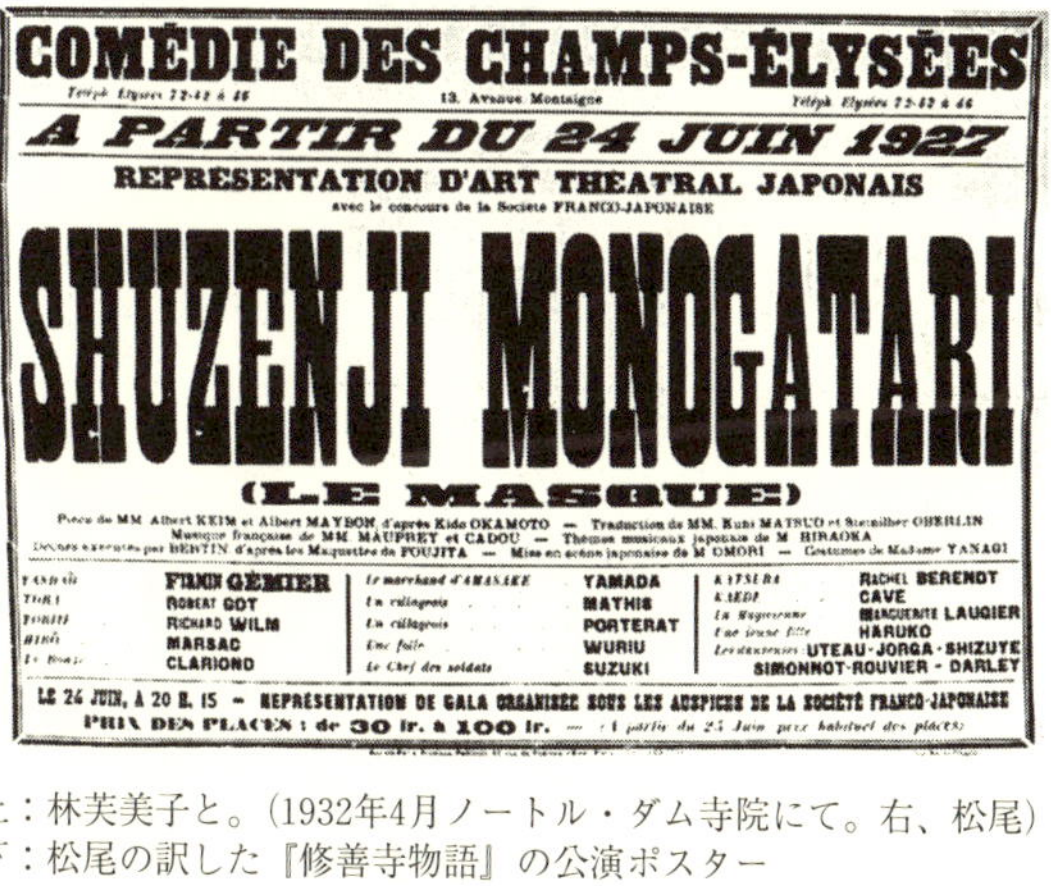

上：林芙美子と。(1932年4月ノートル・ダム寺院にて。右、松尾)
下：松尾の訳した『修善寺物語』の公演ポスター

4、売春婦を恋人にもっていること。
5、犯罪を断じて自白しないこと。
6、女性のアッフランシならば、姦淫の体験者であること。

これらの個条を読むや、彼らは何と恐ろしい冷笑的倫理の持ち主かと松尾は思った。

藤田は本当に手首に自分で「腕時計」の入れ墨を入れていたが、こうした徹底した倫理は、いわば底辺階層の人間の試みる反社会、反ブルジョア的反逆心から生まれたモラルであり、二十歳をいくつも過ぎていない頃には背筋が寒くなるほどの興奮を感じた。

愛人のセシルはさすがに女性らしく、このように松尾が放蕩《ほうとう》仲間と毎晩出歩くのをひどく嫌がり、内心怒っていた。

「腐敗の社会の見学など、一度すればたくさんじゃないの。いくら探って歩いたって人間のやることは限度があるでしょう。その限度は一度でわかるんじゃないの」

ある日、セシルは松尾の外套のポケットからハンカチを出そうとして、コンドームの袋を発見した。途端に彼女は真剣に怒り出し、何もいわず松尾のほっぺたを思い切りひっぱたくや、ワッと泣き出した。松尾はセシルの泣くのを初めてみた。それは嫉妬のせいというよりも、傷ついた自負心と愛人への幻滅のせいであったろう。松尾は、

「いやあ、実はそれは友人に頼まれて買ったもんだよ」

と本当のところを打ち明けたのであるが、時すでに遅し。そもそも女郎屋へいって女を買わずに帰ったといったところで、女を相手に通じるはずもない。まったくコッケイな弁明だったとい

うわけである。

　松尾はいつか、

「高田博厚がパリにやってきたときには、ロマン・ローランに紹介してやったよ」

といっていたが、当の高田は通俗的にいえば、そのように世話になっていながら、やはり松尾に近い某記者が彼を訪ねていくと、

「あれはパリのごろつきだよ」

というういい方をしていたそうである。

　高田はいったいどういう意図をもって語ったのか知らないが、私からいわせれば高田のことばは恩儀知らず――ととるのが誤解であるとすれば、やはり無理解なところがあったとしか思えない。いや、松尾が周辺の者にすら、「パリのごろつき」とみられたところに、松尾邦之助の真骨頂があるというか、名誉ある勲章ではなかったか、と思う。

　なぜなら先輩藤田は真のパリがわかるためには、パリの底辺社会、ことにアパッシュの世界がわからないことには、パリジャンの泣きどころがわからないと信じていて、積極的に彼らの仲間に入っていったが、同じように松尾はパリの歓楽街、ことにその女たちに快感（誤解されようが）と人生解放を夢みて遊びまわっていたのであろうと思う。

「君もまた片時なりと、繊細ではあるかもしれないが、なんかみみっちくてしめっぽい日本的美学を忘れて、彼女らのごとくあっけらかんとして、のびのび生きているアッフランシの人生を獲

得したら」と。

そうした松尾の前進的で、自己鍛練の〝倫理的遊蕩〟の世界に、私はむしろ、尊敬の念を抱く。

この松尾のいうアッフランシの世界については一応叙述したので、ここで、藤田の好んだパリの与太者群、とりわけ日本人にもなんとはなしに親しまれているアパッシュについて少し述べておくと、これはいわばパリの名物並の存在であり、与太者というよりは、日本でいえば「助六」並の「伊達男」の世界である。

第一格好からして、普通の人とずいぶん異なる。

彼らはたいてい鳥打帽子をかぶり、もみ上げをチョッと長くして、頭のひとつかみの毛を額にたらし、八の字の髭《ひげ》を細く生やし、口にはかならず煙草の吸殻をくわえている。服装は上着が短く、腰周りはスペインの闘牛士のように細くしばり、ズボンは下にいくほど左右に開いているが、これは〝パ・ド・レレファン（象の足）〟型といってなかなか粋なものである。

履いている靴は主として編み上げ。襟にはだいたい赤のマフラーを巻き、両手は前ズボンに軽く差し込んでいる。

これがパリの〝アパッシュ〟の見た目の恰好で、街角なり、街の居酒屋辺に巣をつくり、小唄や口笛などを口ずさんでいる。しゃべる言葉がまた独特で、彼ら特有のスラングである〝ジャバネ〟という特殊な言葉の使い方をする。このアパッシュのジャバネとなると、普通のパリ人にもよくわからない。

アパッシュらが好んで手にするのは手風琴《てふうきん》であり、大層巧みに奏でる。それから口笛で人を呼んだり、ほとんど目と目で話しあうだけで、言葉は極度に簡単にすましてしまう。ケンカなどをする場合をのぞいては、意志の疎通は目とジェスチャーだけといってもよいのがアパッシュである。

またアパッシュは自分の色女を売り物にもするが、同時にちょっと日本の俠客《きょうかく》みたいなところもあって、仁義も立てれば、力の弱いものを助けもする。ときには自分の身命を張ってでも人助けしようとする。そういうところが芝居になると、大衆が「かっこいい」とばかり大変感激して、喜ぶのである。

サン・ミッシェルの河岸の寂しい路地に、酒蔵の地下室をキャバレーにしたところがあった。藤田と松尾はそこへもよく遊びにいった。いつでも暗い湿った階段を降りて、重い木の扉を押して中に入ると、二、三十人のアパッシュやジゴレットなどがもうもうたる煙草の煙の中で踊ったり、談笑したりしている。藤田が顔を出すと、

「フジタがきた、フジタがきた」

と、わざわざ彼の座る場所をつくってくれる。あるとき一人のアパッシュが、

「ちょいと俺の顔を！」

と、ひとさし指で自分の顔のまわりをグルグルまわすので、藤田は「よっしゃ」と紙切れにその顔を描いてやったら、彼はその絵をもってちょっと外に出ていったと思うと、じきにもどってきていった。

「どうだ、いい手品だろう？」

みると右手に千フランの札を持っており、両肩をちょっと上げて笑いながら、「さあ、お礼だ」と白ぶどう酒を一本くれた。このようにアパッシュには、粋でシャイでカッコいいところがあるが、同時に純真なところがあり、わが身に応じた「知足」(足るを知る)の世界を持っている。

ある居酒屋では部屋の中に大きなロープが張ってあり、その縄に枝の上の鳥のようによりかかって一晩五十セントで過ごせるようになっているが、一夜、この店で、藤田は小銭がなかったので千フラン札を出して、傍《かたわ》らのアパッシュに「ゴールド・フレークかチェスター(煙草)を買ってきてくれんか」と頼んだ。

ところが相手は何時になっても戻ってこない。(さては金を持ち逃げされたかな)と思っているところへ当の男が姿を現し、

「あんな外国煙草は、この辺いくら捜してもありゃしませんでしたよ」

といって、千フラン札を返してよこした。そこで藤田は「なぜこの金を持って逃げたかったんだ?」と男に聞いてみると、この男は答えたものである。

「だってもし、この金を持ち逃げしたら、もうここの家にきて寝られなくなるじゃないか。そしたら俺は身の破滅じゃないか」

これは一アパッシュの言葉というよりも、フランス人の象徴なのである。

要するにフランス人というのは、身分相応のことしか望まない。その分に満足して、その日その日を暮らそうとする。だから自分のいきつけの安い料理屋なり、安カフェなりに十年一日のごとく通って少しも不思議としない。同時にまた親父の方も、店を拡張しようとか、仲間に対して

見栄を張ろうという野望を決して起こそうとしない。

「足るを知る」——フランス人は自己の分を知って他を羨《うらや》まず、日本人のようにセカセカと慌ただしく生きることを好まない。それだけにたとえ机一つにでも十年、二十年、いや生涯かけてでも努力して磨き上げ、すべてを芸術化することに倦《う》まない。そうした「知足と芸術」の精神は、近代的産業社会には不向きな点もあるが、日本人にとっては学ぶべきものがあると思えるのだが。

松尾と藤田は一緒によく出歩いた。

アパッシュのもとへ、日本でも戦前に一時流行した、麻薬のコカインを買いにいったりしたこともある。窓の下で口笛を吹く。すると二階のカーテンが細めに開いて、暗闇の梯子を手探りで上る。やがて壁鏡の裏から手が伸びて、紙包みを掌《てのひら》の上にのせてくれる。こちらからはお金の他に、白ぶどう酒の一本も渡してやる——といった具合である。

さてこちらは石黒敬七であるが、彼もあちこち出歩くことは好きであるが、本来藤田や松尾のような探究的、激動的、悪魔的なものには乏しい。いつもふらふら市街を散策している。ただしこれがまたこの街のいいところで、パリという街は、ぶらぶら散歩していてかぎりなく味わいのある街だ。

どの界隈《かいわい》にもその土地独特の表情があり、食事のあと、展覧会のあと、観劇のあとなどに、風景の移りいくままについついつい歩かされてしまう街なのである。

以前にも述べたように大道芸好きな人間には、ぶらぶら歩き自体が大道芸の観賞にもつながる。

彼らは大道のみならず、地下鉄の通路であろうと、ホームであろうと、車内であろうと、ギターをかきならし、中には客の摑《つか》まる二本の金属棒のあいだに幕を張って指人形をみせたりするのもいる。

それをみていて感心するのは、むしろ周辺の観客の方で、ちょっとした演技が終わるやすぐと一フラン二フランと出す。日仏の文化の差は、芸人の差よりもむしろ観客の差の方にあることを思わされる。

こうしたアマチュア文化の差に対するに、プロ芸人の差も大変なものである。石黒も稼ぎのガイド職業となれば別で、松尾と同じに、毎日、昼夜をわかたず日本人相手のパリ見物。昼間ならルーブル美術館、凱旋門、ベルサイユ宮殿……といった定食コースであるが、日が暮れるにしたがい、みなそわそわしだす。

端的にいって日本でいえば岡場所、白カルト、赤カルトのお嬢さん方の席である。大杉栄はせっかく自由の国、フランスへやってきたというのにカルト・ディダント（身元証明書）のために大いに悩まされたが、男にウィンクを職業とする女にも二種類のカルトがあって、無病健全（?）なものは白、病気持ちは赤となっていた。（どうやら現在も、この販売許可制（?）はつづいているらしい）

歓楽に関してはその昔も同じことで、明治十八年頃パリに遊んだ青木という人の著書には、学生街のサン・ミッシェルのことをうまく描いている。当時も日本からくる学校の教授連は、大抵このカルチェで、暇なときはいつも油を売っていたものらしい。

「巴黍には大小の、学校多く建立し、書生多く徘徊《はいかい》す。暇時《かじ》には酒楼《おちゃや》に快を買い、麦酒《むぎざけ》機嫌で行くもあり、総体昂気盛んにて、肩をいからし歩は高く、書生の状態いずくでもかわりし事はなきぞかし。且《か》つ此辺は巴黍中、狭き斜の巷にて、一二の街に私窩《じごく》あり、いといやらしき妖婦ども、午後より四方に徘徊し、強《しい》て客をば拘引《こういん》す。欧州中にもフランスは、随分淫《みだ》らの風ありて、識者の愧《はじ》る処《ところ》也」

まして昭和の御世《みよ》においてをや。遙々《はるばる》パリにやってきて、夜ともなれば、青年ならざる年輩の大学教授でも、政界の長老でも、一流芸術家でも、みな不思議に若い日の血がたぎってくるのである。

石黒や松尾は、パリ見物の重要コースの一つである、サン・ドニ旧城門脇にあるハサミ屋にもよく出かけた。ハサミ屋といっても別に紙を切るハサミを売っているわけではない。一見平凡なキャバレーのような細長い十坪ぐらいの部屋であるが、ここには身に何一つまとっていたいスッポンポンの美女が五、六十人はおり、客と同数の女性がテーブルについて接待に努めてくれる。テーブルは客の数によって離合自在。この夜も、石黒が当時まだ東京市議会議員の大野伴睦ら五人を引き連れていくと、二つのテーブルを合わせてくれ、客にあぶれていた女どもが十五、六人前に並んで立った。彼女らはいずれもルーブル博物館のチシャンやクリューズのような、美女専門の大家が描くような素晴らしい裸婦ばかり。初めての者だとこれだけでびっくり仰天して、

「もう帰ろうよ」

などと弱音をはく日本人紳士もいるが、さすがにこの一団はビクともしない。室内はえもいわ

れぬ香水の芳香が充満し、ロマンティックな音楽が静かに奏でられている。

この後が問題で、一行は前に並んだ中からこちらの人数分だけ品定めして選び出す。相手が決まると両テーブルに分かれ各人が好きな飲物を注文し、彼女たちにも希望のものをとらせる。

ワイワイいっている間に、美女たちのアトラクションが始まる。これがハサミ屋のハサミ屋たる所以で、彼女たちは一斉に手近のテーブルの角に、一フランまたは二フランの金貨を置かせて、それを自分の秘部ではさんで、わがものとしてしまうのである。その巧みさには驚いてしまう。

一行の中の一人が酔狂にも、

「ようし、このくらいならどうだ」

と、二フラン金貨二十枚を卓の角に積みあげた。すると一同が見守るうちに、一人の遊女ならぬ勇女が登場、見事にはさみとってしまった。これをみてさすがの一同もくじけ、酔いも覚めて退却に及んだという。

この他にもフューメ・シガレット、すなわちスモーキングというのもあって、日本語でいうと〝喫煙〟であるが、要するにまたしても華門による〝煙草吸いの曲芸〟である。

これは火のついた煙草をソコの部分でくわえ、いかにも吸っているかのようなモーションをしておなかをへこます。するとどうした技術によるものか、不思議にも火のところがポーッと明るくなり、それから一、二秒の間をおいて静かにおなかをさすりながら天井を仰ぎみて「フーッ」と息を吐くと、不思議や不思議、口から煙草の煙がスーッと天上へ立ち昇ってゆく。しかもこれが一回だけじゃない、二回も三回も吹き上げるのだからまさに驚きとしかいいようがない。

その他この周辺には、いろんな趣向をこらした女郎屋があった。中には小さな小人並みの女性ばかりを集めて、髪には赤いリボンをつけさせ、十二、三の少女のような衣服を着きせて客に侍《はべ》らせる店もあった。最近の日本では珍しくもないようであるが、動物の犬と可憐な乙女との熱烈ラブ（?）の場面をとっくりみせてくれる秘密クラブもある。

また、今は別名〝日本人通り〟として名高い、オペラ座の通りには、有名なジョルゼットという片足の松葉杖の美人がいて、普通なら片足の女だからと誰も相手にしないと思われようが、それが大違いなのである。片足の女のリズムはアンバランスでかえって変調の魅力があるのか、具合がよろしいというのでツーリストに大いに受けていた。

観光、つまりはお上りさんといえば、昔の話に面白いのがある。

文久元年、竹内下野守《しもつけのかみ》ら修好使の一行がマルセイユの港に着いて、歓迎の宴にのぞんだ。その際、使節の隣に座っていた福地桜痴がどうも変な臭気がすると思って注意してみると、先ほど便所に立っていた正使から発散するもののようである。

それで便所へ偵察にいってみると、果たして便所の出口にボーイが置き忘れたか、満々と黄金色の水をたたえた壺が置いてある。これだなと思って座に帰り、正使に聞いてみると、やはり手洗い水と間違えて壺の水で手を洗ってきたのであった。竹内正使は、

「異国は水が悪いと聞いていたゆえ、少々黄色いとは思ったが…」

と少々黄色い声の返事をしたという。

このように、浜の真砂と五右衛門の類はいつの世にもつきざるがごとく、洋行赤毛布（赤ゲット）

ぶりは後がつきない。大正・昭和の御代に入ってからでも、いろいろな人物のいろいろな滑稽譚が今日伝わっている。

石黒の話によると、ひげと豪傑ぶりで名高い別名蒙古王、佐々木照山代議士がフランスへきたことがある。ただし彼の語学といえば、「コンビアン?」(いくらですか)の一語しか知らない。この一語を使いたいばかりに、彼はパリ中「コンビアン、コンビアン」と連発して歩く。タクシーに乗って下りると、すぐ運転手のそばへ寄っていって「コンビアン?」とやる。運転手が返事をするためにメーターをみている間に、当の値段を聞いた方はもはや向こうへいっていない。

歌舞伎役者の市村羽左衛門のパリ滞在もとんだ赤毛布(赤ゲット)ぶりで「ルーブル、ルーブル、とみないうから、何だと思っていってみたらヤソの絵ばかりじゃないか」とか、凱旋門を指さして「この玄武門はいったいなんだ?」とか、傑作の連発であったが、特に凱旋門の騎士が裸体で剣をふるっているのをみて、「こいつらはみんなボケナスだな」といったのには、みんなして大笑いしたとのことである。

観光客といえば、一九二六年の八月、栃木山が横綱をやめて半年も経たないうちに、突然その堂々たる体軀《たいく》をモンマルトルの諏訪旅館に現している。この栃木山関は万事大がかりで、石黒、松尾らはずっと驚かされっぱなしであった。

着いたその日の夕方は、肩の張らない日本料理「ときわ」で本場のぶどう酒、赤白混ぜて十本を軽く空けてしまった。翌日からはブドウ酒のことは一切口に出さず、もっぱらブランデー党になった。「ときわ」で日本酒と混ぜて飲んだので悪酔いしたのを、てっきりぶどう酒のせいと思ったのだろう。石黒がホテルを訪れると、

「ぶどう酒って奴は腹を下していかん」

と、もう半分に減っている三星へネシーのびんを差し出した。石黒なら小グラス二、三杯で酔ってしまうような強い代物である。そのため「のどがかわいたから」と水道の水を飲もうとするから、パリ人が日常飲んでいるエビアン水をとってやると、

「こりゃ舌ざわりがよくてうまい。一升びんで十本ばかりもってきてくれ」

と途方もない注文をしたので、傍《かたわ》らのギャルソンが驚いて首をすくめた。

松尾が若いころに就職の世話になったという諏訪旅館の主人、諏訪秀三郎という人も、実は大変な人物である。

彼はパリ日本人中の最古参で、パリにきたのが明治五年、寺内正毅ビリケン元帥とともに留学している。光妙寺三郎、中江兆民、西園寺公望らの秀才と肩を並べて、モンマルトル、シャンゼリゼをねり歩いた間柄である。ところが他の俊英はみな日本に帰って元帥、新聞社長、公爵となったが、諏訪青年だけはパリ娘と恋仲になり、栃木山の訪れた年は実に五十六年目の七十二歳であった。

したがって諏訪老人は、天下の強豪力士栃木山が泊まっても、彼がどんな男かわからない。フランス語も知らない強そうな坊主がきたが、いったい何の目的でパリくんだりまできたのだろうとサッパリ合点がゆかない。それで石黒が詳しく、

「諏訪さん、あんたは谷風、雷電なら御存知であろう。その谷風、雷電ぐらい強いのがこの栃木山ですよ。あんた太刀山を御存知か。あの強い太刀山に一番先に砂をかまして、日本中をアッといわせたのがこの人なんです」

と説明に及ぶとようやく納得していた。

そんなある日、石黒が、

「松尾さん、横綱を藤田さんにひきあわせてみようよ」

というので、三人が同伴して、藤田の家を訪れたことがある。そのときの話もケッサクで、栃木山は台所でバケツにいっぱいのキュウリもみをつくり、それを全部一人で平らげてしまった。その際藤田が急に思いついて、

「栃木山さん、実は出品までに後五日しかないんですが、どうですか、あなたのハダカの体軀《たいく》を描かせてくれませんかね？」

と頼むと、栃木山は軽く応じてくれた。その場で早速衣類を脱ぎ捨てる。左の鉄砲の得意のポーズをとってくれた。これは見事だった。素晴らしい筋肉がムクムクと隆起し、一瞬の間にロダンの彫刻に早変わり、これにはさすがの藤田もすっかり驚嘆していた。

肖像画を描くに当たっては、手を紙の上に置いてもらって実寸法をとり、身長の寸法もきちんと計って絹地に実物大にしあげ、同年のサロン・ドートンヌに出した。日頃藤田の裸女に親しんでいたパリ市民は、突然、もの凄い筋肉美の男性が現れたのでビックリしていた。展覧会の終了後藤田が、

「この絵は横綱に差し上げてもいいのですが」

と申し出ると、栃木山は「いいよ、いいよ」と辞退したので、この作品はグルノーブルの美術館に納められた。

11

パリ祭で悪童ども、辻潤にならって「新ストトン節」をうたう

私が日本を出るに当たっては、むろん早々の旅立ちだったとはいえ、西海太郎氏そのほかのお世話でそれなりに調べていった。手に入るかぎりの松尾の著述からすべての地名と場所をぬきとり、パリ地図に対応させながら、できるだけ効率よく回れるよう計画していったつもりである。

そのできあがった「松尾地図」なるものをよくみていると、明らかに、地名同士の関連性が浮かび上がってくる。つまり松尾の生活行動半径がぼんやりわかってくる。

その中でも典型的なものが、リュクサンブール公園に近くて、しかも下町の雰囲気のある十四区のラミラル・ムーシェ街にあった仕事場の印刷工場である。ここは藤田の住まいには近いし、石黒のサンジャックの道場へも歩いて十数分、それになによりもここに働くことで新来の日本文

士である辻潤と親しく付きあうことができた。

一九二八年一月パリ到着の辻潤は、まず十四区モンスリー公園街四番の〝オテル・ド・ミディ〟という、大きくはないが、小ぎれいな宿に陣取った。ホテル・ミディは地下鉄《メトロ》のダンフェル・ロシュロー駅のすぐ前に建っている。通り名は二、三年前まではモンスリー公園街といっていたが、今は香水王のルネ・コティ通り四番地と地名変更している。

ミディとは南の意味で、十四区はパリの南端にあたるため、この名がつけられたのであろうが、辻潤がどのような縁でここへやってきたのか、よくわからない。

辻潤は、到着して十日あまり、毎日ハガキや手紙を書くことに忙殺された。

辻のパリでの第一印象はといえば、季節の関係かもしれないが、東京に比べて、全体がかなり古風な感じを受けたことである。ガス灯がついている静かな裏町などはまったく前近代的で、(これじゃあ、まるで日本の江戸時代だな) と思わされた。歩いている男女の服装なども、押しなべてジミである——としている。

生活の面で辻が何より閉口したのは物価の高いことで、いつか画家の林倭衛が、「パリでは煙草を二つ節約すると、一度飯が食える」といっていたが、本当にその通りで煙草のマッチは五十本入りで三銭もする。辻のような煙草好きには、これが一番こたえた。

もっとも中には安いものもある。一月十日、日本を去る歓送会の席上、フランス通のアナーキスト石川三四郎が、

「辻君には別に何もいうことはないが、フランスにいったら、まぁせいぜいぶどう酒でも存分に

飲んできてもらいたい」

といっていたが、パリの水はまずいし、確かにぶどう酒の値段が安いので、辻も水代わりにガブガブやっていた。

本に関してはパリ到着後最初の一月ぐらいのあいだは、もっぱら中里介山の『大菩薩峠』を読んでいた。（こんな大部の長編は、日本にいたんでは読めるはずがない。これもひとえにパリ滞在のお蔭《かげ》……）と思いながら読み出したら止《や》められない。「都新聞」に連載されていた時分に読んでいないわけでもなかったが、こんなに興味をそそられる面白い読み物だとは夢にも思わなかった。

やがて春の訪れとともに、辻潤は宿を変えることにした。なんといっても予想通り食費が一番こたえたので、今度はモンスリー公園に近い〝オテル・バッファロ〟という自炊ができる宿に移り住んだ。

このホテルは角地にあって、向かって右手はボーニエ街一番地でもあるが、正面はトンプ・イソアール街の一三八番地である。ただしここは、近所の人の話によると二十年ぐらい前までは確かにホテルであったが、現在は貸しアパートになっているのだそうである。このあたりは極めて閑静で、辻潤のいた部屋からモンスリー公園がみえたという東向きの五階二十九号の部屋は、窓が閉まって静まりかえっていた。

辻は「近くには、藤田嗣治が住んでいるそうである」と書いている。

近辺には石畳の多い静かなたたずまいの住宅地区があり、中心地の大きな建物はないが、蔦《つた》のからまる古い洋館が並んだりしている地域がある。吉崎君の話によると、そこのちょっと奥まったシックなブラウンの建物の一角は、パリのもっともブルジョアの連中が住んでいるそうで、藤田も一時住まいしていたことがあるという。

ところで、辻がつれてきたハイティーンの息子のまことは、実に活発なものである。

フランスの五階というのは日本流でいえば六階。一気にかけ上がるにはちょっと息が切れる。むろん安ホテルのことだからエレベータはない。この階段をまことはドタドタ乱暴に昇降する。そして自分の部屋のドアを開けるや、バタンと景気よい音をたてて閉め、壁ぎわにあるベッドの上でジャンプしたりするのだ。錆《さび》のきいたスプリングが、そのたびにギイギイ悲鳴を上げる。

すると、夜ならば決まって隣からドンドンと壁をゲンコツで叩く音がした。隣室のマドモアゼルの「ウルサイゾー」という信号である。そんなときまことも負けてはおらずに、思い切り強く、ドンドンと壁を叩き返す。こちらは、「ナニイッテヤンデエ、クソババア」という意味である。

隣室のマドモアゼルは五十歳ぐらい、八〇キロはありそうなデブ婆さんであるが、ついに怒り心頭に発し、この無礼なるハイティーンの行為をホテルのおかみに告訴した。宿のおかみは、これまた筋骨たくましき女丈夫であったが、一週間に二度シーツをとり替えにくるたびにまことに向かって、

「汝はなぜそれほどに野蛮人なのか？」

と延々と説教を重ねるのだった。その間親父の辻潤は馬耳東風、どこの子供のことやらといったふうに知らんプリしている。

室内はおかみが、「まるで馬小屋だね」とこぼしているように、本だろうと、衣類だろうと、そのまま散らかしっ放し、超怠け者の辻潤の世界には、「整理」とか「掃除」などという文字はないのだ。まことが水洗便所に魚の頭を捨てて故障を起こしたときには、すんでのことにこのホテルを追い出されるところであった。

ある日、こんな場末の安下宿〝オテル・バッファロ〟の屋根裏の一室へ、ひょっこり松尾邦之助がやってきた。

なぜ松尾が訪ねてきたかというと、松尾とすれば辻潤の噂は、無想庵や印刷工場の吉田保からたびたび聞かされていて、当初から一度辻潤に会いたいと思っていたのであるが、たまたま『レ・ヌーヴェル・リテレイル』をみていたら、辻潤の記事が出ていた。記事には漫画もついていて、山高帽をかぶり、チョビヒゲをはやしている。伸びた頭髪から落ちたフケが、襟から背にかけて点々とついているところまで描かれ、解説には「日本のダダイスト辻潤、パリ訪問」とあった。

それで松尾は書評依頼の用件も兼ね、朝の十一時頃、今もある公園脇の貯水池の近くの辻の小さなホテルへいった。

ラミラル・ムーシェ街からこのホテルまでは、歩いて十数分と近いし、ホテル自体が日本人に縁があって、いつも日本の貧乏画家が二、三人泊まっていたので、勝手はよく知っている。松尾は昼間でも薄暗い廊下を手探りで上り、五階の二十九号室にいる辻潤の部屋の戸を軽くたたいた。

室内ではゴソゴソ起き上がる音がした。しばらくして寝間着のままの辻潤が出てきて、静かに

戸を開けると、

「ああ、あなたが松尾さんですか。こちらの無想庵からも、東京にいる井沢弘からも、たびたびあなたのお噂は聞いていましたよ。さあ、どうぞ入ってください」

そういって辻は、松尾を垢だらけのソファーに案内した。室内はまるでクモの巣のように散かっている。卓の上には食い残りの飯や、洗ったことのなさそうな箸やフォークが、愉快な散乱ぶりをみせていた。

「どうですか、ご見物はもうすまされましたか……」と、松尾が尋ねると、

「いや、どうも例によって不精なもんで、どこへも出かけていませんが、人に連れられて昨日ヴェルサイユというところへいってきました。あれは天下の醜悪といいたいくらい嫌な建物ですなあ。ルーブルにしても、ああ一緒にゴタゴタと陳列された日には、ありがた味もなにもありません」

と率直に答えていた。

「おい、まこと起きなさいよ」

辻潤がベッドの方に向かって、急に、声をかけると、布団の中でハツカネズミのように丸くなって眠っていた息子のまことが、ちょっと首を出しただけで、すぐにまた引っ込めてしまった。

「辻さん、もうここの文壇人の誰かにお会いになりましたか？　最近の文学であなたになにか面白いものがありますか？」

とあらためて尋ねると、辻潤は、

「吉田さんが紹介してくれたので、『レ・ヌーヴェル・リテレイル』の記者に会っただけです。パ

りには本がやたらにたくさんあるので、何が何やらわからんですなあ、あははは」

そういって、辻潤はさも愉快そうに笑っていた。松尾はこのような辻潤に出あって、そのゆうゆうたる率直さと自然な態度にぞっこん惚《ほ》れ込んでしまったのである。

このころ松尾は、並木の樹木だけは美しいが貧乏街のトーマという好々爺《こうこうや》の小レストランで、工場の連中と一緒に毎日食事をしていた。下には下があるもので、貧弱なこの松尾の工場の会計に頼って、すでに数人の日本人が寄り集まってきていたのだ。

足指には鼠のフンのような垢がこびりついているのに、ネクタイとカラーだけはいつも清潔端正にしている吉田。白粉刷毛《はけ》を常に顔にたたきつけている美少年画家のK。日本を船出する時、宝塚の少女たちが赤い風船玉を飛ばして見送ってくれたという、舞台装置家の野地という青年……。

何《いず》れもが、印刷工場で働いた経験をもってはいなかったが、この工場に流れ込んでくるからには、みんな一日二回の飯にさえありつげればいいという、貧乏には無感覚といえるほど善良で、明朗な連中ばかりであった。

この工場コミューンの夕飯時には、通常勤務している人間以外に、武林無想庵や彼の娘のイヴォンヌ、辻潤、それから仕事用に中西社長が買ってくれたボロ自動車で、パリを駆けまわって喜んでいるまことと少年等々が参加した。ある日、吉田が松尾に、

「辻さんが、あなたにお願いしたいことがあるというのですがねえ」

といかにも相手の心を探るような言い方をした。

「まだ紹介していなかったのですが、実は辻さんは、石川三四郎さんに頼まれて大海忠助という青年を一人パリに連れてきているのです。それであなたさえよろしければ、工場で使ってもらえれば大変ありがたいというのですが……」

こんな話をして、二、三日すると吉田は、小柄だが好人物らしい大海忠助というザンギリ頭の青年を連れてきた。工場の財政からいえば、またまた一人流浪人が増えるのは重荷だったが、どんな条件でもかまわないというし、

「工場にさえ寝かしてもらえばホテル代も助かりますし、ぜひなんとか」

と淋しい顔をするので、松尾は断る勇気もなくつい頷《うなず》くと、その日の夕暮れにはもうタクシーで身の回りの品物を運んできた。そのとき驚いたのは、大海は日本からわざわざ布団をかついできていることだった。

工場にはむろんベッドがない。部屋の入口に、中西社長が「夏になったらここで涼みなさい」といってわざわざつくってくれた涼み台が置いてあった。大海はこの台をみつけるやすぐと、「僕、ここに寝ます」と台の上に布団を積み重ね、日中はこまめに工場の整理やなんかして働いていた。

パリでの辻潤は、たまに煙草を買いに出る以外はほとんど外出せず、部屋にばかり閉じこもって暮らしていた。誰か知人がやってきて外へ連れ出してくれない限り、たいていの日常生活はベッドの上で片付けてしまうのである。同宿の人間があんまり辻潤がどこへも出かけようとしないので、どこか体の具合でも悪いのではないかしらと心配したほどである。

用事はないわけではなかった。日本を出るときに、たくさんのパリ在住芸術家への紹介状をも

らってきていた。それをこなすだけでもかなりの日数を要すると思われたが、一度エルネスト・ブレッソン街の某画家を訪ねて、六階の階段を降りたり昇ったりしたあげくに居留守を食わされて、人の訪問はもうこりごりという気になってしまった。

それでもソビエトの作家イリヤ・エレンブルグだけは特別で、彼が毎日通っているカフェ・ドームを訪れて面談している。日本を出発する際に『フリオフレニトとその弟子達』の訳者河村雅から訳本と手紙を託されてきていたからである。

エレンブルグは一見三十七、八歳、口数の少ない温厚な紳士であった。身なりも並の人と変わらず、よくありがちな「私は芸術家でございい」などという感じは少しもない。ただ静かに、よほど好きらしくみえるパイプ煙草をくゆらしているのみであった。

パリへやってきて、この土地の水にあうかどうかという問題は、いろいろの偶然と客観的要素があると思うが、その人のパーソナリティにも大いに関係あるようである。

「フランス人はどうですか?」と質問すると、例えば西海太郎先生に紹介していただいた、フランス人を夫にもつオーディベール・和枝さんは、「率直でいいんじゃないですか」と答えてくれたし、同行した渡辺四郎さんは、語学は数字以外にはまったくできないというのに「帰りの航空券を無駄にしても、フランスにしばらく滞在してみようかしら」などといいだしている。

反対に、吉崎君はロンドン生活が長いせいか「イギリス人の方が、日本人になじみやすいですよ」と、これも体験をつうじて語っていた。

　わが辻潤氏は、自らコスモポリタンを名乗りながち、現実の西欧に接しては、江戸の札差の末裔《えい》がもろに顔を出して、立ちはだかる壁のような異質な文化の前にひたすら黙して呻吟《しんぎん》していたのである。

　到着早々の忙しさがすぎると、辻は少ししんみりとしてきた。

　オテル・バッファロは静かな高台にあったから、食後の煙草をふかしながらぼんやり町を見下ろしていると、そぞろ国が偲《しの》ばれてくるのである。その程度ならまだよかったが、春もたけなわになるにしたがい、かつての松尾と同じように辻潤も日中は半病人のようになって床に臥《ふ》すようになり、次第に異国ノイローゼの状態に近づいていた。

（それにしてもおれのパリ行きには、大勢の人間が家に押し掛けてきたなあ）

　出発当日には、義弟の文芸評論家・津田光造夫妻やアナーキズム文芸の塩長五郎もやってきた。辻潤は丹前の上に羽織を着て、長火鉢の前に泰然と座っていた。

　ただ傍《かたわ》らには、居残ることになった妻の清《きよ》がぐでんぐでんに酔っ払ってしきりと「おんおん」泣き声を上げ、なにやら夫に訴えている。それを辻はあたかも娘の父親のように「よしよし」と背中をなでていたわっていた。辻はそのときの妻の清の可憐な姿態を思い出すとたまらなくなり、少年のように純粋な気持ちに導かれていくものを感じた。そしてやにわに引出しから箇用箋を取り出すや、故郷の妻に向けてペンを走らすのだった。

私は今、大変素直な幸福な気持ちでいる。で、ちょっと書きたくなった。自分は今、飛んでもないことを空想している。それは飛んでもないことではない。なんだか、スグ、実現できそうだ。僕は君をスッカリ、信頼して、君に僕の霊魂と肉体を預けて、一生懸命に仕事をして、本当にもう充実しきった、生活をしたくなった。

こんどかえったら僕はもう酒を本当に少なく呑んで、自分の力一杯に仕事をしてみたい。君を助手にしてウゾウムゾウと絶縁して、僕の全部を叩き込んで勉強する。キットやってみせる。僕はとにかく君がきてくれてから、かなり落ち着きのできたことを今ハッキリと感じることができた。どうか僕のこのおかしくも不思議な計画を笑わないでくれ。

初夏になった。

さすがに少しは気持ちの落ち着いたころ、南方に住まいしていたらしい武林無想庵が、遙々《はるばる》パリの辻潤を訪ねきた。

「やあ、君だろうと思っていた。昨日大海がきて、君がくるといっていたからね」

ダダイストの異名をとるこの二人はともに連れだってのハシゴ酒の名手であるばかりか、同じ比叡山の宿院に宿して各々優れた仕事をなしとげているが、以来関係はまったく変っていない。お互いに久しぶりに会ったといっても、両国間で始終手紙のやりとりをしているので、いまさら特別の感慨もないのである。

「なんだ、まだ寝ているのかい。もう昼間の一時過ぎだぜ」

「そうかい、なにしろ夜が遅いもんだから、まあそこへかけてくれたまえ」

無想庵は外套もぬがず、カスケードもかぶったまま、辻が下りようともしない寝台の前の椅子に腰掛けた。

「寒いねパリは」

「ああ、寒いよ。まるで冬だね。マロニエの花も散り始めたというのにね。それにこう雨ばかり降られちゃ助からない」

こうした大人同士の問答のあいだ、まことと少年はコーヒーを入れたり、新しいパンなどを買ってきて、テーブルの上に置いたりしてまめまめしくサービスしている。

辻のホテルでの食い物は、アルコールランプによる自炊のお蔭で、一日に一度は米の飯にありつけるのだが、これはみんな息子のまことがやってくれるのである。食料の買い出しから身のまわりの世話まで、一切やってくれる。親父がミソをなめたいといえば、早速パンくずを買ってきてビンにつめ、なにやらミソらしきものをつくってくれた。

辻潤は依然として、寝台の上であぐらをかいたまま、そんな息子の甲斐甲斐しい働きぶりをボソボソ話して聞かせた。その合間にパタリパタリと煙草をふかしている。やがてビールがつき、飯もすんで時計を見ると、もう夜の十時を回っている。無想庵はあわてて外套を着て立ち上がった。

その後、数日おいて無想庵がまた辻のホテルを訪ねてきた。この日はぶらぶら散歩に出かけることにした。そのうちに無想庵が、

「ペールラシェーズへでもいくか?」

といい出した。ペールラシェーズとはパリ東方の有名墓地、ここには数々の著名人とともにオスカー・ワイルドも眠っている。ものぐさ辻潤もなんとはなしに心を動かされて、「それでは」ということになった。

ペールラシェーズはなるほど由緒ある墓所だけに、周囲全体が高いツタのはった土塀に囲まれた立派なものであった。

だが目指すはワイルドの墓のみ、他の墓地には何の感慨もない。ワイルドの墓に着いてみると、辻は(少なくともボードレールの墓より気がきいているな)と思わされた。墓石にはアッシリア風の人間だか、天使だか動物だかわからない生物が彫刻されており、裏面には彼の生涯の略歴と「これは生前のワイルドの女性ファンによって建立されたものである」という意味の文字が記載されていた。

それから二人はワイルドの墓の傍らの日当たりのいい草原に寝転がって、一時間ほどとりとめもない話をしていた。パリの午後のやわらかな日差しが、二人の日本人を包み込むようにふりそそいでいた。

松尾と辻は、ときどき出あっている。出あうというよりは、辻に魅せられた松尾が辻に会いに行くのである。ある日、一緒にポルト・ドルレアンのカフェで酒を飲んでいるところへまこと少年がやってきた。

「お父さん、おあしをくださいまし」

子供に小遣いを請求されると、親父の辻潤はシャツのボタンをはずし、胴巻きにしてあった唐草模様の長い銭入れの袋をひきずり出した。その東洋の得体の知れないバッグを周辺の人々は驚いた眼で見つめていたが、当人は一向に平気なもので、悠々と右手を深く突っ込んで札をつかみ出し、息子に与えた。

まことも慣れたもので、二十フランを手にするやサッサと出ていった。

松尾はこうした姿形に現れた辻潤の生きる態度、姿勢を眺めていると、いかにも〝東洋人〟のよさを自覚するのである。ロマン・ローランやアンドレ・ジイドが、東洋に深い興味を抱くのも無理ないと思った。

松尾は辻潤のいいたいことはいい、しかもそのすべての言動に人間的な情が働いている姿にすっかり脱帽していた。男が男に惚《ほ》れるといったところがあった。だからパリでしばらくしか交際していない辻潤を、戦後帰国してからも大吹聴《ふいちょう》して歩いたのである。

（辻さんにくらべて、親友と称する彼はなんだ……）

松尾は無想庵について、そう思った。実は武林無想庵は、辻潤を訪ねたそれ以前の一九二八年の三月に、ラミラル・ムーシェ街の松尾の印刷工場を訪ねているのである。

「松尾君、君の工場の奥にある、あの物置を僕に貸してくれないかね。もちろん家賃は払えないんだが……」

無想庵はそういいながら、蒼白でむくんだような顔をして、ヌッと松尾の前に立っていた。「最近の無想庵は文子にもすっかり愛想つかされ、食えなくってもう、ニッチもサッチもゆかなくなっているんだ」という話だけは聞いていたので、内心（困ったなあ）と思いながらも、例によって頼まれごとに弱い松尾は、事情を一言も聞くことなく応じた。

「あそこはジメジメして暗いところですげど、今は紙が置いてあるだけでスペースもあるし、木の縁台もありますから、あれを寝床代わりに使ったらいいでしょう」

松尾は無想庵が、かの「モンテカルロ事件」後、一文なしになったとき「朝日」の重徳泗水に頼んで、日本へ、

「ムソウアンキガニヒンス」

という電報を打ってもらった。するとこの電報が効いたらしくて、折り返し日本の雑誌社から金が送られてきて一時救済になった。それが今度は、またしても懐中無一文で、自分まで「穴」と称している、松尾の物置に転がり込んできたのである。

無想庵は食事もろくに取っておらず、どこかトゲトゲしい感じになっていた。それでも使用許可が出るや、無想庵は早速うす暗い物置の窓辺に座ってしきりになにやら原稿を書いていた。ときどき「穴」のような物置から出てくると工場のガスで飯を炊き、生卵をぶっかけて食べたりしていた。

ある日、無想庵がどこからともなくあわただしく帰ってきて、神経質に手をふるわせながら松尾にいったものである。

「ちくしょう、バカにしてやがる。あの重徳め、いつかぶん殴ってやる」

激しい剣幕に驚いた松尾が、「どうしたんですか？」と問うと、

「ぼくが前回同様に、もう一度『飢餓に貧している』という電報を打ってくれと頼んだら、重徳のヤツ『二度はご免です』といって断りやがったんだ。ふざけている」

と怒りながら「穴」の中へ、まるで妖怪のようにふらふらと姿を消していった。


初夏を過ぎては、いよいよほんものの夏の到来である。

フランス人はバカンス（長期休暇）でみな海へ避暑にいく。しかし松尾の工場だけは日曜も夜もあらばこそ、全員ムチャクチャに働いている。工場近くの、マユズミだけ濃くぬっているので、松尾らから「マユズミ」のあだ名を頂戴しているバケ物みたいな後家女が、やってきて、

「あんた方日本人は、まるで黒人みたいに働くんだね。まったく驚いちゃう」

と感心していたこともあった。

この夏の七月十四日「カトルス・ジュイス」（共和祭）、日本流にいえば「パリ祭」の夜のことである。松尾は辻潤との交遊の中でも、最も愉快な思い出がある。

「共和祭」はフランスの数多くの行事の中でも最大のもので、この日には――今日ではほとんどそんな光景は見られなくなったそうであるが――昔は映画『パリ祭』に見られるように、老いも若きも、大人も子供も、すべての市民が昼間から酒をのみ、街頭に出て踊って楽しんだ。この日ばかりは奔放な男女の交際もおこなわれ、祭の後では母になる女が急に増えるといわれたくらいである。

工場で働きづめの松尾らも、さすがにこの日ばかりは早めに仕事を切上げて、安宿でミノムシのように寝つづけている辻を誘って、学生街のオーギュスト・コントの像のある広場へ連れ出していった。

日本を出る当初、このコント像のある位置がよくわからず、西海先生を介して東大の樋口陽一氏に尋ねていただいたところ、「パレ・ド・ソルボンヌにあったと思います」ということであった。現地にいってみると、確かに大学入口のちょっとした広場に、両側に二人の女性を配した端正な顔立ちのコントの胸像があった。

大学のその場所はどういう側面にあたるのか、多く見られるソルボンヌの写真は、かえって建物のてっぺんの十字架が横にみえる面か、ユーゴーなどの像のある中庭の面が写されていて、ソルボンヌ広場はいわば裏手になっている感じなのである。

ただこの空間はサン・ミッシェルに面しているし、二百人も入れるほどの空地になっているので、恰好の酒飲み場になったのだ。

この記念すべき夜、辻・松尾軍団は、胸像のテラスに座り込み、群がる客の中でしこたま酒を食らい、あげくの果てにみんなそろって辻潤から「新ストトン節」を習ったというからおかしい。まず辻潤が、大声張り上げ、

「月は無情というけれど、コリャ……」

と大声をはり上げると、みんなも「月は無情というけれど」と和してうたった。

まわりの白人たちは、不思議な顔をして辻潤を見上げ、面白がって拍手していた。ところが彼

らを見下ろして、辻は突然日本語で叫んだ。

「どうだ、きさまらにはこの歌の意味がわかるまい。ザマアミロ！」

「ザマアミロ」といったところで、相手の外人に通じるわけもない。日頃のパリの憂欝《ゆううつ》のうっぷんばらしか、さもなければ辻一流の蔵前風のタンカだったろうか。

この日本怪男児連の後日談はまだあって、松尾は興に乗ってこの「新ストトン節」を仏訳し、ユキ・フジタに見せると、ユキは、

「マッツオ！　これは面白い。こういった日本民衆のシャンソンをもっとたくさん訳して、あなたの雑誌に発表したら？」

といったので、さっそく日本の唄の翻訳にとりかかり、報道機関にばらまいたところ、その後数日経って、なにげなく「パリ・ソワール」紙を開いてみたら、なんと四ページ全面を埋めて、自分の訳したニッポン・シャンソンが再録されていたのには驚いた。

唄は「新ストトン節」ばかりでなく、西洋人にわかりやすいものが多く、中には、

「オヤジや田圃で米つくり、息子ア東京で子をつくる」や、

「抱いて寝もせず、暇もくれず、つなぎ船だよ、オハラハア、わしが身は」

などという「おはら節」まで訳した。こういう庶民の唄もフランス語で読むと、それなりに立派な詩になっているのだった。

かくして世は事もなし。フランス社会も松尾の生活も、永遠に同じ状態が続くように思われる

日々が過ぎていった。だが現実は刻々と変化していたのであり、フランスの季節も松尾自身の時間も、次第に秋から冬のシーズンに差しかかっていたのである。

「女性は男以上に金で毒される」

これは有名なロマン・ローランの小説の中の主人公、ジャン・クリストフのセリフであるが、この頃にはセシルも時々「わたし貧乏に飽《あ》いたわ」とフッとつぶやくようになっていた。そしていつの間にか彼女は化粧をするようになり、百貨店で高価な衣類を欲しがる女に変わっていった。

そんなセシルが、意味ありげにこんなことをいった。

「あなたは若くて正直だけれど、それだけに女の弱い面への同情が足りなくて頼りないわ。女性が経験豊かな中年男を好きになる理由が、このごろ私にもわかってきたわ」

セシルはその頃フランス人の子弟の家庭教師をやめて、松尾の雑誌がとりもつ縁で日本人にフランス語を教えていた。そのため上流の料亭に招かれたり、時々金持ちの日本人から真珠をもらったり、規定の謝礼以上の金を得ることが多くなって、松尾の金銭的無能力をやんわりあざ笑うようになっていた。

しかもセシルはなんとなく気持ちが落ち着かず、ソワソワしている雰囲気だったが、ある日、彼女は松尾にいった。

「私少し疲れたので、一週間ばかり南仏の海岸にいって休んでくるわ」

「一人でいくのか?」

「いいえ……家庭教師をしている、ある家族の人たちと一緒よ」

辻潤らと「新ストトン節」をうたった広場にある
オーギュスト・コント像、著者撮影。

セシルが南仏に去った日、松尾は彼女の素振りがどうもおかしいと思った。(家庭教師が家族と一緒に旅行にいくはずがない。きっと金持ちの日本人と一緒だな)と思った。その男というのは、彼女が三カ月前から知りあいになった、男爵位をもつ日本の若い貴族松平であることにほぼ間違いがなかった。

セシルとの長年のつきあいで、松尾は何かしら不吉な予感がした。

やがて十日ほどすると、セシルは南仏からもどった。その夜、セシルと一夜を明かした松尾は、すぐと彼女の肉体に変化が生じたことに気づいた。一言も尋ねてはみなかったが、彼女の示すなんとなく義務的な愛撫の手や口や目の表情で、(何かあったな)と直感させられた。彼女の心は虚《うつ》ろであり、肉体の底には冷たい水を湛《たた》えているようであった。

(いよいよ彼女とも終わりだな)

もう二人の肉体の交渉には、この数年間かけてかもし出されてきた、あの優しい愛のリズムもハーモニーもなかった。モーパッサンの短編の中の一人物は、

「おれはコキュになりたくないから生涯独身で通すのだ」

と告白している。現に自分の身のまわりにも藤田や無想庵のような哀れなコキュの実例を数多くみてきたが、ついにその順番が自分のところにも回ってきたのだ……。

(なるほどセシルは正式の妻ではない。だが中国では第二夫人こそ正式夫人というが、妻を寝取られるより愛人を寝取られる方がもっと辛いともいえる)

松尾は悶々《もんもん》とした日々を送った。

彼の心の中に過ぎ去った彼女との甘い日々の思い出が、幾度となく蘇《よみがえ》った。（いったいあの激しくも切ないおれたちの愛はなんだったのか？）いつしか松尾はあのブローニュの森で、初めてセシルとキスをかわした夜のことを思い出していた。

その日、セシルと松尾は凱旋門に近いテルヌ広場の料亭で夕食をとった後、ぶどう酒に酔った顔に冷たい夜風をあてるため、通りを歩いていたが、セシルは急にタクシーを呼びとめ、「ブローニュを一巡りしましょうよ」と松尾を誘った。

二人を乗せたタクシーは凱旋門から右に折れ、マロニエの黒い木立に、松が点々と混じる深い森の中に入っていった。

タクシーは十二、三世紀からの自然林の中の、小さい湖に近づいた。そのとき、突如として、セシルは控え目で小心な松尾に野獣のように抱きつくや、炎のような荒々しい接吻をした。（なんと驚くべき獣のごとき接吻であることか！）松尾は自分の唇が溶解してしまうかとまで思われた。肉食人種特有の熱い血みどろな、この接吻にはチーズの香りのような怪しげな、なんとも分析できない味がかもし出されていた。

全身の血液とホルモンが吸収されてしまうような激流のため、自分の骨も肉も抜け落ちてしまいやしないかとさえ思われた。やがて情念の隙間《すきま》ができ、両腕の中のセシルはとみれば、黒茶色の髪が乱れ、時々明滅する蒼白いガス灯の光が斜めに当たって、蒼白な横顔が照らし出されていた……。

おりもおり、セシルが南方の旅行から帰って間もなくのことである。日本から一通の電報が送

られてきた。文面をみると、

「チチキトク、イチオーカエレ、リョヒオクル」

とあり、まだ返事も出さないうちに金が送られてきた。さすがの松尾も、父が危篤とあれば帰らざるを得ない。日本人会の方は二、三カ月の休暇ということにして、すぐさま旅支度をすることにした。それからアンバリッドの裏のセシルのホテルにいって、帰国のことを伝えるとセシルも驚いてこういった。

「えっ、あなたも帰国するの、実はわたしも日本へゆくのよ」

「そいつは初耳だね。誰とゆくの」

「……あの……ソルボンヌ大学から日本留学の奨学金をもらったので……」

それ以上は、もはや松尾はなにも質問したいとは思わなかった。そして予定通りその年の八月二十八日に、やはり日本に帰るという友人二人と北駅から車中の人となった。

一方、松尾が慕った「日本のアン・リネル」こと辻潤であるが、彼もまたその後三カ月を経た十二月に帰国することになった。辻潤が去ってゆくプラットホームでは、

〽月は宵にきて、朝帰る
　辻さん今きて、今帰る

と見送りの日本人たちにうたわれて、一緒に帰る哲学者・詩人村松正俊とパリにアデュー（さらば）を告げた。

12 エコール・ド・パリに晩鐘鳴って、みな故郷に帰っていく

松尾は、七年ぶりに日本へ帰ってきた。その異国で鍛えた、新鮮な目でみた日本のなかの素晴らしい光景といえば、自然と女性の着物、それに雰囲気のよさという点では、世界一と思われる豊かな食べ物と美しい庭園であったという。

だが、自然はいたるところで政治家という芸術不感症の人間群によって毒され、着物の美も食べ物の珍味も庭園の趣味も、すでに大衆のものではなくなっていた。しかも帰国以前と同様、やり切れない封建的な前近代性が社会全体を覆っていて、「個人」はまったく存在せず、その代わりに至るところに「集団」が実在している現状には、あらためてにがにがしさを感じずにはいられなかった。

久方ぶりにみる父の容体は、相当ひどいものだった。父は半身不随どころか、自分の息子もすでに識別できないほどのぼけ状態になっており、浜松の兄に引き取られて、その店の二階に臥《ふ》していた。医者の言では、もう後二、三カ月の命とのことだ。事実、翌一月十六日には、早々と父はあの世へいってしまい、松尾はみなとワイワイ酒を汲みかわしながら通夜の一夜を明かした。

松尾は中学時代、この同じ座敷で芸者屋から帰った父親を、柔道の背負い投げで二、三回つづけて投げ飛ばしたことを想い出した。泥酔した父親が女中たちをさんざん困らせたあげくに、母の髪までつかんで暴れるのに辛抱できず、思わず手を出したのである。父親は手の爪で息子の顔を引っ掻いたが、投げ飛ばされてついに「降参、降参!」と叫び、小さくうずくまってしまった。

その父親が、今はこの世から完全に降参してしまったのである。そう考えると松尾は何となく寂しい気がした。

再び東京にもどった松尾は、知人の美容院の二階に寝起きして、日仏文化連絡協会の組織と資金工作などのために毎日奔走した。もともと父の危篤の知らせがきっかけで、帰国したとはいっても、それよりもむしろオーベルランと約束した日本仏教に関する著作の資料集めとか、パリで継続的にやりたかった、日仏文化交流の仕事を日本で準備してやろうという気持ちで帰国したのである。

この間に彼は偶然、思いがけない女性に再会することができた。

一日、パリで一緒によくダンス・ホールに通った間柄の蜂須賀侯爵に招かれて、三田の豪壮な大邸宅で、パリの思い出話に花を咲かせていると、同席した髪の赤いフランス人がこういった。

「ねぇ君、最近パリから妙な女性が現れたんだよ。まだ三十にならない女性だが、松平男爵の若旦那がパリから連れてきたんだよ。家庭教師という名目なんだが、そのへんのことはよく分からない。ただし女は東京へきてから条件が違うといって憤慨しているし、松平家ではこのフランス女をひどく嫌い、今紛争が起きているんだよ」

松尾は驚いた。赤毛男のいう「妙なフランス女」が、セシルであることはすぐにわかったからだ。それで彼女の滞在中のホテルの名を聞き出し、蜂須賀邸を出るや、すぐに電話してみた。やがて短い呼出し音の後で、耳慣れたセシルのフランス語が流れた。

「どうして私のアドレスを知ったの？　いつ日本へ戻ったの？　一度会いたいわ。あたし毎日、退屈しているのよ。今夜？　いいわよ、じゃ、いらっしゃい」

松尾は一同をリッツというレストランに待たせておき、一人タクシーで三田の坂道の上の小さなホテルに彼女を訪ねた。

セシルは松尾が以前に買ってやった緑色のローブを着て、複雑な表情で迎え入れた。部屋には贅沢そうな物は何もなく、ただ枕もとの小さなベッドテーブルの上には、これも松尾がパリでインド人から買って贈った小型の蓄音器が一台置いてあるきりだった。彼女は松尾をみつめ、眼には涙をにじませながらいった。

「私、幸福じゃないの。あなたはさぞ私を恨み、蔑《さげす》んでいるのでしょうね」

「いや、ちっとも……でも君はどうして僕にウソをついてまで日本にきたの。僕は君から事情を打ち明けられなくても、何もかもみな察していたよ」

「もう、そのことには触れないで」

「まだ当分、日本にいるつもり？」

「分からないわ。私を誘って日本にきた日本の方が、今、私を厄介者にしてお金もロクにくれないんです。でも決してあなたのお世話にはならない、一人で解決するわ……あなたはご結婚なさるのでしょうね」

「しないつもりだ」

「日本の家庭に一度帰ったら、もうあなたはパリのあなたではなくなるわ。ちゃんと分かっています。結婚なさった方がいいわ。結婚なさったら、私たち今後絶対会わないようにしましょうね。手紙の交換もよすの。それはお互いのためにも望ましいことよ」

そういいながらまたしてもセシルは涙を流したが、それはにがい涙でしかなかった。

松尾は彼女を誘うと三田の大通りに出、タクシーを拾って銀座に走らせ、リッツの地下室に入った。華やいだレストランの中では、三人のフランス青年が、陽気に騒いで二人を待っていた。店に入るとセシルは初めて笑顔をみせ、一同と楽しく語りあっていたが、一向に未練の素振りのない、松尾の冷静さと自負心に内心驚いているようであった。

これが松尾とセシルとの最後の巡り会いであった。その後、間もなく松尾の結婚話が決まったとき、彼は約束通り最後の手紙を出したが、その手紙が彼女の手に渡ったかどうかもわからない。セシルからは自分の言のとおり一言の返事もなかった。

松尾が友人に送られ、シベリア経由で再びフランスに渡ったのは、一九二九年（昭和四年）の四月二十日である。

ただしこのときは最初の渡航とは違って、新妻を連れての二人旅となった。

松尾にはセシルのいう通り帰国するとすぐに、結婚話が持ち上がった。

もう三十近くになった松尾を一人にしておくことは親族の恥と思ったのか、それとも放蕩三昧《ほうとうざんまい》のパリ生活に終止符を打たせようとしたのか、いくつもの見合い話が持ち込まれた。松尾とすれば内心、学生時代の下宿の娘望月桂子のことを思い出していたが、いずれにせよ松尾は少々情にもろすぎて、母親の涙を振り切る蛮勇《ばんゆう》もなく、親族の示す好意をふみにじる厚かましさもなく、すべてを諦めての「理想」的結婚をする羽目になった。

「理想」的というのは、別にこれといった夢もない、また憧《あこが》れもない、フランス語でいう〝マリアージュ・ド・レイゾン（理由結婚）〟の意味である。

相手の女性は、血統もよく、「蔵が三つもある」素封家の出で、いつもうつむいていて、物一ついわないようなおとなしい、生粋の田舎娘であった。この新妻をつれて、再びまみえたパリにはマロニエの花が咲き誇り、公園にはリラが薄紫に微笑していた。

すべてが以前と同じなごやかさで、松尾は新婚の女房を背負ってきたとはいえ、完全に心の自由を取りもどすことができた。

彼らはひとまず林芙美子が『パリ日記』にたびたび書いている、〝オテル・フロリドール〟の五階に落ち着いた。

日本からは相変わらず、松尾を頼ってくる来客が後を断たない。画家の小室翠雲、平福百穂、鶴見総持寺の石田義道禅師などが、束の間の彼の交友者であり、深尾須磨子、長谷川春子などとも親しく接した。

しかし日本を初め世界の動きは、なにやら軌道を脱した、不吉な方向に向かいつつあるのが肌に感じられた。

日本軍の山東撤兵は延期され、左翼の山本宣治がテロリストに刺殺された。パリではジャック・リゴーが自殺し、シュールレアリズム運動が終末を告げたといわれていた。松尾はパリの〝黄金時代〟に青春を送ったが、再びもどってきたパリはもう、自由な輝きに満ちていた以前のパリではなく、世界恐慌を目前にしてイタリアのファシズム流の専制制度が強化されていた。

松尾は恩人で、協力者で、物質的に困ればいつでもあっさり金をくれる、ありがたいパトロンのスタイニルベル・オーベルランに再会し、日本文芸の紹介に関するプランをたてた。それから「日活」から託された映画の紹介の仕事に、一日中駆けまわっていた。

松尾の薄暗い工場には、その頃金子一というアメリカからきた好人物の美少年と、あの辻潤もびっくりしたニヒルな男吉田保がいて、文化交流の小冊子を印刷し、それを売りながらどうにか飯にありついていた。

金子も吉田もビタ一文なしのルンペンであり、犬同様ただ飯が食えるだけで松尾に感謝し、献身的に働いていた。フランス語の印刷になると近所のフランス人の子供たちがやってきて、〝インターナショナル〟をうたいながら活字拾いの手伝いをしてくれた。

無能庵、いや無想庵はその後もたびたびやってきては、物置部屋《あな》に無料滞在してはなにか日本へ送る原稿仕事をしていた。

松尾がパリ市内でいよいよ生活が苦しくなってきた頃、工場の金子が自分の住んでいた、有名な精神病院のあるパリ南東のシャラントンのアパートにくるように誘ってくれた。

金子に誘われるままに、彼のアパートにいったのは一九二九年の晩秋である。ここは独身者用の小アパートで、夫婦はその一室を借り、部屋主の金子はサロンに毛布を敷いて寝た。ところが夜になるとものすごい南京虫の襲撃で、身体中がはれ上がった。これではろくろく眠ることもできないので、松尾はまた荷物をまとめ、早々に「穴」に舞いもどってローソクの灯で原稿在書き続けた。

しかし冬に入ると暖房設備のないジメジメした物置部屋では、どうにもならない。横町の木賃ホテルに移った。最後には工場の近くにあった名ばかり粋な、岩波文庫にも入っている料理学者の名をとった「ブリア・サヴァラン街」の、汚い乞食ホテルの薄汚れた一室を借りて落ち着くことにした。

この頃が、松尾のまさに「ドン底生活」時代である。

現地を訪れてわかったのだが、ラミラル・ムーシェ街というのは、モンスリー公園の東側に沿った二百メートルばかりの通りで、私はこの道を歩きながら、吉崎君と二人で「工場はこのあたりではないだろうか」「いやこれだろう」などと話しあいながら通りすぎていったのであるが、新居のブリア・サヴァラン街というのは、ラミラル・ムーシェのすぐ脇に沿った細い短い通りであって、これならば五、六分で工場へ通える。

松尾は貧なるままに、彼の奇っ怪なるスポンサー中西顕政に買ってもらった、名刺を刷る小印刷機も売り飛ばしてしまったし、毎日食事をしているトーマのレストランの代金も払えずにいた。紙屋からは借金の矢継ぎ早の催促もきた。トーマは食事代を払えないとなると、フランス人根性で急に態度を変え、十三区の民事裁判所に訴えたばかりか、ハゲ頭を真っ赤にしてホテルに怒鳴り散らしにきた。

このハゲ頭が扉をノックするたびに、松尾は外套掛の戸棚の中に身を隠していた。この間むろんおとなしい新妻がいるわけだから、彼女の心中は察するにあまりある。

日本人会の仕事は、松尾が二、三カ月で帰ってくるというものだから、その間は藤田が代わりに書記を引き受けていた。それが九カ月になんなんとする長期滞在で、事務はむろん別の後継者にとられてしまっていた。

藤田の日本人会にも、いろんな連中がやってきたそうだ。話を聞いてみると、アントワープで船から逃げ出してきたのもいた。この男の場合は、歩いてくる途中腹がペコペコで、レストランの傍《かたわ》らにしょんぼり立っていたところ、歌をうたって金をもらってゆくのがいる。(よし、それならばおれも……)と、

「ポッポポッポ、ハトポッポ……」

とやってみたところ、お客が前と同じように、帽子の中へ金を入れていってくれたので飢えを

しのぐことができた。そんなことをしたがら一カ月もかかってパリに到着し、精も根もつき果てて、凱旋門辺りをうろうろしているところを警官にとがめられ、日本人クラブに連れてこられたのである。

中には要領のいいのもいた。マルセイユとかボルドー辺りからきた連中は、ぶどう酒やぶどうをたらふく飲んだり食べたりしながら、意気揚々パリに乗り込んできた。聞いてみると、日本人は手先が器用なのでぶどう摘みに大歓迎されたそうである。

一九三〇年（昭和五年）一月末、そうした国際流浪人の一人として、詩人の金子光晴がフランスへやってきた。金子はある日松尾のところを訪れた。

「……明日から工場で働いてお助けしますから、どうかお金を貸してください」

松尾は、その以前にパリに到着している金子の妻の作家森三千代のことはよく知っていたが、夫の光晴に会ったのはこのときが初めてである。初対面で金の工面をしろというのには驚いたが、外国での貧乏ならトコトンまで経験のある松尾は、「じゃあ」と、どうにか四、五日は食べられる程度のフラン貨を渡してやった。

（それにしてもこの金子光晴は、金もないのに、どのようにしてパリくんだりまでやってきたのだろうか？）

パリの口さがない日本人の噂によると、彼は日本を船出してから、港から港へ、島から島へと、春画を描いては旅費をため、ようやくマルセイユまでたどり着いたのだという。松尾は（もしこの噂が本当ならば、金子という男は大した腕前の持ち主であり、自分なんかには到底真似のできない〝旅行才能者〟である）とすっかり感心した。

夫より先に着いている妻の森三千代も、常に一カ月の生活も支えかねる無経済状態だったので、毎日破れた靴下、底のすり減った靴で、絶えず貧の鞭《むち》におびやかされながらパリの街をうろつき回っていた。

パンよりも煙草屑に飢えているインテリどもが、彼女と同じようにモンマルトルの横町をうろついていた。たまらなくなって道に落ちてまだ火のついている吸殻を拾おうとすると、たちまち横から飛んできた凄いのに突き飛ばされて巻き上げられてしまう。

この大恐慌こそ、エコール・ド・パリの晩鐘を告げるものであり、さすがの藤田でさえ経済的に追い込まれてきたのである。

実は前年の八月にもう、藤田は税金脱がれのために一時パリを逃げ出している。

その時分の藤田は女秘書を雇って通信文を口述したり、電話の応対をさせたりして、ひとかどの実業家を気取っていた。これでは税務署ににらまれるのも無理はない。それでなくてもネコと女を天文学的な値段で売っているとの評判だったし、カンヌの「ラ・クロワゼット」やドービルの「太陽のバー」で派手に遊んでいるのは周知の事実だった。

一九二九年（昭和四年）の夏には、ドービルのバカラ賭場で、藤田が百万フランすって平気でいたという新聞記事が出た。これをパリの税務署は重視して、

「それほど景気のいい藤田がどうして一九二五年から四年間一フランの所得税も払っていないのだ。相当の取立てをしよう」

ということで、八十万フランもの税金をふっかけてきた。ところが藤田は遊ぶ金はあってもそんな大金は払えない。

（やれ、困った。それではここは一番、日本での優雅な休日を送ってみることにするか。パリ滞在十七年、日本なら洋行帰りに弱い国だし、一度の個展で数十万フランの金を稼ぐことも可能であろう）

とばかり、空き家の暖炉の上にはれいれいしくレジオン・ド・ヌール勲章だけ置き、ユキを連れてこっそりフランスを抜け出した。そして金子と同じく翌年一月には、再びなつかしのわがパリの土を踏んだのであるが、このわずか四、五カ月の間にパリの経済事情はすっかり様変わりしていたのである。

藤田が日本で稼いだ金は、高額の税を払ってもまだ余りがあったとはいえ、株価の暴落により絵はさっぱり売れない。藤田はユキに贈った自動車はもちろん、愛用のロダンの「鼻かけの首」も手放し、ついにはモーソー街の三階建の住まいも売り払って、ボージラール郊外の質素なアパートに移っていた。

藤田でさえこのようなせっぱつまった状況であるから、新参者の金子夫妻が食べてゆけるわけがない。パリで外国人が職業を探すということは、道端のコロナ葉巻の吸いかけを探すより難しい状況だった。イタリア労働者の大群とロシアの浮浪人は、次第に国外に逐《お》われてゆき、外国人の査証《ビザ》は面倒になってきた。労働証明書のない外国人を使用した雇用主はその使用人とともに、みつかり次第罰則を食った。

仮に仕事があっても一日か二日、多くて二週間か三週間の臨時仕事で、それも一月に一度あるか、二月に一度あるかといった具合である。だから金子は汗を流す仕事もしなければならなかったし、山かん、インチキ、もぐり、さもなければルンペン仲間の間を食べ歩いているより仕方がなかった。

その著書『ねむれ巴里』によると、こうした窮状にあった金子は、モンスリー公園に近いポルト・ドルレアンに住む松尾が、邦人名簿をつくる手伝い人を探していると聞いて訪ねている。

金子がいくと、ちょうど松尾は部屋貸しアパートの一室にいて、若いフランス人としきりに、話し込んでいた。金子が傍《かたわ》らで聞いていると、その男はバイクを両手でさし上げたままで、モンマルトルの丘のサクレ・クールの段々を、一気に駆け登る興行に加わろうという話だったというから、あるいはかの不良少年モーリス・ジュールネがやってきていたのではないか？

その力持ち青年が立ち去った後で、名簿の仕事を手伝う話になった。

「早速頼む」ということで、仕事の内容と給料の相談になったが、それよりこの近くに引っ越してくることが先だというので、松尾から引っ越し費用五十フランを受け取った。そして帰りにモンスリー公園の近くに部屋を借りる約束をして、手付金を少し置いてきた。

金子の仕事は在留邦人の会費の未納を帳簿に書き入れ、たまった分から訪ねていって、金を受け取る集金の仕事であった。名簿にある邦人は三百人を超えていて、そのうち三分の二程度が未納になっている。これをみなあつめれば確かに相当な金になるのだが、実際に仕事場の近所から訪ねていってみて、集金がどんなに大変なものかがわかった。

電気代とか買物の代金ならいや応なしに集められるが、在留邦人の名簿など、あってもなくても困らないものである。入会時は松尾がなんとか説明して加入してもらったものの、みみっちいパリ暮らしでは一銭も無駄使いしたくなくなり、押して支払いを要求すれば、どの家庭も口げんかになりそうな気配であった。

「そんな仕事、断ってしまいなさいよ」

と反対に忠告するものさえいた。

金子は邦人名簿の仕事の他には、便利屋まがいの仕事をしたり、薩摩会館では帰国者のために木綿をつくったり、大本教の宣伝パンフを書いたり、額縁などを彫ったりして働いた。面倒な所番地を探しながら、松尾に依頼された彼の署名入りの訳本を、フランス文壇の大家十数人に届けにいったこともある。

せっぱつまって藤田に相談すると、

「ガリ版でもなんでもいいから、君の詩を刷って、彼女に街頭で売らしなよ」

と教えてくれたので、三千代がためしに翻訳してみた。藤田にその翻訳詩を見せると「おれには自信がないよ」というので、ちょうど藤田の家に居候していた新鋭詩人デスノスに直してもらったりしている。

この頃のことであろうか、金子は一度無想庵のところを訪ねている。金子の人生的態度に一つの決定を与えたのは、他ならぬ無想庵の訳したアルツイバーシェフの『サニン』である。

そのときの無想庵は一人夕暮れ方の部屋で電灯もつけず、ションボリと窓の傍らの椅子に腰かけていた。

「ヨーロッパは、われわれ東洋人には何としても寒々しいところで、日が暮れるか暮れないうちにどこの店もしまってしまう」と金子がいうと、無想庵は、

「そうね、日本の祭や縁日のような賑わいといったものはなんにもないね」と相槌《あいづち》をうった。

「クソおもしろくもないところだ」金子が吐き捨てるようにいうと、

「しかし、よいところもあるよ」

と無想庵は金子の言を打ち消しながらも、自分の体からはいいようのない落魄《らくはく》の感じをにじみださせている。


他人の私事にはまったく関心をもたない松尾は、親しい先輩の藤田の妻ユキがどうしてデスノスと一緒になったのか、また反対に藤田がいつ頃からどのように新しい妻マドレーヌ・ルクーとつきあうようになったのかもよく知らなかった。

しかし思い返してみると、ユキとのあいだには、別離の徴候がなくもなかった。藤田は税金滞納のために執達吏に追われており、自分の絵を差し押さえられないよう、夜半に友人の家に運んでいった——という話を共通の親友であるオーベルランから聞いたことがある。（とすれば、その頃が……）とも思えるのだ。

もともとユキと対独レジスタンス中に病死したデスノスとは、亭主公認の愛人関係にあったが、経済恐慌にあおられた頃に、カジノ・ド・パリの踊り子マドレーヌ・ルクーが登場してきた。彼

女は燃えるような赤い髪の女で「雌豹」と呼ばれていたが、話を聞いてみると、モンパルナスでギャング並に恐れられていた実業家の囲い者で、彼女はその男から逃げ出したいとのことである。

「よし、それならば……」

というので、行動駿足の藤田はユキを置いてマドレーヌを連れ、一九三一年（昭和六年）十月南米に駆け落ちしていったのだ。南米ではブラジル、アルゼンチン、ペルー、キューバ、メキシコ等で制作し、展覧会を開きながら転々とし、一九三三年、四十七歳の時に日本に帰って以後戦後に至るまで長期滞在した。

藤田がパリを去った同じ年の同じ月に、金子光晴もようやくシンガポールまでの旅費だけはなんとか工面できたので、三千代より一足先にマルセイユに向かった。藤田はニューヨークで記者に自分の描くネコについて問われたとき、

「猫と女は似ていて、可愛いがればおとなしくしているが、ちょっと可愛がる手を休めればひっかいたりする」

「女と猫は可愛がり甲斐のないもので、夜になるとらんらんと目を輝かせているが、昼間ちょいと見放せばすぐといいなくなる」

と語っているが、金子にとっても貧もさることながら、妻の三千代の愛人問題に悩まされていた。妻の愛人が家に訪れてくるや、亭主の自分が慌てて洋服ダンスの中に身を隠さなければならないようなみじめな生活をしていては、いいかげん〝愛〟なるものに嫌気がさし、一刻も早くこの〝自由の国〟から立ち去りたい思いだったのであろう。

藤田のいう〝猫並の女〟といえば、辻潤も同じで、辻はなぜああも早くパリを立ち去るハメになったのか。それはもとより、残り少なくなった金銭上の問題もあり、彼自身の文化とフランス文化の不協和音による問題もあるが、〝有終の美〟と称する辻潤最後のひと松尾季子《としこ》さんの話によると、直接の原因はここでもコキュの問題が発生していたのである。

辻が伊藤野枝との離婚後に同棲した、酒飲みの通称うわばみのお清は、夫が渡仏するやすぐと自分で正式に籍を入れている。その心は淋しさのあまり、せめて籍なりと入れて安心を得たかったのであろう。

だがその後に、清は心情に変化をきたしたものらしい。遠くパリの夫がそれまでの自分のデカダンな生活を悔い改め、「今度こそ君を助手として、よき作品のために励むからその積もりでいてくれ」と聖なる決意をしているというのに、辻との間にできた乳飲み子の秋生を義母に預けたまま、知人の書店主無有寄庵と同棲生活に入っていた。

母の苦情の手紙でそうした国の事情を知った辻潤は、「そんなのほっとけ、おれはじぎに帰るから安心せよ」と返事している。

松尾は何かと相談に乗ってくれる先輩藤田に去られて、いささか淋しい思いをしていたが、やがて気のおけない友人の石黒敬七も「パリを去りたい」といいだした。

石黒とは貧乏を共にし、互いに助けあってパリ生活をほがらかに送ってきた仲である。だがこの陽気で呑気者の石黒も、満州事変以来日本からやってくる客にケチケチした者が多くなって生活に困り、これ以上どうにもならなくなってしまったのである。当時の石黒のアパートの入口に

は、

「日本人の方は、トントントンと三つ合図をしてください」

という札が出ていた。なんのことかわからないので聞いてみると、

「何しろ数カ月間も家賃を溜め込んでいるんでね、大家が怒って請求の男をうるさく寄越すの。それでぼくのところへくる訪問客の日本人と家賃取立ての外人とを区別するために、こんな札をかけてあるんだよ」

と説明してくれた。石黒は十年近くパリでごろつき生活を送っていたが、帰る間際までフランス語の単語は十五、六ぐらいしか覚えていないという稀《まれ》にみる天才（？）である。だがこの家賃さえ払えない男が、堂々日本郵船の一等船客となって祖国に錦を飾った。

というのも実は昭和八年の春、石黒は松尾の骨折りで「読売」の招いたプラドネルなど三人のボクサーのマネージャーに就任することができたからである。これで家賃も全部すませ、大手を振って故国に帰れることになった。

帰国する際には、パリの「ノミの市」で買い込んだ日本刀、パイプ、古道具類、金だらいに似た楽器等々のガラクタを十数箇の木箱に詰め込んだ。それからパリにいた貧乏人の子分衆を動員し、このものすごい荷物をリオン駅まで運ばせたのだが、この時にはさすがの松尾もどうなることやらと気がもめた。

そこがまたしても頓智《とんち》で、このガラクタ荷物の運搬者どもは、入場券一枚でみごとに荷物をホームに運び入れ、サツマの守を決め込んだ。一等車に乗った石黒は、許された量の荷物だけ自分の

部屋に入れたが、他の荷物は子分の手で、それぞれの部屋に持ち込ませてすましたものである。

マルセイユでは、またしてもみな石黒の買った入場券一枚で降りた。港には元世界選手プラドネル夫妻と欧州選手権者ラファエル、パリの選手ユーグらを見送るフランス人が二十五、六人きていたのみであるが、松尾は東京の本社に、

「三選手と石黒マネージャーは二、三百人もの人々に見送られ、賑《にぎ》やかに一路横浜に向かった」と打電した。

石黒敬七が帰国して間もない一九三四年（昭和九年）一月四日には、いよいよ武林無想庵も帰国せざるをえなくなった事情は、以前に述べたとおりである。貧乏という点では無想庵の方が石黒より早く帰りそうなものであるが、実のところ無想庵は一人で日本に帰る元気も気力もなかったのである。

かくて親しい友人たちがつぎつぎにみないなくなるなかで、松尾だけがただ一人パリに居残ることになった。


これで私の「パリの松尾邦之助追跡の旅」も終わりであるが、日本から同行したわれわれ日本人グループのなかでただ一人渡辺四郎さんが、ほんとうに帰りの飛行機代をチャラにしてフランスに残ることになった。「まだ三十万円あるので、限度いっぱい田舎も回って、この国をもっと知りたい」というのである。

この人は先にもいうように言葉は英語もできないのに、買物一つするにしても、その態度物腰

によそ者の雰囲気のない人である。私なんか目に入るもののすべてが新鮮な驚きであり、それがまた嬉しいのであるが、渡辺さんはもっとこの国を知りたいというのに、「カルチュア・ショックはない」といういい方をしていた。

その意味を私なりに解するに、（これは多分年功のせいというより、どこへいっても暮らしの次元で生きているせいなんだな）と思わされた。なるほど人の暮らしならば、地球上どこへいってもおなじで、その根っこを押さえてさえいれば人間なんとか通じあえるものらしい。現に私の娘も、語学はまったくできないというのに、今一人で北京に渡り舞踊の勉強を続けている。最近の快件（速達）によると、春城の都昆明《くんみん》の舞踊家・姜恵清君と熱烈な恋仲になったとか……ああ。

確かに言語は意識的な努力をしないかぎり、現地に何年いようと覚えられるものではないだろう。が、私はここで一つ、今までに知らなかった（と思える？）人類意識がずんと胸に落ちたてきた気がした。世界主義などというと思想、なかんずく政治・経済のレベルでしか考えられないのは悲劇であるばかりか、決して現実的ではないのだ。

松尾邦之助もまた個人哲学の人というよりは、性格的にそんな「暮らしのなかのコスモポリチズム」の人だったのだろうが、現実に友人が去った後に自分一人が居残った理由は、自然の勢いで、いつの間にやらジャーナリストになっていたせいである。

職業的には宮仕えは到底できないし、学者も嫌い。気が向けば小説も書けるだろうが、ジャーナリズムは権力に反逆できる面白い商売だと思ってこの道を選んだ。もともと「東京日日」や「朝日新聞」に寄稿するといくばくかの実入りがあったので、（世の中には、筆と紙だけの資本で稼げるありがたい稼業があるもんだな）と思っていたのである。

数年にわたる貧乏生活に疲れ、女房に気の毒だという気持ちもあった。靴下がのぞいてみえる靴をはき、一張羅の服を裏返しにして着、飯の代わりに街頭のマロンを食べ、水を飲んで腹の足しにしたこともあった。シャラントンにいた頃には一文もない日があり、その淋しさは独身時代と比較にならなかった。

そんな暮らしにあって、ふと日本を去る前に電車の中で「読売」の清水文芸部長から、「時々パリから通信してください」といわれたのを思い出して、ジイドとの会見記を送ったところ、清水部長から、

「あなたの原稿は非常に好評でした。月に二回ずつ投稿してください」

といってきた。それからしばらくして川路柳虹の努力のお蔭《かげ》で、辻潤の後継者として、「文芸特置員」という肩書をもらい、月々百円ぐらいの給料をもらえる身分になった。その後正力社長の署名で「本社の正式社員となって政治もやってくれないか」という電報がパリに届いた。一九三一年、日本が国際連盟から脱退した前年のことである。

「人生意気に感じて働け！」

という正力イズムは旧式だったが、個我人であると同時に浪花節人間でもあった松尾の心境にピッタリした哲学であった。「文化とは一文にもならぬ仕事を熱狂的にやることだ」と、いったのは詩人のヴァレリーだと覚えているが、貧乏をあまり苦にしていない松尾は「読売」の仕事がやたら面白く、金のことにはまったく無頓着で働きに働いた。

『日仏評論』から記者時代にかけて、松尾が接触したフランスの著名文化人、芸能人、政界人の数は大変なものである。その若干の名を挙げると、劇壇のジャック・コポー、画家のヴラマンク、デュフィー、フリエッツ、オザンファン、ピカソ、レジェ、タンギ、ミロ、エルンスト、ポスター美術のポール・コーラン、詩人のフェルナン・グレグ、アンリ・プーラ、バルビュス等々。「読売」にインタビューを出した作家も数限りなくある。ジイドやロランはむろんのこと、女流コレット、日本に文化使節としてきたデュアメル、ヴィルドラック、ルンペン作家のフランシス・カルコ、彫刻家ザツキン、マイヨール、ブールデル、詩人ヴァレリー、『ツーロン港』のジャン・リシャール・ブロック、探偵作家モーリス・ルブラン、映画のルネ・クレールなどあり、これらの人々との会見記録をまとめるだけでも優に一巻の書物になるほどである。

劇壇の巨頭マルセル・パニョルは、後にアカデミーの会員になったが、松尾が親しくしていた当時は、全世界に訳された彼の『トパーズ』が上演されていた頃である。パニョルには美しいイギリス人の夫人がいて、ブローニュに近い彼のアパートではたびたび家庭的なもてなしを受けた。ルブラン・ゾラ夫人はモンパルナスのスタニスラス街に住んでいて、エミール・ゾラの娘である。松尾はたびたび五十がらみの、この夫人を訪ねて、父親ゾラが日本の版画狂であった時代の話を聞いた。家の壁には広重そのほか数多くの版画があり、そのうちの一つである大井川を雲助が客を乗せて渡る風景をみて、彼女は「日本は洪水の国ですか？」と無邪気に尋ねていた。

イタリアのムッソリーニ首相と会見したこともあった。当時日本の新聞はイタリアのエチオピア侵攻をよく書いていなかったので、最初不機嫌な顔をしていたが、松尾がつぎつぎに質問するうち、次第に語調をやわらげ、やがて笑いながらおせじ（？）をいった。

「ねぇ、君、日本人がエチオピアの野蛮な黒人どもに同情するのはおかしいじゃないかね。例えば君の顔なんかもそうだが、われわれ西洋人とかわりないよ」と。

日本でも人気のあったアンドレ・ジイドとは、ことに深い親交をもつことができた。それにはきっかけがあって、一九二七年六月、松尾のところでオーベルランの『アジア及び仏教擁護論──西欧擁護論の著者アンリ・マッシスに与う』というパンフを出して、論争中のジイドを擁護したせいである。

当時のジイドはフランスで人気絶頂の作家、誰も容易に会うことができない存在であった。にもかかわらず、ジイドは松尾に対して特別の親愛の情をみせ、電話帳にもない私設の電話番号を教えてくれた。ある時など誘われるままにほの暗い廊下をジイドの後についていくと、ふいに右手の一室の扉を開けて、

「これをみたまえ、僕の寝室だよ」

と指差した。みると、その部屋の三面の壁には日本の繊細な畳表が張られており、そこには清楚な額縁に飾られた浮世絵──歌麿が二点、写楽が二点かけられていた。

13

すべては夢か幻か、戦い終わっての棒ちぎれ

「それじゃ、あの銃弾がばんばん飛び交っている戦争のあいだは、ヨーロッパでどうしておられたんですか？」

久しぶりに辻堂を訪れた私は、松尾さんにそう尋ねたことがある。

「ふふ、それがねえ。女房だけは一九四〇年三月の最後の帰国船で帰したんだけど、おれはシベリア経由で帰る予定だった。ところが、ベルリンで酒を食らって悠々として遊んでいたら帰国できなくなり、お陰さまで敗戦翌年までの六年間、トルコやスペインの中立国を放浪していたというわけさ」

「ああ、ドイツ軍がソ連領に突入したために通過できなくなった……」

〔そうそう、だけどすまない話だが、お蔭さまで、かの地でたらふく栄養がとれたし、変わった人情風俗に触れることができて生活体験を豊かにすることができた〕

〔向こうでの単身赴任時代にはやはり大いにもてて、艶福家《えんぷくか》だったとか〕

〔スペインでは二十代の美しい後家さんと同棲していたよ。一緒になる時は短刀をもたされて、「もしお互いに浮気したら、この短刀で刺してもかまわないという約束をしましょう」という命がけの同棲だったよ。だからさすが敗戦で別れるときには、互いに辛い思いだった。日本へ帰ってきたのは一九四六年の春。スペイン船のプルス・ユルトラ号の四等船室に乗り、フィリピンのマニラで日本船に乗り換えて浦賀の港についた。何しろ前に一時帰国があるとはいえ、二十六年ぶりで日本へ帰ってきたもんだから、まるでおれは浦島太郎みたいな気持ちだった……〕

まだ焼跡も生々しく残っている祖国に帰ると、読売新聞本社に入り、以後松尾は論説委員（副主幹）の職にあった。だが松尾にとっては、自分の生きざまと日本の社会のありようとの間には、あまりにも大きな文化落差があり過ぎ、みること聞くことが腹の立つことばかりで新聞ではことあるごとに毒舌を吐き続けた。

こうした「読売新聞」社員時代の松尾邦之助は、ちょっと想像しただけで、何かしらほほえましいものを感じる気がする。松尾さんは、いつか私にフット思い出したようにいった。

〔漫画の近藤日出造というのも、なかなかのもんだよ〕
〔なぜですか？〕
〔おれたちの論説室に、たまに正力社長が入ってくることがあるんだよ。そうすると室内の論説の人間がみな一斉に立ち上がって挨拶するんだが、振り返りもしないで仕事しているのはおれと近藤だけだった……〕

それでいて松尾は正力には信用が厚く、正力の郷里富山県高岡市での衆議院選挙戦の折には随行弁士として同行している。

思想的には、ずっと「個人主義倫理」の同じ態度をもちつづけた。帰国の年の九月十六日、日本アナキスト連盟結成後、最初に開いた「大杉栄追悼　無政府主義講演会」にも彼は弁士として招かれている。

以後アナーキストとはずっと交際があって戦後版「平民新聞」等にも投稿しているが、いわゆるソシアル・アナーキスト（社会派アナーキスト）とは行動を共にすることがなく、あくまでアナルコ・インディヴィデュアリズムの立場を守り、自分の主旨に基づいてのさまざまな会合をつぎつぎに催していった。

かの哲人アン・リネルには依然として思い込みがあり、最初に主催したのが「リネル研究会」で、毎月第一第三日曜、泄田谷区赤堤の自宅に若い人たちを集め、まったく上下を感じさせない放談勉強会を開いていた。

「アン・リネルは大戦直前の一九三八年一月に七十六歳で世を去ったが、おれにとってはいっも生きている思想の顧問だ」とも語っている。

大澤正道らと「スチルナー研究会」をやっていたこともあり、一時は「松尾サロン」と呼ばれていた。かの有名なマルクスやスティルナーも足しげく通ったという、ベルリンのヒッペル酒場ほどではなかったが、松尾のサロンに集まった連中も奔放に語りあった。

「スチルナー研究会」が変じては、一九四八年に「自由クラブ」となった。

一九五〇年代にはやはり大森の松尾宅で、新居格、石川三四郎、村松正俊、小牧近江、添田知道、川路柳虹らが、「なんとなく集まる会」や「人間の会」と名乗る会をもった。松尾は生来持ち前のこまめさと率直なおおらかさで、元気なあいだ中こんなふうに活動をつづけていたのである。

同志西村伊作の文化学院講堂で、辻潤を追悼する「虚無思想講演会」が開かれた。そのとき百五十人ぐらいの聴衆を前にして演壇に立ったのは、松村正俊、市橋善之助、松尾邦之助、新居格それに武林無想庵、辻まことらで、各々が各々の辻潤の思い出を語ったが、出色《しゅっしょく》だったのは詩人の高橋新吉である。彼は、

「虚無思想などという奴らは、自分がバカというものだ」

と毒づき、お経を読んだり、辻潤が好んでいた歌をうたったり、最後には履いていた下駄を脱いでテーブルをたたき、下駄を割ってしまうという始末で、それまで高橋を知らぬ青年聴衆はすっかり度胆を抜かされた。

松尾が仲間の中西倪太郎、西山勇太郎と語らって駒込西福寺にある辻潤の墓を訪れたのは、一

九四六年（昭和二一年）十一月二十四日、辻の命日の日である。

その日は辻潤の好きだった銀杏の葉が黄金色に染まったまま、まだ枝にとまっていて、冷たい時雨がほほをうつ淋しい日であった。住職の案内でみつけた辻潤の墓は、一群の南天の木の下に淋しく置かれた小さな石ころ一つ。松尾は住職がもってきた線香の束に火をつけ、落葉をていねいに掃除し、淋しく見捨てられた石ころの前に菊の花を捧げると、眼底に熱い涙が湧き上がってきた。

付近には、ブルジョアや軍人の墓がいかめしく建てられ、みじめな辻潤の石ころを冷酷ににらんでいるかのようであった。これが辻潤の愛していた祖国のそのままの正体を象徴しているかと思うと、松尾はやたら悲しくなるのだった。西山は携えてきたカストリを石ころの上に注ぎながら、

「辻さん、さぁ飲みましょう。これが敗戦後のわれわれを慰めてくれる唯一の酒なんですよ」

としんみり語りかけた。

松尾らは辻潤の死灰の上で淋しくカストリを飲み、晩年の辻潤を回想した。辻潤が大往生したのは、戦争の終わる前年の一九四四年（昭和十九年）十一月二十四日、彼が居候していた淀橋区上落合の年下の友人桑原国治の経営していたアパートにおいてである。

当時このアパートの一室で、辻潤はシラミにたかられながら毛布一枚で寝転がっていたのであるが、世話をしていた桑原の女房が部屋に朝飯をもっていったら、辻潤は誰の介抱も受けずに、冷たい遺骸になっていたという。報《しら》せを受けて弟の義郎と次男の流二が引取りにきたが、そのま

ま遺骸をリヤカーに乗せ、薪をつめて焼場に運んでいった。

〔日本へ帰ってきてからの、パリで一緒だった連中とはどうなんですか？　交際はあるんですか？〕

〔石黒とは銀座で二、三度会ったが、あいつは例によって例のごとく、ヌーボーとしていて、会うごとに「ほほう、これはこれは松尾の旦那、そのうちに一度ゆっくり一席設けて」といって別れるだけで、その一度も一席もやったためしがないよ〕

帰国後、石黒は講道館審査員となったが、日本でもやはり十分に食えない。人に頭を下げるのはもともと大嫌いで勤めもせず、漫筆を書いては細々と暮らしていたが、そのくせいつも円タクに乗り、電車に乗ったことなど一度もない。しかも相変わらず「国定忠治常用の旅合羽」「忍者の目潰し器」「隠密遠眼鏡」「一八九一年の銀板ヌード写真」と妙なガラクタばかり集め、自分では「表芸柔道、裏芸漫筆、余芸とんち教室」と称していたが、世間では逆の順番で有名だった。

〽むすんでひらいて……のテーマソングに始まる、長崎抜天、春風亭柳橋ら当代の粋人によるNHKのラジオ番組「とんち教室」では、石黒が最高の人気者であった。

青木先生こと青木一雄アナウンサーによると、石黒は発想も体同様にみんなと一ケタ違っていた。「駅弁売りとは」に、「肩から吊るしているヒモを切ると、うしろへひっくり返る人なり」に聴衆は爆笑。川柳「いうまいと思えど今日の暑さかな」のもじりで、みんな手を上げるのに、石黒だけアイデアが浮かばない。青木先生が「石黒さん、いうまいと、なんですか？」石黒ますます詰まり、「いうまいと……いうまいと、いおうと、おれの勝手なり」でまた大爆笑。

エッチな答案も多く、「足尾銅山とかけて何と解く」「破れたサルマタと解く」「ココロは？」「ときどき金が出る」。これなどしばらくは足尾銅山の観光バス内で繰り返されたらしいが、「婦人便所で必要のないものは？」「金かくし」は、さすがにきびしいＮＨＫではカットされた。

〔スポンサーの中西顕政さんというのは、その後どうされたんですか？　日本ではお会いになったんですか？〕

〔中西さんはね、敗戦後は伊豆の山荘に引きこもって浮世をセセラ笑いながら、元気で暮らしていたんだよ。それがね、俺がフランス政府から勲章をもらったことを新聞で知って、なにを思ったのか三島の駅から突然祝電をくれ、それからわざわざ辻堂の家まで訪ねてきてくれた。三十年ぶりに会った中西さんは昔と相変わらずだったな。

その時中西さんが、実はフランスでも日本でも、あなたが逆境にない限り、顔を出さないことにしていたんですよ、私は羽振りのいい人には、こちらからは近づかないことにしています、でも読売のサロン欄に「えびあん」の匿名で書いていたあの毒舌は、あなたの筆でしょう？　いつも楽しく読んでいましたよ、といってくれた〕

私は思い出したように、同じ「個の会」の仲間からも聞かされていた、かの宮田文子の件の真

上：ジョゼフィン・ベーカーと（撮影年月不明）
下：パリで撮影したと思われる松尾（前列左より二人目）、
石黒（松尾の右隣）、藤田（石黒の上）ら（同）

相についても聞いてみた。

〔まだ日本が占領下にあった頃、文子が松尾さんと雑誌社の社長との二人を名誉毀損で告訴したことがあるというのは、本当のことなんですか?〕

〔いや、実際には訴えられはしなかった。あの記事は石黒が俺に面白おかしく聞かせてくれたのを書いたんだけど、ずいぶんと消耗させられた〕

その発端は、まず文子が慶応の近くの空き地に、どこから手に入れたのか中古品の乗合バスを運び込み、それを「文子のバー」と称して一儲けしようと松尾を招いたところから始まる。そのとき文子がこういった。

「松尾さん、とってもすばらしい話があるの。杉原啓之助というのが、『夫婦生活』という雑誌に私のアソコにクモの入れ墨がしてあるなんて書いているのよ。宇野千代さんとも相談したんだけど、これ名誉毀損で訴えれば相当実入りになると思うの」

これには松尾は内心ギクリとした。杉原というのは自分の匿名で、そのとき文子は松尾が当人であることを知らなかったのである。

(こりゃ、とんでもないことになった)

と驚いたが、文子はほんとうに計画通りアメリカ進駐軍の情報主任インボーデンのところへ乗り込み、この雑誌の記事の英訳をみせた。訳文を読んだアメリカの将校は、

「レディーをこれだけ侮辱するとはけしからん。私があなただったらこの記事の筆者をピストルで撃ち殺してやる」

といったとか。この泣く子も黙るインボーデンの言葉で気をよくした文子は、日本の検察側にも告訴の手続きをとったので、発行元の鱒書房社長の増永善吉は山王の松尾の家を訪れ、ひどく狼狽していた。

文子は増永から執筆者は松尾だと知ると、すぐ「読売」の馬場社長にも面会し、松尾を「読売」から追放しようとした。だが馬場もさるもので、相手が文子だと知るや、あっさり面談を拒絶した。すると文子は今度は「毎日」の知人に頼んだり、「朝日」の笠信太郎のところへも顔を出したが、どの新聞も「さては彼女の売り込みだな」と思ったらしく一行の記事にもしなかった。

松尾とすれば内心、文子がこのユーモア記事の筆者が娘イヴォンヌの保護者の松尾であることを知ったなら、告訴を取り下げるだろうと思っていただけにムッとした。

それで「モンテカルロ事件」のときの川村の弁護人になった友人のフランス人記者ル・ブーランジェに一部始終を報告すると、日本人の母を血にもつ、義侠的なこの男はひどく憤慨して、すぐにこれまでの文子のスキャンダルのすべてを英訳してインボーデン少佐のところへ届けた。アメリカ側はこの報告にはさすがにひどく驚いたらしく、その後文子の件は闇に葬られてしまった。

ついでに恩人オーベルランの消息であるが、松尾との交友は第二次世界戦争の始まった一九三九年ごろまで続いた。その後ドイツ軍がベルギーを突破し、フランスになだれこむや、彼はノアの洪水を思わせるような避難民の大群に混じって、マルセイユに近い町に辿《たど》りつき、松尾に一筆寄せてきた。

「呪わしいこの戦争に追いまくられ、やっとここまで逃げてきましたが、とうとう病気になってしまい、宿の小さなベッドの上で走り書きをしながら貴方に別れを告げます。どんなことになろうと、私の貴方への友情を信じてください」

このハガキをもらったのを最後に彼は、あたかも小鳥やネコのように行方不明になってしまった。松尾はこの聖僧の面影を持ったオーベルランのことが忘れられず、一九五二年に作家平林たい子らと渡仏したときも、さんざん友人に尋ね歩き、知人を辿って行方を探してみたが、誰も知る人がいなかった。


宮田文子の話が出たので、ついでにその後の武林無想庵についても触れておくと、無想庵は一九四三年（昭和十八年）に完全に視界を失い、全盲となった。すでにフランスで右眼を失っていたのであるが、数年して今度は左眼に移ったのだ。緑内障というのは神経を酷使する人間に多いらしく、その意味では無想庵はまさに適格者であったわけだ。

かくて無想庵は本も読めず、字も書けず、その上にわか盲とあっては単独外出もままならぬ身となった。それまでしかけていた研究や、翻訳の仕事はむろん一切中断である。無想庵は暗澹《あんたん》たる思いに捉えられた。

しかし幸いなことに、新しい妻がいた。

一九三八年（昭和十三年）、やがて六十歳に手の届きそうになった無想庵は、当時渋谷の百軒店で小料理屋を開いていた波多朝子という女性と出あって、それまでの無想庵に別れを告げた。文子とはフランスを離れる前から別居していたが、一九三五年に正式に離婚している。

　この朝子さんと私は戦後三度お話しできたが、文子とはうって変わって気の優しい、貞淑の鑑《かがみ》みたいな女性である。

「武林さんのどんなところが好きだったんですか？」と私が問うと、

「あの人はわたしが西を向けといえば、一時間でも二時間でもずっと西を向いている人で、そんなところが好きでした」

　と微笑みながら答えてくれた。

　ただし戦後の無想庵は一般的には、すでに無名の存在であった。ところが一九四九年になって人々は、新聞活字に再び武林無想庵の名前をみつけることになる。なんと無想庵が日本共産党に入党したのだ。無想庵は在仏時代から、ずっとフランス共産党の機関紙「ユマニテ」の愛読者であったが、それにしても、かつてのダダイストで全盲作家の入党には、世間の方があっと驚いた。

　その点無想庵の実態は、松尾を含む一般の印象とは大分異なっているところがあったのだ。朝子さんが、何度目かの染井・西福寺での辻潤忌の折に見えたことがある。そのとき私が司会をしていて、朝子さんを松尾に紹介すると、松尾が一瞬ビクッと電気に撃たれたように驚いたのが、今でも印象的に心に残っている。

　その『盲目日記』をみてもわかるが、無想庵はつねに〝精進〟に努めていた人である。「生活」と「善き事」への〝精進〟である。そうした事実はあるいは彼の不恰好きわまる過去を知るものには何とも不思議とも見えるかもしれないが事実であり、その〝精進〟の目標となったのが日蓮聖人への敬慕であり、同時に共産党とも重なったのである。

しかもさらにしぶとい彼の執念に目をみはらざるを得ないのは、死の床にあってなお延々四十五巻もの『むさうあん物語』（私家版）を口述し始めたことである。

もっとも無想庵はこの口述を、決して妻に強制しなかった。朝子が用があって三日もノートをとらなくとも、一言も文句を言わない。朝の仕事が一段落した朝子が、

「さぁ、始めましょうか」

と声をかけると、その瞬間無想庵の顔がサッと緊張の面持ちになる。（当人がこんなにも真剣になっているものを）と、そのたびに朝子は自分に励ましを感じたという。

私はこの大冊を大方読んでみて、あらためて無想庵なる人のスケールの大きさと鉛色の徹底したニヒリズムを感じないわけにはゆかなかった。それはまさに日本人ばなれした、とてつもないもののように思われる。石川淳が無想庵を評して、

「とどろきは山上に聞こえるのに、なだれ落ちるには到らない滝」

と名言を吐いたが、納得させられる。

しかしその無想庵も一九六二年（昭和三七年）一月二十四日の「日記」には、もう自分一人では用足しができなくなったことを記している。妻と婆さんの二人に介抱してもらってやっと金かくしをまたぎ、下剤をかけて下ろしてせいせいしている。

その二カ月後の誕生日の祝いに、画家の丸木俊、畑敏夫、作家橋爪健らが集まった。その際、

丸木俊は記念に、病める無想庵を描いて「輝かしき老人を描く、今日より俊弟子となる」と記しているが、その二カ月後の三月二十七日午前一時頃、無想庵はあまりにもこと多かりしこの世に別れを告げた。享年年八十二歳であった。

女に関しては死の二年前、文芸家協会から派遣された、一葉研究家の和田芳恵に贈り物を受けた際に触れている。和田が、

「先生は多くの女を遍歴して、このお年になられたわけですが、女というものをどのように考えられますか」

と尋ねると、無想庵は顔に微笑を浮かべて答えた。

「そうさね、女性というものを発見しようとしただけでね。よくわからないなあ」

無想庵に対する文子の方であるが、生前はそれでも彼に何かと気を使っていて、健次さんによると、

「文子は弟の私が紙屋であるところから、原稿用紙を作らせて送ってやったり、葬儀のときにはイヴォンヌの名前で香典を出したりしていましたよ」

という。

文子は、「人が三年間に三年の生き方をするなら、私は同じ期間に九年分の人生を味わいたい」と豪語していた。事実七十三歳でヒマラヤの岩山道をたどって、海抜三千メートルの高地にある不老長生の「フンザ王国」へ赴き、その驚くべき勇気と健脚ぶりをテレビや新聞などが報じている。

七十八歳でなお亀の子たわしを使う独特の健康法をおこない、毎日百グラムのビフテキを食べる。食事の前には必ずチーズを食しながら、ベルノーというウイスキーより強い食前酒をたしなんだ。野菜や果物は嫌いだからとほとんどとろうとしない。彼女はおよそ年寄りにふさわしからぬ食事をずっと続けていたわけである。

しかしいよいよこの元気印の元祖にも、神に召される日が近づいた。文子は一九六六年（昭和四年）六月二十五日に脳血栓症で倒れたが、その人となりにも似て慌ただしく、且《か》つあっけなく天上に駆け昇っていってしまったのだ。

私が健次さんを訪問した折にいただいたその時の「式次第」によると、つぎのようにある。

宮田文子告別式次第

一、黙禱（音楽）
一、挨拶　親族代表　中平健次
一、弔辞　八幡鋼管社長　島村哲夫
　　　　　作家　平林たい子
　　　　　友人代表作家　宇野千代
一、弔電
一、謝辞　喪主　宮田耕三
一、献花　喪主　宮田耕三

中平健次
宇野千代
近親者・参列者

一、一般献花

昭和四一年七月一日　　青山斎場

（この「エコール・ド・パリの日本人野郎」の原稿もそろそろ上がりそうだな。それではほんとうに久方ぶりに辻堂を訪問して、松尾さんの最後についてお尋ねしてみようか……）

そう思うや、私は今年（一九八九年）の三月に入ったばかりの、春のような日差しの温かい一日、五、六年前、銀座でおこたわれた松尾邦之助忌でお会いして以来、お目にかかっていない奥さんに会うために藤沢市の辻堂駅に降り立った。

わざわざ出迎えていただいた奥さんの松尾好子さんと、見覚えのある細い閑静な道を歩いた。

「以前はもっと林の多いところだと思っていましたが」というと、

「そうなんですよ、あの家だってもとは林になっていました。ここらあたりは道の両側から枝が延びていて、まるで樹木のトンネルをくぐるような具合になっていましたからね。それが今は切り拓かれて随分と木も少なくなりました」

いくつか道の折れ曲がった辺りで、一軒の家の枯山水の庭をみて（ほうっ）と思った。

聞けば、どこかの会社の別荘とのことであるが、庭のかなりの年を経た松が風で吹き折られてそのまま、手入れはされていない情景に、かえって荒涼とした風情を感じた。しばらくいくと左手に西欧館風の真っ白な邸宅があり、表札には「吉田茂」とある。かつての首相吉田茂と同姓同名なので、おかしく思って奥さんに話すと、

「この家は大磯の吉田茂さんの従兄弟か何かの方で、同じ茂をもらったんですって」

その白い建物から、ただちに私は画面に輝くような艶やかな白の美を放った、藤田嗣治の絵が連想された。

藤田が「雌豹」マドレーヌと一緒になった後の生活にあっては、やはりこの気の強いフランス女に相当悩まされた。マドレーヌは日本にやってくるとシャンソン歌手になってレコードも吹き込んだりしていたが、そのうちにパリ時代からもっていたコカインを常用し始め、一九三六年に、禁断症状で自家の庭を転げ回りながら心臓マヒで死んだ。

最後の藤田夫人は、銀座の料亭に勤めていた、面長の純日本風美人の堀内君代である。君代はこれまでのフランス女と異なって、全人格をあげて嗣治を信頼し、夫に献身的につくした。藤田は戦後一九四九年（昭和二四年）、日本を追われるようにして去ったが、離日の際の別れの言葉は、「一日も早く日本の画壇も、国際水準に達することを祈る」であった。

フランスに戻ると日本芸術院会員を辞任し、フランス国籍もとり、ランス大寺院で夫人とともにカソリックの洗礼を受け、名前も「レオナルド・フジタ」と改めた。そして一九六八年（昭和四三年）一月二十九日の午後一時十五分、スイスのチューリッヒ州立病院で昇天した。

死因はどこかのガンで、藤田は病床にあって「痛いよ、痛いよ」と苦しみながら死んでいった

そうである。

晩年の一九五六年、パリの藤田とその周辺に関しては、小説家の田村泰次郎がパリを訪問して
つぎのように回想（要約）している。

「……あの髪を振り乱したみるからに汚らしい婆さんが、フェルナンド・バレーといってね、藤田さんの最初の女なんだよ」

私が妻にそういうと、婆さんの方も視線を感じとったのか、私たちのテーブルにきて椅子に腰を下ろした。真っ昼間だというのに、すでにかなり酔っ払っている。私が彼女のためにビールを注文すると、婆さんはビールをうまそうに飲みながら、しゃべりつづけているが、おしゃべりの中に盛んに「フジタ、フジタ」という言葉が混じる。

「なんていってるの？」

「よくわからんが、まったく無名だった藤田を、パリ画壇へ出したのは私だといっているんだよ。この女はどこへいってもそれしかいわない。こんな近所でいつまでもつきまとわれたんじゃ、藤田さんも迷惑だろうな」

藤田画伯はその頃、そこから真っ直ぐ見通せる通りにアトリエを持って住んでいた。

しかし藤田さんという人はそういう昔の女にまでよく気を使っておられたようで、今から数年前、これも藤田さんの何番目かの女性であったユキという女が、藤田さんとの思い出話を書いて出版した時、装丁を引き受けて彼女のために絵を描いてやっている。

後に藤田さんの知己を得てからは、よくお宅へお邪魔するようになったが、その際しばしばモ

ジリアニとの共同生活の思い出話を聞かされた。藤田さんは、

「モジリアニの鑑定はね、ぼくよりうまい奴はいないよ。ぼくなら、一目見てすぐに見分けられるよ」

と、やや得意そうにいってのけた。

やはりモンパルナスに、若い頃のスーチンやモジリアニが住んでいた大部屋が残っていた。その長屋へ曲がる左角に小さなレストランがある。そこの肥《ふと》った女主人がいった。

「日本人たちはここに大勢いたよ。暴れ者もいたね。ムッシュー・トダなんか、そのなかのナンバー・ワンだったね」

ムッシュー・トダというのは、魚の画の戸田海笛のことで、どこで手に入れたか日本刀を持ち歩き、あるときババンのカフェ「ロトンド」で刀を振りまわして暴れまわった。今、そのレストランの壁に、恐らく戸田が借金の抵当にでもおいていったものらしい、薄汚れた魚の画がいっぱいかかっている。

「ムッシュー・トーゴーを知っているか」というので、よく聞いてみると東郷青児のことである。

「ウイ」と答えると、

「トーゴーもひどかったね。この辺の樹の若芽をみんな食ってしまったよ。あの男には今でも貸金がたくさん残っているよ」

とマダムはさもおかしげに笑っていた。

藤田の柔道教師で、ユーモア大人の石黒敬七は、一九五七年に脳軟化症で倒れている。四カ月ばかり休んだ後復帰したが、手足が少し不自由で少々呂律《ろれつ》がまわらない。だがそのためにいっそうボケの味が円熟してきたとまた聴取者に受けた。だが七二年になって再度昏倒。車椅子を使うようになってからの石黒は、さすがにとんちもコレクションも頓挫《とんざ》したが、最後の予期せぬ収集は、この年の六月に全日本武徳会から柔道界最高位の「十段」を贈られたことである。

これには石黒はいたく喜んでいた。しかしその二年後の一九七四年(昭和四九年)八月二十六日にまたもや脳血栓で倒れ、ついに三度目の正直となった。その最後の模様について幾久夫人は、

「意識があるのかないのかわからんような状態がずっと続き、死の二日前からは流動食も通らなくなり、十月一日眠ったまま往生しました。あの人は本当に自分が生きたいように生きてきた、幸福な人でしたよ……」

と語っている。

「読売新聞」退社後の松尾は、一時大東文化大学に招かれ、フランス語の教授を勤めていたことがある。また年来の夢である日仏文化交流のために、財界の援助を受けて銀座に事務局を置き、「パリ日本館」の仕事のために両国の間を何度も往復していた。実に十数年来の事業である。だが退社後の最大の仕事は、年来の愛人であった好子さんと再婚生活を始めたことであろう。

今は七十近い好子さんは某女流作家によると、横顔が大女優マルセル・シャンタン風の美人だそうである。

二階の松尾の位牌のある部屋で、好子さんに最晩年の話を伺うと、松尾は食にことさら気を使っていたというが、むしろ食い意地が張っている感じで、肉食を好み、胴まわりが一メートルもあるズボンをはいていた。その結果、常識通り六十歳ぐらいから徐々に病が表に出てきた。

「ある日、会合に出席した後『気分が悪い』といって床についたんですよ。医者に診てもらうのを嫌がるんですが、むりやり行かせると糖尿病ということです。あの人は近所の子供にでも、ポケット一杯にチョコレートを買ってきて配ったりなんかしていたんだけど、結局自分も食べたかったのね」

その上白内障で、目も次第に見えなくなってきた。病院へ入ることはすこぶる嫌がったが、数カ月間藤沢市の市民病院に入院した。その退院直後、辻堂を訪ねると、松尾があまりにもやせ衰えているのにびっくりした。聞くと、

「医者の野郎が断食をせいというので、やったらかえって体を悪くしてしまったよ」

と相変わらずの毒舌ぶりであった。もうその頃には原稿はほとんど書いていないようであったが、それでも「本を書きたいんだ」というので、どんな本か聞いてみると、

「うん、『敵前上陸』という本を書きたいんだ」

という。私にはその意味がよくわかった。「敵」とはむろん「日本」のことである。彼は日本に帰国以来、およそ個我の倫理のみられない精神状況に毒づき、絶望し、それを遺著として思い切り胸の内を吐き出したかったのである。それにしてもその数年前にはまだ「パリ放浪時代の本を書きたいんだがね」と告白していたのに……と思うと、私は何とはなしに、現在の松尾の心中が

察せられて、わびしい感じがした。

死の前年の一九七四年（昭和四九年）頃には、いよいよ体も衰弱してきた。

「でも、体の苦痛を訴えるということは、一切ありませんでしたね」

肉体的には実にがまん強い人である。相変わらずの身なり構わずで、どてらを着て外出したりしていた。療養をかねて栃木の鬼怒川温泉にいき、アパートを借りて一年ほど住まいしたが、しきりと「家に帰りたい、家に帰ろうよ」と奥さんを促した。

松尾という人は、寸暇を惜しんで何かしている人である。自宅でみなとワイワイ酒を汲み交わしているときでも、フイといなくなったかと思うと、忽然《こつぜん》としてまた現れる。その間の松尾の所在はというと、

「いや、ちょっと二階で原稿を二、三枚やっつけてきた」

と、いった具合であった。奥さんに聞いても、実に地道な努力家で、「俺は頭のいい秀才じゃないんだからと、原稿は、毎日漢字の稽古と筆を使う練習をしてからかかっていました」とのことである。

そんな勤勉家の松尾の、何をするでもなくなった最晩年の胸中が思いやられる……。本人があんまり家に帰りたいというので、七四年の暮、また辻堂の家に連れ帰った。その三月あまりの後の七五年四月三日の朝方、松尾は眠るように他界した。

亡くなる二日ほど前、ちょっと奥さんが油断したすきに風邪をひいたらしくて、急性肺炎で逝ったそうである。世界のコスモポリートにして、〝遠州金指の石松〟の立派な最後であった。

戒名をみせていただくと、「蓮覚院快定日邦信士位　行年七五歳」とある。この戒名をつけたお坊さん、松尾の人格を知ってか「快走」の二文字がいい。

いざ夫に亡くなられてみると、奥さんはただ茫然《ぼうぜん》として涙も出なかった。松尾に逝かれてから、部屋の何をみても悲しくて、家を出て、二年ほど前までは熱海に家を借りて一人で住まいしていた。

「パリ時代の写真や遺品なんかありませんか?」

と聞くと、たくさんあるとのこと。行李《こうり》いっぱいの書簡・写真類を見せてもらった。その行李の中に、ただ一冊新書判の本がまぎれ込んでいるのでみると、それはアン・リネルの『態々《さまざま》なる個人主義』であった。

松尾はアン・リネルとは一度だけ会っている。一九三〇年の秋に、まっ裸で木登りして警官にとっ捕まったロリュロというアナーキストが紹介してくれたのである。

「リネルは外形にはまったく無頓着で、吊るしで買ったような安い上着を着、灰色のチョッキには大げさな太い銀鎖をからませていた。顔は白いひげで覆われていたが、ネズミのような小さな目は水色に澄んで、聡明そのもののように輝いており、話をしていると思わず『おじさん!』と呼びたくなるほど親しみ深い表情をしていた」

と書いている。

松尾は、そんな好々爺《こうこうや》風の屈託ない人物が大好きなのである。

「世間ではあの人を毒舌家だというけれど、人さまには始終気を使っていたんですよ。あそこの会合であいつにこういったんだけど悪かったかなって、しょっちゅう私にいうんです。反省するくらいならいわなきゃよいものが、それができないんですよね。子供のことでも『お前あいつ叱ってやれよ』っていうんです。自分の子供も自分ではよう叱れなくて、私に一々いうんですから……」

そうした点で松尾には、日頃の〝唯一個我人〟とは、大分開きのある面があった。本体はいたって気の優しい人情家で、自身も「俺はかつて一度も牢獄を体験していないせいか、すこぶる弱く小心者である」としている。が、彼は単なる「小心の弱虫」ではない。つね日頃、「アン・リネルは『小脳で屈伏しても、大脳では屈伏するな』と教えているが、俺のせめてもの念願は、大脳でも屈従するような弱虫だけにはなりたくないことだ」

と宣言していたのである。

松尾が逝ったおよそ三カ月後の一九七五年六月二十日午前十時三十分、金子光晴が気管支ぜんそくのため自宅で急逝している。享年八十一。

［補遺二篇］

パリのコスモポリタン・松尾邦之助

〈アッフランシ〉の世界

松尾邦之助が横浜を出帆したのは、大正十一年十月十二日、うららかな秋の日であった。日本を離れる理由は、東京外大でフランス語を修めたことと、父ゆずりの野人肌、血の気の多さのせいであった。生まれ（一八九九年）は、遠州金指《かなさし》の産、石松の生地とされている森町の近くである。そのために幼時から清水の次郎長の、森の石松のと聞かされて育ったが、自分には次郎長よりむしろ、石松の方がふさわしく思えた。ドジで、間抜けで、ケンカには強いがバカ正直の人情家、森の石松の血が自分の中に流れていると松尾は思っている。

パリ到着の当初は、さすがの石松も相当孤独感にさいなまれたそうである。もともと向うっ気の強い石松型は、内側では孤独なさびしがり屋が多いものだが、ことばもよう通じない異国の土地であってみれば、なおさらのことであった。学生街の安宿で、三日も四日も一睡もできないような夜がつづいた。しまいにはノイローゼが昂《こう》じて、天井からホコリの落ちる音さえ聞こえるようになった。そうしたパリの憂うつの日々を、一ぺんに払いのけてくれたのが東洋の彫刻家佐藤朝山である。

大酒のみの朝山とは、日本にいる間からの知りあいであった。朝山は邦之助よりも一足先に渡仏していて、いかにもヴェルレーヌの信奉者らしく、パリッ子の間で派手な話題を振りまいていた。カフェでビールびんを投げたり、泥酔のあげく、羽織袴のまま道にぶっ倒れて、詩吟をどなったり……。その朝山を訪ねてゆくと、彼は「待ってたよ」とばかり、その晩はさっそくモンマルトルで明け方までドンチャカ騒ぎした。その時孤独というシコリが、まるですべり落ちるように体からぬけ落ちてしまったのである。

松尾さんはよく〈解放者《アッフランシ》〉の生活ということを言う。何ものにも囚われない、純粋におのれ自身に生きている世界である。このとき人はおのれ自身において、真に自由の身となり、神に近い存在たり得る。それを松尾さんは、パリのどん底生活の女たちの中にみた。それはホルデルと呼ばれる女郎屋の、白ブタのような女たちのことであるが、彼女らは一度娼婦となるや、それまでのケチ臭い小ブル的虚飾をあっさりとかなぐり捨て、アッフランシの世界に溶けこんでいた。靴以外には布切れ一つ身につけず、両の乳房をゆずり、大股をおっぴろげて、赤じゅうたんの上を転げ廻って騒いでいる彼女らをみていると、松尾にはつくづくと衣服をまとって、それをみている自分の方が憐れに思えてくるのであった。

以来ヨーロッパ放浪二十六年、青春のすべてをパリという知性と猥雑《わいざつ》さの中に注ぎ込んできた身からすれば、日本とは何ともわびしい精神奴隷の国であった。一九四六年やむなく生地日本に帰って来たとはいうものの、それはまるで浦島太郎が龍宮城から戻って来たようなものであった。周りの環境は全く異質であるばかりか、どうにも自分のいる場所のない敵陣とも思えた。数年前、辻潤に関する文章を編もうということで、松尾さんを中心に集まっている際に、松尾さんは、しきりとオレは敵前上陸という本を書きたいんだ――と興奮して洩《も》らしていたが、その中身は聞かないでもわかる気がした。

ところでその後のパリでのクニであるが、いかにもアッフランシ＝コスモポリートらしく、フランス女性と同棲して、思想の面ではなく、感覚の底でのコスモポリチスムをますます鍛えていった。二人が結びつくためには愛情さえあればいいので、白も黒も黄もなかった。ある時パリを訪れた日本人から、非国民だといわれたが、彼はむしろ内心嬉しかった。非国民であるが故に、人類全部を愛しつつ、日本を熱愛できる自分を誇らしく思っていたのだ。

日本からは次から次と、世界の浅草パリをめざして人々がやってきた。そうした連中を案内しては、毎晩のように酔っ払って、女郎屋廻りをすることもいつしか身についた。ある晩、女郎屋のやり手婆から案内人《カイド》と間違えられて、礼《リベート》を渡されようとしたことがあった。フランスといっても昭和初頭のそれは、いい時代で、やがて来るアメリカ恐慌とナチス・ヒットラーの台頭を前にして、この国は平和と好況に酔いしれていたのである。貧しさは貧しさなりに、むしろいきいきと輝いてみえるような時代であったと言ってもよい。

仕事の面では後に、辻潤の後を引き継いで、読売新聞のパリ特置員になるまでは、日仏文化交流を目的とする『日仏評論』を刊行していた。中西顕政という奇人金持ちのお陰で、どうにかボロ印刷機を手に入れ、日本からふとんをかついで渡って来たという変人たちと、馬車馬のように働いて、どうにかその日のメシだけにはありついていたのである。

パリの文化人税関

ただしこの『日仏評論』と、その後の本格的ジャーナリストの生活によって、クニ・マツオはパリの数多くの一流の知性と交わることができたことが何よりもの幸いであった。松尾さんのパリ生活の強みは、土地のどん底生活を知っているのみならず、最良の文化人と接触して、数々のナマの人物像を吸収していることである。彼が知りあった知識人の名簿の中には、アンドレ・ジイド、ロマン・ロラン、ジャン・コクトオなどといった輝かしい名前がみえる。ジイドは、電話帳にも書いていない私設の電話番号を教えて、連絡するように言っていたという。

しかしその中でも共著を出したオーベルアンと共に、彼にとって忘れ難い人物は、東洋風の哲人アン・リネルである。アン・リネルは日本では耳慣れない名前であるが、マツオには現代のソクラテスなみの哲人と思えた。いったいにアナーキズムと呼ばれる思想は大別すると、社会主義《ソシアル》アナーキズムと、個人主義《インディヴィデュアル》アナーキズムに分かれるのであるが、後者はシャカ、キリストの流れを引いて、現代においてはアン・リネルが代表格であった。その人物を、セイヌ河畔に訪ねることができたのである。

玄関に立つと、「クニ・マツオ！　クニ・マツオか?」と大声でどなる声が聞えた。そしてその声が切れないうちに大黒頭巾のようなものをかぶった、トルストイのような大男が出てきて、訪問者の手をきつく握った。美しいあごひげのこの大男が、写真でみたことのある哲人アン・リネルであることがすぐわかった。この哲人の書斎で三時間あまり語り続けたのであるが、彼と話をしていると、思わず「おじさん！」と呼びたくなるような親しみが感じられた。エピキュロスとエピクテータスの流れの人らしく、この人には欲望と倫理が巧みに調和されて、みごとな人間芸術たり得ていたのだ。

日本でアン・リネルについて触れているのは、寡聞にして私は辻潤と石川三四郎くらいしか知らないが、直接翻訳に手を染めているのは、松尾さんだけではないかと思う。東京書房からはかつて抄訳として「現代のソクラテス　アン・リネルの個人主義」なる副題を持つ『近代個人主義とは何か』と、長嶋書房の『赤いスフィンクス』が訳刊されているが、両書とも英知に溢れた書である。ことに前者は、西欧の最も良質にして、ユニークな世界を著したもので、これほど感銘的な読みものは他にあるまいと思われる。ただ惜しむらくは両書とも、日本では容易に読者がつき難いというだけのことである。

むろんパリではフランス人文化人ばかりでなく、訪仏する日本人文化人とも数多く接した。山浦貫一は松尾邦之助のことを「パリの文化人税関」と言っていたが、パリへやって来る著名日本人は、ひととおり松尾さんの厄介にならぬものはない、といったくらいであった。島崎藤村、横光利一、高浜虚子、辻潤、林芙美子、小林一三、秦豊吉、マヤ片岡——。その他在パリ文化人ともしげしげつきあい、ツグハル・フジタ（藤田嗣治）に協力してもらって雑誌を出したり、石黒敬七ダンナと組んで、厚化粧をして、ニッポン柔道の紹介の役割を果たしたりもした。『Cocu のなげき』の作者、武林無想庵には相当悩まされた。妻文子のピストル事件、娘イヴォンヌの自殺事件と家族が崩壊の運命にさらされている上に、日本とは違って原稿では喰えぬ無想庵は、当時焼けた鉄板の上をはいまわるようなぐあいに生活にあえいでいた。穴と呼ばれる松尾さんの工場へもやって来て、しばらく居候していたが、その東大出インテリのキザったらしさと、貧にカラっきし弱いタイプには呆れかえったという。

絶望の国・日本

フランスが敗れるや、松尾さんはなおも日本へは帰らず、トルコ、スペインを取材放浪して歩いた。フランス語でいう〈根こそぎ《デラシネ》〉された人間であってみれば、しょせん故国などというものはあり得ず、いずこであろうと往きついて、住みやすい土地が祖国に他ならなかった。トルコにもスペインにも女性はいたし、世界至るところに祖国があったわけである。かくして戦後再び生地に戻ったのであるが、先にもいうように、松尾さんにとって日本はよほど不可思議な国土とみえたのである。いじいじして、何の精神性《エスプリ》もなく、まさに光太郎のいう三五郎のつくった根付なみの国であった。

ただし一群の同志はいた。村松正俊、大木淳夫、新居格、添田知道、石川三四郎らで、「何となく集まる会」「自由クラブ」「個の会」などをつくっては、酒を汲みかわし、罵詈雑言《ばりぞうごん》をまき散ら

して は鬱憤《うっぷん》をはらしていた。読売新聞論説副主幹の肩書がとれると、一層その毒舌に奔放さが加わってきたようである。アン・リネル同様、松尾邦之助もアカデミーには迎え入れられない種類の人なのである。この国ではとうてい精神《エスプリ》などというものは吸収されないし、まして、人間倫理に根ざした個人主義のイロニイなど、通じようもないのである。そういう松尾さんを評して、辻潤の息子一《まこと》（辻まこと）さんは、「まるで壁に向かって、しゃべっているようなものだ」と言っていたとか……。

本年（一九七三年）八月、二年ぶりくらいに辻堂の松尾さん宅を訪れてみると、松尾さんは糖尿病を患っていて、一か月の入院生活を経て退院したばかりのところであった。からだだけは丈夫なので、と言っていた松尾さんが入院したと聞いて、瞬間、意外というかさびしい気がした。病院では好きな酒がのめないばかりか、断食療法をやらされて、頬の肉がこけているのも痛々しい感じであった。話といっても医者の悪口が出るくらいのもので、さすがに話題はとぎれがちであった。それでも帰りぎわ、松尾さんは心にポッと灯がついたように、

「本を書きたいんだがね――『絶望の書』、辻潤とは違った意味で、ボク流の『絶望の書』を書きたいんです」と言っていたのが印象的であった。だが、私はこの人の心の中でいつしか敵前上陸から『絶望の書』へと変化があったことに気づくと、重い、憂うつな気分に沈んでゆくのをとめることができなかった。

●『夢はリバータリアン』（社会評論社、一九九一年）

回想・松尾さん時代の「個の会」

「個の会」の会の存在については、松尾邦之助さんを通じて知った。私の年の三十三、四歳の頃であろうか。当時私は富山市の郊外に住まいしていたのであるが、偶然辻潤の著書を介して、松尾さんと通信を交すようなことになった。松尾さんの手紙の知性的でしかも滋味にあふれた文章は、今ももちろん保存しているが懐かしい思い出である。

松尾さんからは個の会の会報が毎回送られてきた。その紙面には松尾さんの性格通り、西欧的な知性と東洋的な自由人の世界の雰囲気があり、私の体感にピッタリのものがあった。そうした姿勢は、私自身今日にあっても続いている性格だと思っている。その意味では私にとっての、個の会の会報は貴重な精神的母体であったといえるように思う。

しかし自分が富山にいる関係上、個の会の誘いがあっても毎回は出席することができなかったが、それでも松尾さん在世中、何度か出席している。松尾さんの茅ケ崎のお宅へも三度ぐらい行っただろうか。一度は泊めていただいたりもした。松尾さんのお宅での会合には、常連のメンバーがいて娘さんの春子さん、大竹千歳さん、詩人の高木護、山川出版の吉田幸一君、小田原の山内画乱洞、池田さん等が出席していた。

中でも懐かしいのは画乱洞さんで、彼は小田原でもユーメイな看板屋であった。小田原のなんとか川の川淵に自分で乞食小屋同然の家を建て、ほとんど一人住まいしていた。たしか「水酉庵」(酒のシャレ)といったか？

このおんぼろゴヤにも二度ばかり泊まったことがある。彼はこの家の枕もとに常時樽酒をおいて、木の香りの高い酒を飲みながら暮らしていた。

某日この家を訪ねたら留守、仕事先が板っペラに明示してあった。それで指示された場所を訪ねてみると、彼はちょうど梯子《はしご》に登って、魚屋の看板を書いている最中であった。ところが私の顔をみるなり「よォ」と、看板をそのまま中途で放り出して止《や》めにし、一緒に飲みにいったのには驚いた。

個の会には辻潤の弟の義郎さんがおみえになったこともあって、私としては義郎さんを通じて辻潤の雰囲気を一部知ることができたのも収穫のうちであった。

個の会近隣には、添田知道さんらもいた。十一月二十四日の辻潤忌や仲間の出版記念会には、大抵添田さんの「素面の会」と合同でやっていたようである。

辻潤の碑のある西福寺の集まりでは、辻潤の息子の辻まことさんや、かつて辻潤と一緒に暮らしていた玉生きよさんの顔もみえた。その日おきよさんが酔っ払って周囲にふるまっている様子をみて、まことさんが「どこへでもくっつく羽二重餅のようなかんじだねェ」といっておられたのがいかにも詩人らしい直裁《ちょくさい》な表現で、感心したのを今でも覚えている。

むろん私は会報にも小文を寄せたりした。その小文自体の内容はどの程度のものであれ、私とすればこの間に辻潤を多く読み、教えられ、自らを育てていったと思っている。その意味では私にとって個の会とその会報は、貴重なものであった。

だがそうした私自身のありようを抜きにしても、個の会はたとえ小数であろうと日本の中の特異な一角を占めていたと思っている。その存在の意味は、決して小さくはないのである。個の会の前身を辿れば、戦後だけでも「自由人の会」、「アフランシの会」その他いくつもの歴史があり、自由と反骨の歴史は構成メンバーからいっても、遠く大正時代、いや明治にまで遡《さかのぼ》ることができるのである。

●『「個」 個の会とリュニークの会紙 復刻版』(黒色戦線社 一九八四年)

玉川信明（たまがわ・のぶあき）

1930年富山市旅篭町に生まれる。竹内好に師事。
著作に『評伝　辻潤』（三一書房）、『エコール・ド・パリの日本人野郎』（朝日新聞社）、『ぼくは浅草の不良少年』（作品社）、『開放下中国の暗黒』（毎日新聞社）、『我が青春、苦悩のおらびと歓喜』（現代思潮新社）、『夢はリバータリアン』、『和尚の超宗教的世界』、『異説　親鸞・浄土真宗ノート』（以上、社会評論社）など多数。2005年、当セレクションの完成を待たずに急逝。

エコール・ド・パリの日本人野郎
——松尾邦之助交遊録

玉川信明セレクション　日本アウトロー烈傳《れつでん》　2

2005年11月20日　初版第1刷発行

著　者：玉川信明
発行人：松田健二
発行所：株式会社 社会評論社
東京都文京区本郷2-3-10　☎ 03(3814)3861　FAX 03(3818)2808
http://www.shahyo.com
印刷：スマイル企画＋互恵印刷＋東光印刷＋ ACT・AIN
製本：東和製本